国家自然科学基金项目（61070119）

统计语言建模与中文文本自动校对技术

张仰森　著

科学出版社
北　京

内 容 简 介

本书是作者多年来在自然语言处理领域开展对统计语言建模以及中文文本校对技术研究的总结。

主要内容包括统计语言建模和中文文本自动校对技术两部分内容，共12章。第一部分介绍统计语言模型构建的基本原理与方法，并对模型训练及评价方法进行研究，提出统计语言模型建模时训练语料规模的定量化度量方法。第二部分概述中文文本中常见的各种错误，并针对这些错误类型提出字词级、句法级和语义级错误的自动侦测方法与模型，开创了汉语文本语义错误自动侦测的新思路，提出中文文本错误的纠错建议生成与排序模型。最后基于所提出的模型与算法开发“正文通”中文文本校对系统。

本书可作为在自然语言处理领域开展中文文本自动校对技术与方法研究的相关人员的参考用书。

图书在版编目(CIP)数据

统计语言建模与中文文本自动校对技术 / 张仰森著. —北京：科学出版社，2017.3

ISBN 978-7-03-051855-2

Ⅰ. ①统… Ⅱ. ①张… Ⅲ. ①统计语言学-系统建模 ②汉字信息处理 Ⅳ. ①H087 ②TP391.12

中国版本图书馆 CIP 数据核字(2017)第 031381 号

责任编辑：张莉莉 杨 凯 / 责任制作：魏 谨
责任印制：张 倩 / 封面设计：杨安安

科学出版社 出版
北京东黄城根北街 16 号
邮政编码：100717
http://www.sciencep.com
文林印务有限公司 印刷
科学出版社发行 各地新华书店经销
*
2017 年 3 月第 一 版 开本：720×1000 1/16
2017 年 3 月第一次印刷 印张：16 3/4
字数：290 000

定价：45.00 元

(如有印装质量问题，我社负责调换)

前　　言

我从 1996 年开始在刘开瑛教授的引导下开始从事自然语言处理研究，至今已有约 20 年的时间了。从涉入自然语言处理领域开始，我就选择了中文文本自动校对的研究方向进行深入研究，在研究过程中，多次和这一领域的先行者宋柔教授交流并倾听他的报告，得到了很好的启发。2001 年我到北京理工大学攻读博士学位，师从曹元大教授，曹老师对我论文的选题进行了认真的考虑，最后确定对统计语言建模方法以及基于统计语言模型的中文文本校对继续进行深入研究，期望能够在理论上继续深入，并取得实用化的研究成果。我博士毕业后，到北京大学计算语言学研究所在俞仕汶教授的指导下从事博士后研究工作，主要开展汉语语义标注知识资源的建设方法研究，并获得了中国博士后科学研究基金的二等资助，经过两年的深入探索，我们在语义知识标注与消歧方面取得比较好的结果，我也开始思考如何在中文文本校对中引入语义知识，实现语义搭配错误的侦测与校对。2011 年，我申请获批了一项“基于语义分析的中文文本错误的自动侦测与纠错方法”的国家自然科学基金项目（项目编号：61070119），在该项基金的支持下，我和我的学生们深入研究，在语义搭配错误的侦测方面取得突破性的进展。多年来，我一直都有一个心愿，就是将我在中文文本校对方面的研究成果进行总结，出版一本专著，把我们多年研究的成果和心得写出来介绍给大家，希望能对大家的研究和应用起到一定的帮助作用。

近年来，我们在中文文本校对技术方面的成果已经应用于外交部某局的公文信息处理系统之中，也应用于某公司的司法文本校对之中。随着网络空间的不断扩大，网络文本中的错误直接影响了人们的阅读感受，尤其是由于输入方面的错误导致的政治事件会产生不良的社会影响，为此，我们受北京拓尔思信息技术股份有限公司之委托，正在继续开发和完善适于网络文本的校对服务，以解决网络文本错误导致的社会负面影响。

本书主要分为两部分，第一部分为统计语言建模技术（第一章至第四章），主要对目前常用的统计语言模型的类型及其建模方法进行论述，研究统计语言建模过程中的相关问题及其解决方法。针对汉语本身的特点，研究面向汉语的统计语言模型的建立方法，并对统计语言模型的训练技术、训练语料的规模以及模型的评价技术与方法进行了比较深入的研究。第二部分为中文文本自动校对技术（第五章至第十二章），主要研究汉语文本中的错误自动侦测与纠错建议的自动生成方法。在汉语文本的错误自动侦测中，首先遇到的问题是对错误来源的分析，只有知道文本中为什么会出现错误，才能够有的放矢，构建出有针对性的错误侦测模型，因此，第五章首先分析文本校对技术的发展现状以及中文文本错误的主要来源。电子文本通常是通过键盘、语音或 OCR 识别等技术输入的，导致的错误种类通常包括字词错误、语法错误以及语义错误，因此，我们在建立文本错误的错误侦测模型时，通常就从字词级错误的侦测、语法级错误的侦测以及语义级错误的侦测等层面进行考虑，分别在第六章、第七章和第八章论述。由于中文文本错误中的错误一般与应用领域相关，因此，若能将领域知识引入文本错误侦测模型，则将会提高文本错误侦测的准确率，为此，第九章和第十章研究面向专业技术领域和政治领域的文本错误的自动侦测方法。不同的错误来源对于错误侦测后的纠错建议生成具有重要的影响，因此，第十一章，研究基于不同输入法的纠错建议生成模型，并对基于语境关联度的纠错建议排序模型进行研究。

本书是作者多年研究的成果，是在我博士论文的基础上完成的。它的出版对于从事中文信息处理领域的同行或许会有一定的借鉴作用，尤其是对那些正在探索汉语文本校对以及其他民族语言文本校对（比如藏语文本校对）的年轻学生或研究人员具有一定的借鉴作用。如果这本著作能够对我国中文信息处理领域的青年人有所帮助的话，那将使我感到莫大的欣慰，因为它汇聚了我多年的研究成果，说明我这些年的研究工作没有白费。在这里我要特别感谢参考文献中所列专著、教材和高水平论文的作者们，正是他们的优秀作品为我提供了丰富的营养，使得我能够在自己科研与教学实践的基础上，汲取各家之长，形成一本具有自己特色的著作。

在这里我要感谢引导我进入中文信息处理领域的刘开瑛教授，感谢帮助过我的宋柔教授，感谢我的导师曹元大教授和俞仕汶教授，他们对于我在中文信息处理领域的研究给予了极大的帮助。我还要感谢我的学生丁冰清、王虹、郭充、管君、朱金金、蒋琳、吴林、郑佳，是他们的努力使我们的校对技术和系统不断完善，并最终走向实用化。

我还要感谢国家自然科学基金委员会给予的自然科学基金项目支持。感谢科学出版社的编辑杨凯老师和张莉莉老师，是他们的辛勤工作和努力才使本书能够尽快和读者见面。

尽管本人尽最大努力追求完美，但由于水平所限，书中的疏漏和错误在所难免，恳请各位专家和广大读者批评指正。

张仰森

2017 年元旦于北京

目　录

第一章　绪　　论

语言模型是自然语言处理的基础，是计算语言学研究的核心。几乎所有的自然语言处理应用研究都离不开语言建模理论的指导，文本自动校对作为自然语言处理的主要应用技术之一，对新闻、出版等行业有着非常重要的作用，开展语言模型理论指导下的中文文本自动校对技术研究，具有重要的理论意义和广阔的应用前景。本章首先介绍撰写本书的背景及意义，然后介绍本书的主要内容与组织结构，最后给出本书重点关注的问题。

1.1　撰写本书的背景和意义

计算机科学的飞速发展使它不再是只由某些具有高深知识的人使用的工具，计算机必将也必须走向大众，然而，走向大众的第一个要求就是能处理人类的自然语言。比如，要想在中国普及计算机，就必须使它具有相应的汉字处理环境及相应的汉字输入、输出技术。当然更高的要求就是使计算机能够理解或生成语言，实现不同语言间的互译，等等。正是由于计算机发展的要求，为以研究自然语言为主的语言学带来了新的发展契机，计算语言学应运而生。计算语言学主要以自然语言处理技术为背景，揭示自然语言的词法、句法、语义、语用等各层面及其相互作用的计算结构，把语言学知识重塑成可转换成产品的计算模型。研究自然语言处理技术的目的是为了拓展自然语言处理的应用，目前主要的应用包括语音识别、文字输入（包括语音输入、键盘输入、OCR 输入）、机器翻译、文本校对、语音合成、智能检索等。

要实现计算机对自然语言的处理，就必须采用数学的或逻辑的方法对自然语言进行精确的描述和刻画，以便于计算机对其进行自动处理。这种对语言进行描述和刻画的数学公式或形式系统即为语言模型,而为建立语言模型所进行的抽象、分析、统计和数学描述过程就称为语言建模。语言模型是实现计算机自动处理自然语言的不可缺少的部分，在计算语言学中发挥着极其重要的作用，因而，语言建模也就成了计算语言学研究的核心。语言模型是一切自然语言处理应用的基础和核心。

文本自动校对技术作为自然语言处理的重要应用技术之一，在图书、报纸、网络媒体等领域具有重要的应用价值。随着计算机在新闻及图书出版业领域的广泛应用，各种电子出版物如雨后春笋般不断涌现，尤其是随着 Internet 的发展，网络电子杂志、商务网页更是多如牛毛。而不管是出版社的报纸或图书，还是 Internet 网上的各种电子信息，一般都是通过键盘录入、OCR 识别或语音识别等方式进入计算机的。这些录入方式的任何一种在目前技术水平下，都不能保证所输入的信息准确无误。校对已成为报刊、书籍出版前审核把关的重要环节，它直接影响着出版物的质量。国家新闻出版广电总局近年来对图书编校质量组织了多次抽查。其中，国家新闻出版部门公布的图书专项检查合格率，2012 年为 88.4%，2013 年为 86.8%，2014 年降为 82.5%[11]。此外，在 2011 年“3·15”质检活动语文报刊编校质量检查活动中，对 29 种期刊、7 种报纸的检查结果为：语文类期刊编校质量合格率为 89.66%，语文类报纸编校质量合格率为 71.43%[12]；2011 年中央在京出版单位 70 种图书编校质量监督活动中，抽查合格图书 52 种，合格率为 74.3%[13]。国家新闻出版总署发布的《2011“出版物质量管理年”专项检查活动》报告[14]指出，编校质量中存在的普遍问题集中体现在以下方面：一般性字词差错、不符合国家法规和相关标准的文字差错、标点符号差错，以及知识性、逻辑性、语法性差错和出版格式差错、其他不符合相关法规和标准的差错。随着近年来出版行业业务量和电子化的飞速发展，校对环节的工作量大大增加，传统的人工校对方法越来越成为印刷出版自动化的瓶颈，解决录入信息的准确性问题已成为当务之急。

利用计算机进行中文文本的自动校对较之人工校对具有明显的优点：首先，计算机校对的速度快、效率高、不疲劳。校对工作本身是一种比较机械的工作，校对人员长时间地面对密密麻麻的汉字、字母、标点符号和各种算式，眼睛和精神都十分疲劳，往往在精神上产生一种烦躁情绪，注意力的广度和稳定性均直线下降，如果没有良好的敬业精神，甚至就会匆匆地浏览而过，差错也就不知不觉地隐伏下来，给图书的编校质量造成影响。计算机校对则不存在疲劳和烦躁的问题，且它的速度和效率更是人工校对所望尘莫及的。其次，计算机不存在工作态度、心理情绪等问题。人工校对因不同人员的工作环境、工资待遇等的不同而会影响校对人员的工作态度或心理情绪，造成对文本校对质量的影响。而这种工作态度或心理情绪问题，在计算机上是不存在的。最后，计算机校对软件里的词库和专业术语词库容量非常之大，非一般的人工校对员的知识面所能比，且校对不同专业的书稿时，可挂接不同的专业术语词库，因此，对中文字、词、语法错误，不符合汉语语法和语义的词搭配错误、领导人人名和职务搭配错误、科技计量单位使用不规范、成对标点的错误使用、某些数字错误、不符合所挂专业词库的术语及英文单词拼写错误等均可迅速查出并标红。另外，对那些人工校对容易忽略的错误，如“冲刺”和“冲剌”（误）、“竞争”和‘竟争”（误）、“震撼”和“震憾”（误）、“气概”和“气慨”（误）、“治理”和“冶理”（误）、“已经”和“己经”（误），等等，电脑均能快速、准确地查找出来。

综上所述，中文自动校对是一个具有广泛应用前景的研究方向，而它的研究又离不开汉语语言建模方法的研究，语言模型理论是指导更好地开展这一研究的基础。尤其对汉语统计语言模型的建模方法和理论的研究，对中文如何在信息技术领域发挥重要作用具有十分重要的现实意义。研究语言模型构造机理与方法，并在该方法的指引下，建立一种面向中文文本的、有效的汉语语言模型，以便在所建立模型的基础上，研究中文文本的自动查错与纠错方法，不仅具有理论意义，而且具有广阔的应用前景。

1.2 本书的主要内容与组织结构

正像前面指出的，计算语言学的核心是语言建模。汉语语言建模方法的研究是开展中文信息处理应用研究的基础。其具体内容包括：

（1）语言模型的架构研究。语言模型的架构是指模型的结构体系，不同架构的语言模型依据的理论基础不同，其所适用的范围也可能不同，建造的难易程度也不同，甚至对语言的描述能力也不同。例如，规则性语言模型与统计语言模型就有着不同的体系结构。就是同为统计语言模型，基于最大似然法建立的 n-gram 模型和基于最大熵方法建立的多特征统计语言模型的体系结构也不同，构造的难易程度以及性能都会不同。统计语言模型与规则语言模型结合的方法的研究也属于模型架构的研究。

（2）语言模型的训练语料的选择与样本容量的确定。语言模型的训练是统计语言建模的重要组成部分。主要包括选择什么样的训练样本，以及选择多大的样本容量。它对模型的性能有着重大的影响。训练样本不足，导致数据稀疏严重，模型性能低下，训练样本过量又会加大建模的资源消耗和成本，造成人力物力的浪费。

（3）语言模型的平滑技术。语言模型的平滑技术用来克服由于训练语料样本容量不足而造成的对统计语言模型性能的影响，且一直是统计语言建模研究热点。

（4）语言模型的评价问题。模型评价是对所建语言模型的性能进行检验。通过实际应用来检验模型的性能当然是一个很好的方法，但能否通过一定的数学手段对模型的性能进行某种定量的评价需要进一步研究。

本书将在对现有语言模型分析的基础上，介绍汉语统计语言的建模方法与应用、模型训练语料的选择容量以及语言模型的评价方法。内容涵盖统计语言模型相关知识，统计语言模型建模方法，模型训练与评价，文本校对技术相关知识，字词级、语法级和语义级的文本纠错模型，面向专业领域的文本纠错模型和文本纠错建议生成及排序方法。

本书的具体组织结构如下：

第一章介绍撰写本书的背景、意义和本书的主要内容。

第二章介绍现有的几种主要的统计语言模型的相关知识，并对常用统计语言模型的建模技术和其中的关键问题进行介绍。

第三章主要介绍汉语统计语言的建模方法，并简述面向中文文本校对所需的各种汉语语言模型。包括汉语模型训练语料库的加工技术和方法，模型参数的获取方法，以及获取参数相关的实现技术问题。

第四章主要介绍汉语统计语言模型训练语料样本容量与模型性能的评价问题。以数理统计、概率论和信息论为基础，应用严格的数学推导，对如何选取训练样本容量和如何对模型性能进行量化评价进行介绍。

第五章主要介绍文本校对技术的发展现状，分别介绍英文与中文文本校对技术中的主要问题，并就中英文的区别与联系进行对比。

第六章主要介绍中文文本字词级的自动查错模型与算法。包括中文文本的特点、中文文本中的错误表现形式以及如何在第三章建立的相关汉语语言模型的基础上，构建面向错误文本的错误发现模型，并给出相应的实现算法。

第七章主要介绍中文文本语法级的自动查错模型与算法。列举中文文本中常见的语法错误，归纳语法错误类型，并介绍搭配错误，标点符号错误等类型语法错误的自动侦测方法，给出各模型的算法实现。

第八章主要介绍中文文本语义级的自动查错模型与算法。介绍语义学的相关理论与现在较流行的语义知识资源，并在此基础上介绍基于语义的自动查错模型及其算法实现。

第九章主要介绍面向特定领域的中文文本错误的自动侦测方法。包括特定领域专业词汇的抽取方法与词语搭配挖掘方法，以及如何将其应用于中文文本自动校对系统中。

第十章主要介绍面向政治新闻领域的中文文本校对方法。介绍政治新闻领域文本的特点和常见的错误类型，以及如何根据其特点构建相关知识库，并给出一个政治新闻领域差错侦测系统的算法实现。

第十一章介绍纠错建议候选集的生成与排序模型及其实现算法。首先介绍纠错智能知识库的构造方法与组成，并以此为基础给出纠错建议生成模型与算法和纠错建议候选集的排序模型与算法。然后对利用上下文多信源特征建立语言模型的最大熵方法进行介绍，探讨从上下文信息中获取信息特征的技术与方法以及如何应用这些技术和方法，从文本上下文中获取纠错建议排歧所需特征。

第十二章介绍一个中文文本自动查错及纠错模型的设计及其算法实现，并就其结果进行评测。

1.3　本书重点关注的问题

在以上各章的内容中，本书重点关注以下几方面的问题。

1. 规则与统计相结合的中文文本自动查错模型与算法

中文文本的自动查错难度要大于英文文本，仅使用 n-gram 统计方法的查错效果不是很理想[10]，为提高中文文本的查错性能，研究规则与统计相结合的模型与算法很有必要。

2. 纠错知识库的构造方法及生成纠错建议候选集的似然匹配规则与算法

根据文本中的错误统计分析[15]，文本中的大多数错误是多字、漏字、易位和别字错误，仅使用易混淆集方法难以纠正多字、漏字、易位等类型的错误，且语义级、语法级的错误侦测都对相应知识库有较强的依赖。如何构造面向这些错误的纠错知识库，并建立一种似然匹配的规则与算法，生成正确的纠错建议值得研究。

3. 基于上下文语境的纠错建议排序模型与算法

对于文本中查出的错误，应用纠错建议生成算法得到的候选集中的建议可能有多个，如何根据上下文语境中不同距离词与当前词的关系，使最有可能的建议排到前五选中，提高建议的有效性值得研究。

4. 汉语统计语言模型训练样本容量下界的量化估算方法以及语言模型评价方法

语言模型参数的训练是语言建模过程的重要内容之一。为了对汉语语言模型参数进行合理的估算，合理选择训练语料是必须的，它包括两方面的内容：语料的覆盖面和语料的规模。在给定模型参数估计误差要求的情况下，如何对训练语料的样本容量给出定量化的估计值得研究。因为如果样本容量不足，会导致参数估计达不到误差要求，如果样本容量过大，又会造成时空复杂性提高和人力、物力的浪费。

线性插值建模法是统计语言建模中经常使用的一种方法。之所以使用这种方法建模，是在应用实践中发现插值后的模型比各插值组分模型的性能优良[3-5]，那么，两个 $n-1$ 元文法模型插值形成的近似 n 元模型，其性能是否比 n 元文法模型好就值得研究。它有助于对插值形成的高阶统计模型进行评价，因为汉语词三元以上模型比较难于建立，通常利用两个词二元模型线性插值构成近似的词三元模型。

5. 最大熵多特征语言建模中的上下文特征获取算法的改进

最大熵方法是一种能够将上下文多特征集成的语言建模方法，在应用最大熵方法对文本纠错建议进行排歧时，文本上下文的一些特征信息对纠错建议的选择具有约束作用，如何将对纠错建议有约束力的特征选择出来，能否对现有的算法进行改进，提高特征选择的效率与质量值得研究。

6. 汉语文本分词中的中国人名的识别

汉语文本分词是建立汉语语言模型和开展文本自动查错的基础工作，它对语言建模中模型参数估计的准确与否，以及文本自动查错中错误发现的召回率与查准率都有很大影响，而人名、地名、生词等的出现直接影响分词的正确性，研究汉语文本中的中国人名的识别是汉语语言建模的重要组成部分。

7. 面向政治新闻领域的纠错知识库与错误侦测算法

由于政治新闻固有的严谨性、特殊性和敏感性，使用通用的文本纠错模型无法检测出其特有的文字及语法错误。所以如何有针对性地构建纠错知识库与纠错规则，使模型能够适用于政治新闻领域的错误检测与纠错建议生成具有很高的现实意义。

第二章　统计语言模型

2.1　语言模型概述

语言模型主要包括规则语言模型和统计语言模型两大类。规则语言模型也称为基于知识的语言模型，它是根据语言学家的语言知识，利用形式语言和形式文法实现对语言的高度抽象描述。统计语言模型也称概率模型或经验模型，主要是利用概率论、数理统计和信息论方法，从大规模语料库中获取蕴含在其中的语言表达知识，并以这些知识构造表达语言的数学模型。

基于知识的语言模型通常由计算机工作者根据语言学家提出的较为系统的文法体系，编写语法规则，以判断一个句子是否符合相应的语法规范，这种判断的结果往往是“是”或“否”的二值结果，有时也会给出几个标有可信度的候选解。而统计语言模型则能够给出某语句属于某一自然语言（语句集合）的可能性。随着近年来研究的深入，研究人员普遍认为统计语言模型较之基于知识的规则模型有许多优点。首先，语言模型所给出的语句是否在语句集中的可能性就较规则语言模型的二值结果有更加丰富的信息量，可以涵盖更多的语言现象。其次，经过训练的统计语言模型具有良好的普适性，它可以不加修改地应用于训练集之外的新的语言现象。最后，由于基于知识的语言模型局限于语言专家的知识水平和经验，使得语言模型在有些情况下无效，因为有时语言学家的语法知识是模糊不清或自相矛盾的。当然，统计语言模型也有许多缺点，例如，它并没有理解语句真正的“意义”，所以，由统计语言模型确定的某些“可能性”很大的“句子”，其实没有任何意义；另外，统计语言模型需要大量的标注文本语料对模型参数进行训练，而且这种训练往往是领域相关的。

下面主要对常见的各种统计语言模型及建模技术进行概述。

2.2　现有主要统计语言模型

2.2.1　上下文无关模型

上下文无关的语言模型仅仅考虑当前词本身的概率，不考虑该词所对应的上下文环境。这是一种最简单，易于实现，但没有多大实际应用价值的统计语言模型，具体描述如下：

$$P(w|h) = P(w) = \frac{N_w}{N} \tag{2.1}$$

其中，h 是当前词 w 的上下文，N_w是当前词 w 在文章中出现的频次，N 是当前文章中的总词数。

该模型根据训练文本中词出现的频度估算出词的概率，不考虑词的上下文信息。它是 n-gram 模型中当 n=1 的特殊情形，所以也被称为一元文法统计模型（Unigram Model）。

2.2.2　n-gram 模型

n-gram 模型的形式化描述如下：假设w_i是当前将要出现的语言符号（包括字符、词、短语、词性标注或义类标注等），在预测w_i的出现概率时，需要考虑前面曾出现过的若干个语言符号对它的影响，如果只考虑前面出现的 n–1 个语言符号$(w_{i-n+1}w_{i-n+2}\cdots w_{i-1})$，则$w_i$的出现概率可以由条件概率$P(w_i|w_{i-n+1}w_{i-n+2}\cdots w_{i-1})$来进行估计。

显然，n-gram 模型的本质是基于历史信息的局部分析法，它只考虑与当前状态相邻的 n–1 个状态对当前状态的影响（或者说是当前节点的状态只受与它相邻的 n–1 个节点状态的影响），而与其他状态无关，这可以看作满足 Markov 模型的无后效性条件，因而，n-gram 模型也就可以被看作是一个 n–1 阶 Markov 链。根据 Markov 随机过程理论，语句或符号串$S = w_1w_2\cdots w_n$的出现概率可通过初始概率分布和转移概率计算如下：

$$P(S) = P(w_1)\cdot\prod_{k=2}^{n}P\left(w_k\middle|w_{k-n+1}^{k-1}\right) \tag{2.2}$$

$P(w_1)$可以看作初始概率分布，而$P\left(w_k\middle|w_{k-n+1}^{k-1}\right)$实际就是一种状态转移概率，其中$w_{k-n+1}^{k-1} \stackrel{\text{def}}{=} w_{k-n+1}w_{k-n+2}\cdots w_{k-1}$。

理论上讲，n 值越大，模型所反映的语序越逼近真实的句法模式，因而会有更佳的文法匹配效果。但从实际应用的角度考虑，n 值的增大又会带来存储资源的急剧扩张和因统计数据稀疏而造成的评估误差。有人[17]对汉语 n-gram 模型的 n 值选取进行了研究，指出 n 值一般不应超过 4。在实际应用中一般只考虑 n=2 或 n=3 的情形，即 Bigram 模型或 Trigram 模型。为了缩小参数空间，降低数据稀疏，而同时又为了考虑更多的上下文特征信息对当前将要出现的语言符号的影响，多年来，人们想出了多种办法对 n-gram 模型进行优化改进，出现了许多变种的或改进的 n-gram 模型。

1. Skipping 模型

Skipping 模型是对 n-gram 模型的简单扩展，在该模型中，使用不同于标准 n-gram 模型的上下文，即不使用当前语言符号前面的 n–1 个语言符号串来预测当前语言符号的出现，而是向前跳跃地选取 n–1 个语言符号来预测当前语言符号的出现。例如，

对 Bigram 模型，我们可以计算$P(w_i|w_{i-3}w_{i-2})$来代替计算$P(w_i|w_{i-2}w_{i-1})$，前者或许并不是非常好，但可以用来与标准的 Bigram 模型结合以得到好的结果，即可以将二者用线性插值的方法结合起来，得到较好的效果。

2. Class-based n-gram 模型

聚类模型是为了减小参数空间的规模而提出的一种 n-gram 模型的变种，它利用词之间的语义相似性，将词义相近的词聚集为一类，从而有效压缩 n-gram 模型的参数空间，提高参数估计的可靠性。例如，如果我们看到“party on Monday”和“party on Wednesday”这样的短语出现，我们就可以想象单词 Tuesday 或许和 Monday、Wednesday 类似，也可以跟在 party on 短语的后面。聚类一般有三种方法：①利用语言学知识进行聚类；②利用领域知识进行聚类；③数据驱动聚类法。

该类模型的优点是参数规模小、容易实现，缺点是所建立的语言模型对语言本身的刻画不够准确。建立这类模型的难点在于聚类算法的选择。

3. POS-Based n-gram 模型

这是一种基于词性标注类的 n-gram 模型，与 Class-Based 模型相似，但又有很大的不同。Class-Based 是一种通过聚类方法将一些意义相近的词聚类，再以这些词为语言单位建立模型，而 POS-Based 是一种词性捆绑模型，利用当前词前面的 n–1 个词性来预测当前词的出现概率。即

$$P(w_i|h) = P\left(w_i\middle|g_{k=i-n+1}^{i-1}(w_k)\right) \quad (2.3)$$

这里，h 表示当前符号的上下文历史信息，$g(w_i)$表示词w_i的词性。

假设一个语言的词汇表为 V，词性标记体系为$G=\{g_1,g_2,\cdots,g_t\}$，则该模型的参数空间为$|G|^{n-1}*|V|$。

如果前面出现的词性只对当前时刻出现的词性有预测能力，则当前词的出现概率可通过两步计算，即先通过前面的 n–1 个词性估算当前词性的出现概率，再在给定词性的情况下计算当前词的出现概率。即

$$P(w_i|h) = P\left(g(w_i)\middle|g_{k=i-n+1}^{i-1}(w_k)\right)\cdot P(w_i|g(w_i)) \quad (2.4)$$

这时，模型的参数空间为$|G|^n+|G|*|V|$。

4. 长距离 n-gram 模型

长距离 n-gram 模型就是直接描述要被预测的词与前面某些距离为 d 的 n–1 元串之间的相关关系。例如，距离为 2 的三元模型就是应用$w_{i-3}w_{i-2}$来预测w_i，即要计算$P(w_i|w_{i-3}w_{i-2})$。而距离为 1 的 n-gram 就是通常所说的 n-gram。

根据每一个与当前词w_i相距 d 的二元对，可以计算训练集的复杂度，有人[16]曾经做过试验，根据词w_i和词w_{i-d}之间的平均互信息，得出这样的结论：在长距离

模型中，对当前词预测有意义的信息存在于历史文本的后四个词中，即长距离二元模型中 d 取 4 是合适的。

虽然长距离 n-gram 模型能够刻画相距为 d 的词序之间的关系，但它却不能适当地合并基于不同 d 值的训练样本，因此它们不必要地将训练数据分割成了一些碎片。

5. Trigger 模型

Trigger 模型是一种用来描述长距离约束关系的语言模型，通过历史窗口中的词序列与当前的词序列构成 Trigger 对，实现对当前词序列出现概率的预测。如果一个词序列 A 与一个词序列 B 相关联，则 $A\rightarrow B$ 可以看作一个触发对，A 称作触发序列，B 称作被触发序列，当 A 在文档中出现时，它触发 B，使它的概率估计发生变化。

为了简单起见，这里只考虑 A、B 皆为一个词的情况。假设系统所用的词典大小为 V，当考虑两个单词组成 Trigger 对时，如果事件空间（h,w）的历史 h 较大的话，则所形成的触发对数目将是非常大的，甚至可能达到 V^2 的量级。这对一般的应用系统来说是不能承受的。因此，无论是从节约系统资源角度，还是从提高应用系统性能的角度考虑，构建基于 Trigger 对的语言模型都需要选择一个合适的度量标准并据此对事件空间（h,w）中的 Trigger 对进行筛选。

其实，建立语言模型的目的就是为了估计形式为 $P(h,w)$或 $P(w|h)$的概率，因此，只要考虑当前词 w 与历史 h 的某些特征之间的关系即可，且历史 h 不必考虑得过长。为此，我们可以通过对历史 h 设置一个窗口对其长度进行限制，文献[18]中利用条件熵对不同窗口长度所构建的长距离二元文法语言模型的性能进行了评价，得到如下结论：在历史 h 中最近的六个词已包含了绝大部分预测信息。

为了建立触发对的筛选标准，定义事件 W 和 W_0 如下：

W：{$W=w$，即 W 为当前词}。

W_0：{$W\in h$，即 W 出现在文本历史的 h 的位置中}。

当考虑一个特殊的 Trigger 对（$A\rightarrow B$）时，我们关心的是事件 A_0 与事件 B 之间的相关程度。目前比较常见的用于衡量事件 A_0 与 B 相关程度的方法是利用平均互信息（AMI）的定义[4]。A_0 与 B 之间的平均互信息为

$$\begin{aligned}AMI(A_0,B)=&P(A_0,B)\log\frac{P(B|A_0)}{P(B)}+P(A_0,\bar{B})\log\frac{P(\bar{B}|A_0)}{P(\bar{B})}\\&+P(\overline{A_0},B)\log\frac{P(B|\overline{A_0})}{P(B)}+P(\overline{A_0},\bar{B})\log\frac{P(\bar{B}|\overline{A_0})}{P(\bar{B})}\end{aligned}\tag{2.5}$$

平均互信息不仅考虑了事件 A_0 与 B 的相关性，并且考虑了二者的联合概率分布

情况，是一种比较好的 Trigger 对的度量标准。根据平均互信息，人们可选取所需数目的 Trigger 对。

2.2.3　隐 Markov 模型

19 世纪，概率论的发展从对（相对静止的）随机变量的研究发展到对随机变量的时间序列$s_1, s_2, s_3, \cdots, s_t, \cdots$，即随机过程（动态的）的研究，这是人类认识上一个质的飞跃。但是，随机过程要比随机变量复杂得多。首先，在任何一个时间 t 的状态s_t都是随机的；其次，任何一个状态s_t的取值都可能和周围的其他状态是相关的。俄罗斯著名的科学家安德烈·马尔可夫为了简化问题，提出了一个简化假设，即随机过程中的各个状态 s_t 的概率分布都只跟它的前一个状态 s_{t-1} 有关，即 $P(s_t|s_1, s_2, \cdots, s_{t-1}) = P(s_t|s_{t-1})$。当然，这种假设未必适合所有的运用，但是对以前很不好解决的问题给出了近似解。这个假设后来被命名为马尔可夫假设，而符合这个假设的随机过程则称为马尔可夫过程，或马尔可夫链，又或马尔可夫模型（Markov 模型）。

隐 Markov 模型（HMM）是一种特殊的 Markov 模型，它包含了双重随机过程，一个是系统状态变化的过程，所形成的状态序列称作状态链；另一个是由状态决定的输出过程，所得到的输出序列称作输出链。输出链是可观察到的，但状态链却是“隐藏”的。

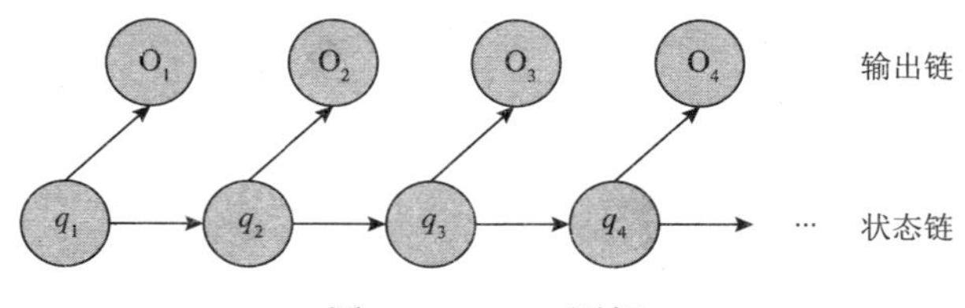

图 2.1　HMM 图解

HMM 主要包括以下几个部分：

（1）模型存在状态的数目 N;

（2）每个状态可能输出的不同符号的数目 M;

（3）状态之间的转移概率矩阵$A = \{a_{ij}\}$，即从状态 s_i 进入状态 s_j 的概率，其中：

$$a_{ij} = P\left(q_t = s_j \middle| q_{t-1} = s_i\right), a_{ij} \geqslant 0, 1 \leqslant i, j \leqslant N$$
$$\sum_{j=1}^{N} a_{ij} = 1 \tag{2.6}$$

（4）从状态 s_j 观察到的符号 v_k 的概率分布矩阵$A = \{b_j(k)\}$，又称为符号发射概率，其中：

$$b_j(k) = P(O_t = v_k | q_t = s_j), b_j(k) \geqslant 0, 1 \leqslant j \leqslant N; 1 \leqslant k \leqslant M$$
$$\sum_{k=1}^{M} b_j(k) = 1 \tag{2.7}$$

（5）初始状态的概率分布$\pi = \{\pi_i\}$，其中：

$$\pi_i = P(q_1 = s_i),\ \pi_i \geqslant 0, 1 \leqslant i \leqslant N$$
$$\sum_{i=1}^{N} \pi_i = 1 \tag{2.8}$$

一般地，HMM 记为一个五元组$\mu = \{S, K, A, B, \pi\}$，其中，$S$ 表示状态的集合，K 表示输出符号的集合，π，A，B 表示初始状态的概率分布、状态转移概率和符号发射概率。由于 S 和 K 一般为常数，有时简记为$\mu = \{A, B, \pi\}$。

HMM 的参数训练要比 Markov 模型复杂得多，HMM 主要有三个基本问题。

（1）评估问题：给定一个模型$\mu = \{A, B, \pi\}$和输出序列$O = O_1O_2 \cdots O_T$，如何计算输出序列 O 的概率$P(O|\mu)$；

（2）解码问题：给定一个模型$\mu = \{A, B, \pi\}$和输出序列$O = O_1O_2 \cdots O_T$，如何找到最可能产生这个输出序列的状态序列$Q = q_1q_2 \cdots q_t$，使得这个状态序列最好地解释这个输出序列；

（3）学习问题：给定输出序列$O = O_1O_2 \cdots O_T$，如何估计 HMM 的参数$\mu = \{A, B, \pi\}$，使得$P(O|\mu)$最大。

各个问题的解决方法如下。

1. 评估问题

对于第一个问题，给定一个模型$\mu = \{A, B, \pi\}$和输出序列$O = O_1O_2 \cdots O_T$有

$$P(O|\mu) = \sum_{Q} P(O, Q|\mu) = \sum_{Q} P(O|Q, \mu) P(Q|\mu) \tag{2.9}$$

其中有

$$P(Q|\mu) = \pi_{q_1} a_{q_1q_2} a_{q_2q_3} \cdots a_{q_{T-1}q_T} = \pi_{q_1} \prod_{t=1}^{T-1} a_{q_tq_{t+1}} \tag{2.10}$$

$$P(O|Q, \mu) = b_{q_1}(O_1) b_{q_2}(O_2) \cdots b_{q_T}(O_T) = \prod_{t=1}^{T} b_{q_t}(O_t)$$
$$= b_{q_1}(O_1) \prod_{t=1}^{T-1} b_{q_{t+1}}(O_{t+1}) \tag{2.11}$$

则

$$P(O|\mu)=\sum_{Q}P(O|Q,\mu)P(Q|\mu)=\sum_{Q}\pi_{q_1}b_{q_1}(O_1)\prod_{t=1}^{T-1}a_{q_tq_{t+1}}b_{q_{t+1}}(O_{t+1}) \qquad (2.12)$$

如果穷尽所有的状态组合，且有 T 个时刻，每个时刻有 N 个状态，这样的话一共有 N^T 种组合，时间复杂度为 $O(N^T)$，计算时，就会出现“指数爆炸”，当 T 很大时，简直无法计算这个值。为解决这一问题，人们提出了前向算法，利用动态规划的策略使“指数爆炸”问题控制在了时间复杂度为 $O(T\cdot N^2)$的范围内。

首先引入前向变量$\alpha_t(i)$表示在时间 t 时刻，HMM 的输出序列为$O_1O_2\cdots O_t$，且位于状态 s_i 的概率为

$$\alpha_t(i)=P(O_1O_2\cdots O_t,q_t=s_i|\mu) \qquad (2.13)$$

那么，从起始时刻到时间 t+1 时刻，HMM 到达状态 s_j，并输出观察序列$O_1O_2\cdots O_{t+1}$，可以采用动态规划的方法，将其分解为以下两个步骤：

从初始时间到时间 t，HMM 到达状态 s_i，输出序列为$O_1O_2\cdots O_t$；

从状态 s_i 转移到状态 s_j，输出O_{t+1}。

完成步骤一的概率为前向变量$\alpha_t(i)$，而实现第二步的概率为$a_{ij}\cdot b_j(O_{t+1})$，则从初始状态到时间 t+1 时刻整个过程的概率为$\alpha_t(i)\cdot a_{ij}\cdot b_j(O_{t+1})$，由于从不同的状态 s_i 转移到状态 s_j，一共有 N 个不同的状态，则有

$$\alpha_{t+1}(j)=\left(\sum_{i=1}^{N}\alpha_t(i)\cdot a_{ij}\right)b_j(O_{t+1}) \qquad (2.14)$$

根据上式给出的递推关系，可以按时间顺序和状态顺序依次计算前向变量$\alpha_1(x),\alpha_2(x),\cdots,\alpha_T(x)$（其中 x 为 HMM 的状态变量），从而可以得到$P(O|\mu)$的值。

具体算法描述如下所示。

算法 2.1　前向算法

Step1　初始化：

$$\alpha_1(i)=\pi_ib_i(O_1),1\leqslant i\leqslant N$$

Step2　归纳计算：

$$\alpha_{t+1}(j)=\left(\sum_{i=1}^{N}\alpha_t(i)\cdot a_{ij}\right)b_j(O_{t+1}),1\leqslant t\leqslant T-1$$

Step3　终结：

$$P(O|\mu)=\sum_{i=1}^{N}\alpha_T(i)$$

相对于前向算法，我们同样也可以定义一个后向变量$\beta_t(i)$，在给定模型$\mu=\{A,B,\pi\}$，在时间 t 时刻状态为 s_i 的条件下，HMM 的输出序列为$O_{t+1}O_{t+2}\cdots O_T$的概率为

$$\beta_t(i)=P(O_{t+1}O_{t+2}\cdots O_T,q_t=s_i|\mu) \tag{2.15}$$

采用前向算法类似的方法，我们将在时间 t 时刻的 s_i 的条件下，HMM 的输出序列为$O_{t+1}O_{t+2}\cdots O_T$的过程分解为以下两步：

从时间 t 到时间 t+1，HMM 的状态从状态 s_i 到状态 s_j，输出 O_{t+1}；

在时间 t+1 的 s_j 状态下，HMM 的输出序列为$O_{t+2}O_{t+3}\cdots O_T$。

第一步输出 O_{t+1} 的概率为$a_{ij}b_j(O_{t+1})$，第二步中，根据后向变量的定义，输出序列为$O_{t+2}O_{t+3}\cdots O_T$的概率就是后向变量$\beta_{t+1}(j)$。则可以得到如下递推关系：

$$\beta_t(i)=\sum_{j=1}^{N}a_{ij}\,b_j(O_{t+1})\beta_{t+1}(j) \tag{2.16}$$

根据后向变量的递推关系，按 $T,T-1,\cdots,2,1$ 的顺序依次计算$\beta_T(i),\beta_{T-1}(i),\cdots,\beta_1(i)$，即可得到整个观测序列的概率。

具体的算法描述如下所示。

算法 2.2 后向算法

Step1 初始化：

$$\beta_T(i)=1,1\leqslant i\leqslant N$$

Step2 归纳计算：

$$\beta_t(i)=\sum_{j=1}^{N}a_{ij}\,b_j(O_{t+1})\beta_{t+1}(j),1\leqslant t\leqslant T-1$$

Step3 终结：

$$P(O|\mu)=\sum_{i=1}^{N}\pi_i b_i(O_1)\beta_1(i)$$

---

2. 解码问题

对于第二个问题，给定一个模型$\mu=\{A,B,\pi\}$和输出序列$O=O_1O_2\cdots O_T$，如何找到最可能产生这个输出序列的状态序列$Q=q_1q_2\cdots q_t$，使得这个状态序列最好地解释这个输出序列。这个问题采用著名的维特比算法来解决，维特比算法是一种特殊但运用最广的动态规划算法。利用动态规划可以解决任何一个图中的最短路径问题，但是维特比算法是针对一种特殊的图——篱笆网络（Lattice）的有向图最短路径问题而提出来的，篱笆网络如图 2.2 所示。

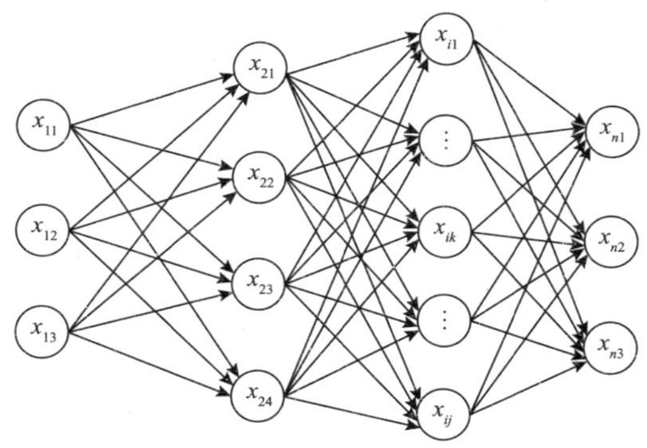

图 2.2　篱笆网络

维特比算法的基础可以概括为以下三点：

（1）如果概率最大的路径 P（或者说最短的路径）经过某一点，比如图中的 x_{23}，那么这条路径上从起点 S 到 x_{23} 的子路径 Q，一定是 S 到 x_{23} 之间的最短路径，否则会用 S 到 x_{23} 之间的最短路径 R 来替代 Q，以便构建比 P 更短的路径。

（2）从起点 S 到终点 E 必定经过第 t 时刻的转态。假设第 t 时刻有 k 个状态，那么记录了从 S 到第 t 状态的所有 k 个节点的最短路径构成一个集合，最终的最短路径必须经过集合中的一条。这样，在任何时刻，只要考虑非常有限条的候选路径即可。

（3）结合上述两点，当我们从状态 t 进入状态 t+1 时，从起点 S 到状态 t 上各个节点的最短路径都已找到，并且记录在这些节点上，那么在计算从起点 S 到状态 t+1 状态的某个节点的最短路径时，只要考虑起点 S 到前一个状态 t 所有的 k 个节点的最短路径，以及从这 k 个节点到状态 t+1 的距离即可。

基于上述三点基础，维特比提出了如下算法：

第一步，从起点 S 出发，对于第一个状态 t_1 的情况，若有 n_1 个节点，计算出从 S 到它们的距离 $d(S, x_{1i})$，其中 x_{1i} 代表状态 t 的任一节点。因为只有一步，所以这些距离都是 S 到它们各自的最短距离。

第二步，对于第二个状态 t_2 的所有节点，要计算出从 S 到它们的最短路径。对于特定的节点 x_{2i}，从 S 到它的路径可以经过状态 t_1 的任何一个节点 x_{1i}，对应的路径长度就是$d(S,x_{2i})=d(S,x_{1j})+d(x_{1j},x_{2i})$，其中$x_{1j}$有 n_1 种可能性，我们要找到里面最小的一种情况，即

$$d(S,x_{2i})=\min\left(d(S,x_{1j})+d(x_{1j},x_{2i})\right) \tag{2.17}$$

这样对于第二个状态的每个节点，需要进行 n_1 次计算，假设第二个状态有 n_2 个节点，那么把 S 到这些节点都计算一遍的复杂度为$O(n_1\cdot n_2)$。

接下来，按照上面第二步的方法从第二个状态走到第三个状态，一直走到最后一个状态，就得到了整个网络从头到尾的最短路径。每一步计算的复杂度都和相邻的两个状态 t_i 和 t_{i+1} 各自的节点数目 n_i 和 n_{i+1} 相关。假设整个隐形马尔可夫链中节点

最多的状态有 D 个节点，链的长度为 N，那么任何一步的复杂度都不会超过$O(D^2)$，整个维特比算法的复杂度为$O(N \cdot D^2)$。

具体的算法描述如下所示。

算法 2.3 维特比算法

Step1 初始化在时间$t = 1$时，HMM 沿某一条路径到达状态s_1时，输出观测序列为O_1的最大概率$\delta_1(i)$和前一个时间的记忆状态值$\psi_1(i)$的值为

$$\delta_1(i) = \pi_i b_i(O_1), \psi_1(i) = 0, 1 \leqslant i \leqslant N$$

Step2 归纳计算在时间 t 的$\delta_t(j)$和$\psi_t(j)$值：

$$\delta_t(j) = \max_{1 \leqslant i \leqslant N}[\delta_{t-1}(i) \cdot a_{ij}] \cdot b_j(O_t), 2 \leqslant t \leqslant T, 1 \leqslant j \leqslant N$$

$$\psi_t(j) = \operatorname*{argmax}_{1 \leqslant i \leqslant N}[\delta_{t-1}(i) \cdot a_{ij}] \cdot b_j(O_t), 2 \leqslant t \leqslant T, 1 \leqslant j \leqslant N$$

Step3 终结，得到Q_T的估计值及最大概率估计值：

$$\hat{Q}_T = \operatorname*{argmax}_{1 \leqslant i \leqslant N}[\delta_T(i)], \hat{P}(\hat{Q}_T) = \max_{1 \leqslant i \leqslant N}[\delta_T(i)]$$

Step4 路径回溯：$\hat{q}_t = \psi_{t+1}(\hat{q}_{t+1}), t = T-1, T-2, \cdots, 1$。

3. 学习问题

第三个问题，给定输出序列$O = O_1 O_2 \cdots O_T$，如何估计 HMM 的参数$\mu = \{A, B, \pi\}$，使$P(O|\mu)$最大，即是一个参数学习的过程。对于这个问题采用鲍姆-韦尔奇提出的期望最大化（Expectation Maximization）算法训练模型参数[63]，简称为 EM 算法。

在用 HMM 解决实际问题时，需要事先知道从前一个状态 s_{t-1} 进入当前状态 s_t 的概率$P(s_t|s_{t-1})$，也称为转移概率（Transition Probability），和每个状态 s_t 产生相应输出符号 O_t 的概率$P(O_t|s_t)$，也称为生成概率（Generation Probability）。

这些概率被称为 HMM 的参数，根据条件概率的定义我们可以得到：

$$P(s_t|s_{t-1}) = \frac{P(s_{t-1}, s_t)}{P(s_{t-1})}$$
$$P(O_t|s_t) = \frac{P(O_t, s_t)}{P(s_t)} \tag{2.18}$$

在有监督的训练中，这些参数可以通过大规模人工标注的数据统计计算得到。但是，很多运用都不可能做到这一点，比如在语音识别的声学模型中，人们是无法确定产生某个语音的状态序列的，也就无法标注训练模型数据。而在另一些运用中，虽然标注是可行的，但是成本非常高，比如训练英汉翻译的模型时，需要大量的中英对照语料，还要把中英文的词组意义对应起来，这个成本非常高。因此，训练 HMM 更实用的方法是仅仅通过大量观测到的信号序列就能推算出模型的参数。

两个不同的 HMM 可以产生多个相同的输出序列，因此仅仅通过观测到的输出序列来倒推它的隐含的 HMM，可能会有很多合适的模型。但是总有一个模型M_{θ_2}比另一个模型M_{θ_1}更有可能产生观测到的这个输出，其中θ_2和θ_1是模型的参数。鲍姆-韦尔奇提出的 EM 算法就是用来寻找这个最有可能的$M_{\hat{\theta}}$。其算法思想如下：

首先找到一组能够产生输出序列 O 的模型参数，它们是一定存在的，因为转移概率和输出概率为均匀分布时，模型可以产生任何输出，当然也包含我们的输出序列 O。我们称找到的这个初始模型为M_{θ_0}，需要在此基础上找到一个更好的模型。假设我们通过上面提到的前向算法、后向算法和维特比算法很好地解决了第一个和第二个问题，不但可以求出这个模型产生 O 的概率$P(O|M_{\theta_0})$，而且能够找到这个模型产生输出序列 O 的所有可能的路径以及这些路径的概率。这些可能路径实际上记录了每个状态经历了多少次、到达了哪些状态、输出了哪些符号，因此我们就可以将它们看作是“标注的训练数据”，根据公式（2.18）可以计算出一组新的参数θ_1，从M_{θ_0}到M_{θ_1}的过程称为一次迭代，可以证明：

$$P\left(M_{\theta_1}\right) > P(M_{\theta_0}) \tag{2.19}$$

接下来，从M_{θ_1}出发，可以找到一个更好的模型M_{θ_2}，并且不断地找下去，直到模型的质量不再有明显的提高为止，即找到最优的模型$M_{\hat{\theta}}$。

具体的算法过程描述如下。

算法 2.4　EM 算法

Step1　初始化π_i，a_{ij}，$b_j(k)$，且满足条件：

$$\sum_{i=1}^{N}\pi_i = 1,\sum_{j=1}^{N}a_{ij} = 1,\sum_{k=1}^{N}b_j(k) = 1,1 \leqslant i \leqslant N, 1 \leqslant j \leqslant N$$

由此得到模型μ_0，令$i = 0$，执行 Step2 的 EM 计算；

Step2　EM 计算；

E-步骤：由模型u_i计算期望$\xi_t(i,j)$和$\gamma_t(i)$：

$$\xi_t(i,j) = \frac{P\left(q_t = s_i, q_{t+1} = s_j, O\middle|\mu\right)}{P(O|\mu)} = \frac{\alpha_t(i)a_{ij}b_j(O_{t+1})\beta_{t=1}(j)}{\sum_{i=1}^{N}\sum_{j=1}^{N}\alpha_t(i)a_{ij}b_j(O_{t+1})\beta_{t=1}(j)}$$

$$\gamma_t(i) = \sum_{j=1}^{N}\xi_t(i,j)$$

M-步骤：用 E-步骤得到的期望重新计算参数π_i，a_{ij}，$b_j(k)$，得到模型u_{i+1}：

$$\bar{\pi}_i = \gamma_1(i), \bar{a}_{ij} = \frac{\sum_{i=1}^{T-1}\xi_t(i,j)}{\sum_{i=1}^{T-1}\gamma_t(i)}, \bar{b}_j(k) = \frac{\sum_{i=1}^{T}\gamma_t(j)\times\delta(O_t, v_t)}{\sum_{i=1}^{T}\gamma_t(j)}$$

Step3　循环计算：令,$i = i + 1$，重复执行 EM 计算，直到π_i，a_{ij}，$b_j(k)$收敛。

2.2.4 决策树模型

决策树模型就是将语句中词的上下文信息以二分决策树的形式进行表述，实现对语句中词出现概率的估计。建立决策树模型时，首先定义一个与词的上下文信息分布相关的问题集 Q 和一个评价函数，然后利用评价函数从问题集 Q 选择一个问题，将该问题作为一个节点 n_0，根据对该节点问题的回答，可引出两个分支，对词的上下文空间信息分布进行划分，得到左右子节点 n_{10}、n_{11}，对子节点循环执行这样的过程，不断产生决策树的各级节点，直到评价函数的变化小于一个给定的阈值为止。这样就生成了一棵词的上下文决策分类树，树的根节点和非叶子节点对应着问题集中的一个问题，每个叶节点则对应着词的上下文空间的一个等价类 ψ_{ij}。

决策树模型构造完之后，应用训练语料对每个叶节点 ψ_{ij} 上的词 w 的上下文概率分布 $P(w|\psi_{ij})$ 进行估算。当模型训练好之后就可以用来对语句中将要出现的词 w_i 的概率进行估算。计算时，首先根据决策树中的问题对词 w_i 的上下文进行连续提问，并根据回答确定出到达某一节点 ψ_{ij} 的路径，从而得到词 w_i 的条件概率估计 $P(w_i|\psi_{ij})$。

上下文无关模型、n-gram 等相关语言模型，归根结底都可以以决策树的形式表示出来。因此，决策树模型是一种更加通用的语言模型。决策树模型的优点是：决策树模型的分布树不是预先固定好的，而是根据训练语料库中的实际情况确定。但是，决策树模型在构造决策树的过程中时空消耗非常大。

2.2.5 Cache-based 模型

Cache-based 模型是 Roland Kuhn 于 1990 年提出的一种基于缓存的、动态自适应语言模型。上面提到的各种语言模型，其模型参数预先经过训练语料的训练并确定之后，在语言模型的应用过程中一般不会再改变，因此，这样的语言模型可以称为静态语言模型。但在自然语言应用中，经常会出现这样的现象：某些在训练语料中很少出现或低频出现的词，在某些局部或特定领域的文本中却突然大量地涌现，其概率分布与静态的语言模型参数之间存在着较大的差别，如“非典”一词在 2003 年的各种报刊、杂志以及网络中随着“非典”疫情的出现突然大量涌现，而在 2003 年之前就基本没有出现过，若采用 2003 年之前的训练语料训练的模型对“非典”一词进行相关处理就会出现错误。

因此，若能够设计出一种动态的、自适应的语言模型，使之能够根据词在文本中的出现情况，动态地调整语言模型的参数，即概率分布数据，则语言模型的性能就会大大提高。Kuhn 提出的基于缓存的语言模型（Cache-based Language Model）就是对这一想法的探索。

Cache-based 模型的基本思想是：设立一块缓存，存储最近出现过 N 个词 ($w_{i-N}w_{i-N+1}\cdots w_{i-2}w_{i-1}$) 的文本 T。把 T 作为一个训练文本，统计 T 中词的上下文概率分布。基于这些数据，可以估算出独立的 Unigram，Bigram，Trigram 等模型的

数据。然后，通过某种平滑算法将这些模型的数据结合起来，可以得到一个动态的数据。如动态的 Trigram 数据记作$P_{dyn}(w_i|w_{i-2}^{i-1})$，对于在缓存 T 中的所有词，都可计算出一个动态 Trigram 数据，并将这些数据与静态语言模型中的模型参数$P_{sta}(w_i|w_{i-2}^{i-1})$通过一定的方式如线性插值结合在一起，就会形成一个新的、具有动态自适应能力的语言模型。

Cache-based 模型对于个性化的输入法是一种非常有效的模型，针对用户个性化输入日志数据建立基于 Cache 的语言模型，用于对通用语言模型输出结果的调权，实现输入法的个性化、智能化。同时，Cache-based 模型另一个重要的运用就是进行数据平滑（Smoothing），对模型数据重新分配概率，即使没出现的事件也会赋予一个概率，有效地避免了数据稀疏问题。

2.3　统计语言模型的建模技术

2.3.1　基于最大似然法的语言建模

1. 基于最大似然估计法建模

最大似然估计方法是一种概率论在统计学中的应用，它是参数估计的主要方法之一。运用场景是已知某个随机样本满足某种概率分布，但是其中具体的参数不清楚，参数估计就是通过若干次试验，观察其结果，利用结果推导出参数的大概值。最大似然估计是建立在这样的思想上：已知某个参数θ能使样本满足某些条件出现的概率最大，我们就把这个参数θ作为真实参数θ^*的估计值。求最大似然函数估计值的一般步骤：

（1）写出似然函数；

（2）对似然函数取对数，并整理；

（3）求导数；

（4）解似然方程。

对于最大似然估计方法的应用，需要结合特定的环境，因为它需要提供样本的已知模型进而来估算参数，例如在模式识别中，我们可以规定目标模型符合高斯模型。在自然语言处理中对语料中词语出现的频率采用最大似然估计的过程如下：

假设有任一语言符号 x，它可以是字符、词、词串等，x 出现的概率 P 的估计为

$$\hat{P} = \underset{P}{\operatorname{argmax}} f(x|P) \tag{2.20}$$

其中$f(x|P)$为似然函数。假设事件 x 在长度为 N 的语料库中出现了 r 次，则似然函数可表示为

$$f(x|P) = P^r \cdot (1-P)^{N-r} \tag{2.21}$$

令$\mathrm{d}f/\mathrm{d}P=0$，可得

$$P=\frac{r}{N} \tag{2.22}$$

上式就是对语料中任意可见语言符号的最大似然估计（MLE）。

2. 基于概率分布的语言建模

基于概率分布的语言模型主要依据字词或字词对在文本中的分布概率或出现频率，利用概率统计理论和归纳方法，通过数学抽象，将概率或频次构成某种数学关系式，以实现对文本中字或词之间关系的表示，实现对文本的数学描述。由于不考虑过多的上下文信息，因而不涉及相邻词之间的转移概率问题，构造方法相对简单，一般可通过下列步骤实现概率分布模型的构造。

（1）统计计算文本中的词频、串频以及词对出现的频率；

（2）利用最大似然法（MLE）并依据概率统计中的伯努利大数定理，求取词或词对的统计概率；

（3）根据随机过程理论或信息论理论，应用某种数学方法、工具学习和获取语言成分间的定性关系，形成表述词语间关系的语言模型；

（4）利用训练语料对模型中的参数进行定量估计和确定。

互信息模型就是根据信息论理论而建立的基于概率分布的典型模型，它通过统计两个词及词对在语料中的频次，应用最大似然法得到两个词的同现概率以及每个词在文本中的出现概率来反映文本中两个词间的联系强度，已被用在自然语言处理的许多领域。互信息用下述的概率关系式表示词w_1、w_2之间的相互关系：

$$MI(w_1,w_2)=\log_2\frac{P(w_1,w_2)}{P(w_1)*P(w_2)} \tag{2.23}$$

其中$P(w_1,w_2)$是词对(w_1,w_2)的同现概率，$P(w_1)$、$P(w_2)$分别代表词w_1，w_2单独出现的概率。$P(w_1,w_2)$、$P(w_1)$、$P(w_2)$可以通过统计词w_1、w_2在训练语料中单独出现的次数和共同出现的次数计算得到。互信息与词间的关系表示如下：

当w_1，w_2之间的联系关系较强时，$MI(w_1,w_2)\gg 0$；

当词w_1与w_2之间的联系较弱时，$MI(w_1,w_2)\approx 0$；

而当$MI(w_1,w_2)<0$时，词w_1与w_2在文本中的分布为互补分布。

3. 基于上下文信息的语言建模

在任何一个真实的自然语言文本中，语言符号的出现概率是相互关联、相互制约的，只有考虑上下文之间的关系，才能真实地描述文本的本质，况且考虑的上下文信息越多，语言模型所反映的语序越逼近真实的语言句法模式，这就是所谓的基于上下文信息的语言建模。这种语言模型的建立，主要依据随机过程理论或信息论

理论建立模型的数学结构（如确定转移概率矩阵），再通过统计方法和语句中的上下文信息实现模型参数的估算。

n-gram 模型就是使用上下文中的历史信息构建的模型。它用历史信息对当前即将出现的语言符号（词、词性、短语等）的概率进行估计，如果以 w_i 表示即将出现的语言符号，则

$$P(w_i) \approx P(w_i|h) \tag{2.24}$$

这里，h 表示当前语言符号 w_i 的上下文历史信息，h 的不同就表示应用不同的历史信源对 w_i 进行预测，利用最大似然估计法（MLE）即可得到不同的 n-gram 模型对 $P(w_i)$ 进行估算，如 $h = w_{i-n+1}^{i-1}$，即得到

$$P(w_i|h) = P(w_i|w_{i-n+1}^{i-1}) \approx \frac{Count(w_{i-n+1}^{i})}{\sum_{w_i} Count(w_{i-n+1}^{i})} \tag{2.25}$$

有关 n-gram 模型的研究主要是探求对上下文描述精确且时空消耗更小的方法。上面所介绍的 n-gram 的变种模型就是这种探求的结果。

基于概率分布建立的描述词间相互关系的互信息、相关度等模型与基于上下文信息而建立的 n-gram、HMM 等模型的主要区别是，前者只考虑词与词间的相互影响，而后者则包含了相邻词间的转移概率，因而，n-gram 和 HMM 模型中的一个很重要的参数就是状态转移矩阵，而基于概率分布建立的描述词间相互关系的语言模型，不会涉及词间的转移概率问题，因而，基于上下文信息的建模过程更加复杂、难度也大。

2.3.2　基于组合思想的语言建模

这种建模思想是将一些已有的语言模型通过数学插值、加权或剪枝嫁接等各种手段和方法，进行嫁接组合，形成新的描述力更强的语言模型。

1. 基于插值法建模

该方法的思想是将不同语言模型通过插值的方法结合在一起，形成一个混合模型。如要利用插值方法将阶数不同的语言模型结合在一起，形成新的模型，可令 $P^{(k)}(w_i|w_1^{i-1})$ 为第 k 个语言模型所决定的条件概率，则插值得到的混合模型 $P^*(w_i|w_1^{i-1})$ 如下：

$$P^*(w_i|w_1^{i-1}) = \sum_k \lambda_i(w_1^{i-1}) P^{(k)}(w_i|w_1^{i-1}) \tag{2.26}$$

这里，$0 < \lambda_i \leqslant 1$，$\sum \lambda_i = 1$，$\lambda_i$ 可以通过在上面介绍的 EM 算法求得。

可以利用上述线性插值方法把 Unigram，Bigram 和 Trigram 结合在一起形成新的混合模型，如下所示：

$$P^*\left(w_i\middle|w_1^{i-1}\right) = \lambda_1 P(w_i) + \lambda_2 P(w_i|w_{i-1}) + \lambda_3 P(w_i|w_{i-2}w_{i-1}) \tag{2.27}$$

其中，$\lambda_1 + \lambda_2 + \lambda_3 = 1$。线性插值也可以看作是一种线性加权，其特点是易于实现将不同模型融合为一个统一的模型，以不同的权值使它们各自扬长避短，因而得到的模型性能不会差于各单个模型。一般情况下，由两个低阶模型插值形成的模型的性能要好于原来的低阶模型，但不会好于一个高阶模型的性能，但用它所估计的语言熵是该高阶模型所估计熵的上界。例如，基于长距离的词二元文法模型 $P(w_i|w_{i-2})$ 和 $P(w_i|w_{i-1})$ 加权得到的模型 $\tilde{P}(w_i|w_{i-2}w_{i-1}) = \lambda_1 P(w_i|w_{i-1}) + \lambda_2 P(w_i|w_{i-2})$的性能应比一般的二元文法好。在第四章我们将从语言模型信息熵的角度证明下面的结论：两个 *n*–1 元文法模型经过线性插值形成的新模型，其性能优于 *n*–1 元文法模型，但不及 *n* 元文法模型。

2. 基于回退法建模

回退法（Backoff）是 Katz[3]提出的一种解决数据稀疏相关问题的语言建模方法，它将不同的语言模型依据它们各自的特征，按一种可选择的方式加以组合排列，在模型使用中，系统会根据模型特征选择最适合当前上下文环境的一个使用。这种方法既可以用来组合各种信息源建立新的模型，也可以用来对已有的模型进行平滑处理。比如，backoff n-gram 模型就是一个用于解决数据稀疏的组合模型：

$$P_{katz}^{(n)}\left(w_i\middle|w_{i-n+1}^{i-1}\right) = \begin{cases} P_{ML}\left(w_i\middle|w_{i-n+1}^{i-1}\right) & \text{if}\left(Count\left(w_{i-n+1}^{i-1}\right) > 0\right) \\ \lambda \cdot P_{katz}^{(n-1)}\left(w_i\middle|w_{i-n+2}^{i-1}\right) & \text{if}\left(Count\left(w_{i-n+1}^{i-1}\right) = 0\right) \end{cases} \tag{2.28}$$

该模型的作用就是在应用 n-gram 模型预测词w_i的出现概率时，如果 *n* 元对w_{i-n+1}^{i-1}的出现频次$Count\left(w_{i-n+1}^{i-1}\right) > 0$，则用 *n* 阶最大似然估计模型$P_{ML}\left(w_i\middle|w_{i-n+1}^{i-1}\right)$来计算，如果$Count\left(w_{i-n+1}^{i-1}\right) = 0$，则模型回退到低阶模型，使用一个加权的(n–1)-gram 模型$P_{katz}^{(n-1)}\left(w_i\middle|w_{i-n+2}^{i-1}\right)$来计算，如果 *n*–1 元对$w_{i-n+1}^{i-1}$的出现频次仍为 0，则再回退到更低阶的模型，直到用 Unigram 模型计算最大似然估计为止。这里，λ为一权值，必须保证模型参数的归一化约束条件$\sum_{w_i} P\left(w_i\middle|w_{i-n+1}^{i-1}\right) = 1$。

3. 基于语言学知识与统计知识相结合建模

将语言学知识与统计特征相结合的语言建模方法，可以利用语言学知识弥补统计知识的不足，使所建立的语言模型的效果更好。目前有关语言学知识与统计知识相结合的建模方法有很多，文献[64]和[65]介绍了一种利用元素网格将语言学知识引入统计语言模型的方法，实现规则与统计相结合的建模。利用隐最大熵技术将语言学知识与上下文的统计特征相结合建立语言模型[42]，可以将语言学知识与统计特征集成到统一的模型框架之中，是一种值得关注的建模方法。

2.3.3　基于信息论最大熵方法的语言建模

1. 信息熵的概念

熵最早是一个物理学概念，它是描述事物无序性的程度，熵越大则无序性越强。从宏观方面讲（根据热力学定律），一个体系的熵等于其可逆过程吸收或耗散的热量除以它的绝对温度；从微观讲，熵是大量微观粒子的位置和速度的分布概率的函数。自然界的一个基本规律就是熵递增原理，即一个孤立系统的熵，自发性地趋于极大。随着熵的增加，有序状态逐步变为混沌状态，不可能自发地产生新的有序结构，这意味着自然界越变越无序。

信息论的开创者香农认为，信息（知识）是人们对事物了解的不确定性的消除或减少，他把不确定的程度称为信息熵。信息熵也可以说对信息不确定性的一个度量，信息熵越大，其不确定性越大。如果一个随机变量 X 的可能取值为$X=\{x_1,x_2,\cdots,x_k\}$，其概率分布为$P(X=x_i)=p_i(i=1,2,\cdots,n)$，则随机变量 X 的熵定义为

$$H(X)=-\sum_{x\in X}p(x)\log\frac{1}{p(x)} \tag{2.29}$$

2. 基于最大熵方法的建模方法

最大熵方法是 E.T. Jaynes 于 1957 年提出的，1992 年首次被 Della Pietra 运用于自然语言建模，并于 1996 年提出了一种利用最大熵方法是将上下文中多信源特征集成起来建立语言模型的方法。最大熵原理指出，当我们需要对一个随机事件的概率分布进行预测时，我们的预测应当满足全部已知的条件，而对未知的情况不要做任何主观假设。在这种情况下，概率分布最均匀，预测的风险最小。因为这时概率分布的信息熵最大，所以人们把这种模型称为“最大熵模型”。我们常说，不要把所有的鸡蛋放在一个篮子里，其实就是最大熵原理的一个朴素的说法，因为当我们遇到不确定性时，就要保留各种可能性。说白了，就是要保留全部的不确定性，将风险降到最小。其问题描述如下：

设随机过程 P 所有的输出值构成有限集 Y，对于每个输出 $y\in Y$，其产生均受上下文信息 x 的影响和约束。已知与 y 有关的所有上下文信息组成的集合为 X，则模型的目标是：给定上下文 $x\in X$，计算输出为 $y\in Y$ 的条件概率，对 $P(y|x)$进行估计。$P(y|x)$表示在上下文为 x 时，模型输出为 y 的条件概率。

由问题的描述可知，基于最大熵的建模方法涉及以下因素：

（1）特征。随机过程的输出与上下文信息 x 有关，但在建立语言模型时，如果考虑所有与 y 同现的上下文信息，则建立的语言模型会很繁琐，而且从语言学的知识上来讲，也不可能所有的上下文信息都与输出有关。所以在构造模型时，只要从上下文信息中选出与输出相关的信息即可，称这些对输出有用的信息为特征。

（2）特征的约束。与输出对象有关的上下文信息的特征集合可能会很大，但真正对模型有用的特征只是它的一个子集，因此，根据模型的要求对特征候选集中的特征进行约束。

（3）模型的构造和选择。利用符合要求的特征所构造的模型可能有很多个，而模型的目标是产生在约束集下具有最均匀分布的模型，而条件熵则是均匀分布的一种测量工具。最大熵原理就是选择其中一个条件熵最大的模型作为最后所构造的模型。

用最大熵原理所建立的语言模型不同于 n-gram 模型，能够将上下文中的多个信息特征集成到一个模型中，实现对模型的多特征约束。用最大熵方法建立语言模型的关键是如何从上下文中选取有用的信息特征，如何将这些信源特征有效地集成在一起，即如何选择最优的集成参数等问题，以及如何将语言学知识与统计信息知识集成到一起。我们将会在第十章对这些问题做详细的讨论。

2.4　统计语言建模的相关问题

2.4.1　语言模型的架构

在构造 n-gram 模型时，主要涉及三个问题：模型阶数、建模单元和信道模型。它们的选择与取值决定了模型的架构与适用领域。

（1）模型阶数 N 的选取。从理论上讲，N 值越大，所反映的语序越逼近真实的句法模式，因而会有更加良好的语法匹配效果。但在实际应用中，N 值的增大又会带来存储资源的急剧扩张和因统计数据稀疏而造成的计算误差。

（2）建模单元的选择。选择合适的建模单元，对模型的性能也有非常大的影响。例如，在对汉语构建模型时，可以以字为单位建立模型，也可以词为单位建立模型。当 N 相同时，基于词的模型优于基于字的模型，当然构造的难度也大，这是由于汉语中词的数量远多于字的数量。所以，要提高所建模型的性能，阶数 N 与建模单元的选择是需要权衡的一对矛盾。

（3）信道模型的选择。不同的信道模型适合于不同的应用对象，也可能导致不同的模型结构。

2.4.2　语言模型参数的确定

在构建语言模型过程中，模型参数一般要利用训练语料才能确定。例如，n-gram（Markov）模型状态转移矩阵的求取就是对模型参数的确定，要通过对训练语料的统计处理才能得到。确定语言模型参数的过程可以看作是一个机器学习的过程，目前主要有两种方法：一种为有指导的参数求解，另一种为无指导的参数求解。有指导的参数求解是指有人工标注的熟语料库的情况下机器进行学习的过程；无指导的参数求解是指在没有熟语料库的情况下的自学习过程。

2.4.3 数据稀疏问题与模型平滑

在参数求解过程中，由于语料库规模的限制，可能会出现数据稀疏的问题。所谓数据稀疏就是指在整个训练语料中，有许多样本的出现概率很低甚至为 0，它将会导致经过统计学习得到的参数是不可信的或是不充分的。解决数据稀疏问题的方法当然可通过增加训练语料规模来实现，但这可能会导致参数空间呈指数性增长，要占用极大的计算资源，据 Zipf 定律可知，对于大量的低频词来说，无论如何扩大训练语料的规模，都无法获得足够的统计数据以实现概率估计的可靠性。n-gram 建模过程中常用的解决数据稀疏问题的方法有词聚类法、词相似度法和一些其他的数据平滑技术[74]。

1. 词聚类法

词聚类法的思想是通过将那些出现频率低的词抽象为词类，从而解决数据稀疏的问题，基于词类所构建的语言模型中，因为使用统计类的观察频率而不是词的观察频率，从而使参数空间大为缩小。

2. 词相似度法

词相似度法则基于如下的假设，即如果两个词w_1与w_2是相似的，那么对于一个参照词w，互信息$MI(w_1,w)$应接近于$MI(w_2,w)$且$MI(w,w_1)$应接近于$MI(w,w_2)$。然后根据词的相似度，来估计那些未出现的词对的互信息，解决数据稀疏的问题。

3. Good-Turing 估计平滑法

前面介绍的组合思想构造语言模型的线性插值法和 Backoff 法，不但适于建造新的模型，而且也是进行模型平滑的有效方法。除了这两种方法外，常见的数据平滑算法还有加法平滑法、Good-Turing 估计平滑法、Written-Bell 平滑法、绝对折扣平滑法、Kneser-Ney 平滑法等，其中线性插值平滑法和 Good-Turing 平滑法是最重要的，也是许多数据平滑技术的核心，线性插值平滑算法前面已经做了论述，这里我们仅讨论 Good-Turing 平滑方法。

Good-Turing 估计的基本思想是，对训练语料中观察到的数据进行概率调整，将调整出来的概率按照一定的规则分布到在训练语料中未观察到的数据上，从而消除零概率估计。

如果设n_r表示训练语料中出现 r 次的词（串）的个数，训练语料的规模用 N 表示，则

$$N=\sum_r r\times n_r \tag{2.30}$$

按照最大似然估计（MLE）方法，出现 r 次的词的出现概率应为$P=\frac{r}{N}$。为了克服零概率，可对词的出现频次 r 做适当调整，以r^*代替 r。如果采用调整频次

$r^* = (r+1)\frac{n_{r+1}}{n_r}$，则得到的概率估计称为 Good-Turing 概率估计，记为P_{GT}。

$$P_{GT} = \frac{r^*}{N} = \frac{(r+1) \times n_{r+1}}{N \times n_r} \tag{2.31}$$

为了保证限制条件$\sum P = 1$，调整频次r^*应满足下式：

$$\frac{\sum n_r \times r^*}{N} = 1 \tag{2.32}$$

2.4.4 语言模型的评价

语言模型的性能反映了模型描述自然语言的能力，对语言模型的评价是语言建模研究范畴的重要组成部分。通过语言模型评价，可以了解语言模型性能的优劣，从而指导模型的构建方法研究。如何针对各种语言模型建立有效的评价指标，是一个比较复杂和困难的问题，目前还没有一个好的解决办法，不过，针对最常用的 n-gram 模型，通常的评价方法是采用困惑度（Perplexity）来进行评价。本书将在第四章就语言模型复杂度度量，从信息熵和困惑度两个角度出发进行讨论，并通过较严格的数学推导，给出一些有意义的结论。

2.5 本章小结

计算语言学的核心是语言建模，汉语语言建模方法的研究是开展中文信息处理应用研究的基础。本章对汉语语言模型进行了讨论，对现有的主要统计语言模型（上下文无关模型、n-gram 模型、隐 Markov 模型、决策树模型、Cache-based 模型）的相关知识进行了简要的介绍。同时介绍了三种统计语言模型的建模技术，最后讨论了统计语言模型建模的相关问题，对语言模型的架构、模型参数的确定、数据稀疏问题与模型平滑以及语言模型的评价进行了详细的论述。本书将在这一章节的基础之上，详细讨论中文统计语言模型的构建方法以及训练与评价方法，为后面中文文本查错纠错模型的构建奠定基础。

第三章　汉语统计语言模型的构建

3.1　汉语统计语言模型构建概述

汉语语言模型是中文信息处理的基础和核心，建立汉语语言模型是中文文本自动校对研究的基础。n-gram 模型由于在应用中表现良好[33]，且对建模所需的语言学资源要求不高，因而成为众多自然语言处理应用的首选。尽管其存在参数规模过大的问题，但通过应用模型平滑或裁剪技术，对于建立 n=2 或 3 的模型还是容易实现的。建立 n-gram 模型通常受两个因素影响，除了阶数 n 以外，语言建模单位的选择也极其重要，尤其对汉语语言建模问题。因为汉语不同于英语，英语中单词是具有确定意义的最小单位，一般的语言模型以词为统计单位。而汉语中由于词至今没有一个标准的定义，因此，建立模型的语言单位既可以是词，也可以是字。以字为单位建立语言模型时，不需要对语料进行任何加工处理，且一、二级字库只有 6763 个汉字，所以，容易实现，参数规模小；其缺点是语言约束能力弱。以词为单位建立的语言模型，由于将语言的构词因素加入到了模型之中，因而在阶数相同的情况下，其对语言的描述能力要强于以字为单位的模型。但汉语词的数量特别巨大，要实现高阶模型的建立，从语料中获取建立模型所需的词频和词同现统计数据的难度很大，再加上还需对训练语料进行切分处理，因此，以词为单位的高阶模型构建比较困难。目前国内大多数研究者[63-65,116]都建立了基于字的一元、二元、三元和基于词的一元、二元模型，甚至提出构建更高阶模型的方法[63,64]。本章针对中文文本校对的需要，首先对校对系统中的分词算法的实现进行介绍，同时，设计并实现一个汉字字、词统计系统，通过对两千五百万语料的统计，建立起汉字一元、二元、三元和词的一元、二元模型。还根据校对的需要，建立以词性为建模单位的词性二元、三元模型以及正确文本分词后所出现的单字词的字一元、二元和三元模型。

3.2　汉语文本分词及其相关问题

3.2.1　机读词典的建立

由于汉语自然语言处理不同于英语，中文文本分词与标注就成了建立汉语语言模型的基础，而中文文本分词与标注首先遇到的问题，是要有一部覆盖面广、大家认可的机读词典。由于词的概念至今没有一个统一的标准，因此，国内各主要从事自然语言研究的单位都有一套自己的词表或标注体系。我们采用已有机读词典、大规模词频统计和人工校阅相结合的方法，即结合我们已有的机读词典，将几部机读词典合并，去除相同的部分，合并的词典有《山西大学分词用词表》、《现代汉语词典》、《现代汉语通用词典》三部词典，并通过对大规模真实文本的统计，对那些在语料中高频出现的二字串经人工校阅后也加入词典，最后再人工校阅。通过合并和人工校阅，我们得到含 59 115 条词的词典，且各词均标有词性，词性标记集见附录1。比如，“新的”就是一个高频二字串加入词典，词性标为“a”。

3.2.2　汉语文本分词算法

在校对实验系统中，要使用到基于词的查错模型，在对文本查错前必须先对它进行分词预处理。为此，我们需要建立一个文本分词程序。中文分词算法现在一般分为三类：基于字典、词库匹配的分词方法、基于统计的分词方法和基于知识理解的分词方法。下面简要介绍几种常用方法。

1. 逐词遍历法

逐词遍历法将词典中的所有词按由长到短的顺序在文章中逐字搜索，直至文章结束。也就是说，不管文章有多短，词典有多大，都要将词典遍历一遍。这种方法效率比较低，大一点的系统一般都不使用。

2. 基于匹配的分词方法

基于匹配的分词方法一般是基于字典、词库匹配的分词方法，也称为机械分词法，这种方法按照一定策略将待分析的汉字串与一个“充分大的”机器词典中的词条进行匹配，若在词典中找到某个字符串，则匹配成功，这类方法简单、分词效率较高。根据扫描方向的不同分为正向匹配和逆向匹配；根据不同长度优先匹配的情况，分为最大（最长）匹配和最小（最短）匹配；根据是否与词性标注过程相结合，又可以分为单纯分词方法和分词与标注相结合的一体化方法。常用的方法如下：

（1）最大正向匹配法（Maximum Matching Method）通常简称为 MM 法。其基本思想为：假定分词词典中的最长词有 i 个汉字字符，则从被处理文档的首段开始，用被处理文档的当前字串中的前 i 个字作为匹配字段，查找字典。若字典中存在这样的一个 i 字词，则匹配成功，匹配字段被作为一个词切分出来；如果词典中找不到这样的一个 i 字词，则匹配失败，将匹配字段中的最后一个字去掉，对剩下的字串重新进行匹配处理，如此进行下去，直到匹配成功，即切分出一个词或剩余字串的长度为 1 为止。这样就完成了一轮匹配，然后取下一个 i 字字串进行匹配处理，直到文档被扫描完为止。

（2）逆向最大匹配法（Reverse Maximum Matching Method）通常简称为 RMM 法。逆向最大匹配法的基本原理与最大正向匹配法相同，不同的是分词切分的方向与最大正向匹配法相反，而且使用的分词辞典也有可能会不同。逆向最大匹配法从被处理文档的末端开始匹配扫描，每次取最末端的 i 个字作为匹配字段，若匹配失败，则去掉匹配字段最前面的一个字，继续匹配。

文献[27]指出，正向最大匹配法的错误切分率为 1/169，逆向最大匹配法的错误切分率是 1/245，暂且不论这些数据是否准确，有一点是大家公认的，即逆向匹配的切分正确率高。根据我们所用过的使用了排歧规则的正向匹配分词系统，像句子“北京市地方税务局发布通告”被错误切分成“北京 / 市 / 地方税 / 务 / 局 / 发布 / 通告”，若应用逆向匹配法则不会出现上述错误。文献[27]还指出：目前（1994 年出版）已有的分词系统还没有使用逆向最大匹配法实现的。随着开发平台的提高和编程技术改进，相信目前绝不会是这样的状况。本书实现了基于逆向最大匹配的分词算法，算法描述如下。

算法 3.1　基于逆向最大匹配的分词算法

Step1　设立绝对切分标志；

Step2　文件指针置初值，指向文本开始处；

Step3　循环读取字符存储到一个字符串变量 S，直到遇见绝对切分标志；

Step4　将绝对切分标志保存至一个字符串变量 S_2；

Step5　调用逆向最大切分算法对字符串变量 S 进行逆向切分，切分结果保存于字符串变量 S_1；

Step6　在切分结果 S_1 和绝对切分标志 S_2 之间加入切分符号“ / ”写入切分结果文件，即将 S_1+'/'+S_2+'/'写入结果文件；

Step7　如果未遇见文件结束符，则转 Step3，否则转 Step8；

Step8　结束。

设字符串变量$S = w_1 w_2 \cdots w_n$，其中$w_i (i = 1,2,\cdots,n)$为一个汉字，对字符串变量 S 进行反向切分的逆向最大切分算法描述如下。

算法 3.2　逆向最大切分算法

Step1　堆栈置空，堆栈指针置初值；

Step2　求字符串 S 的长度 L；

Step3　若 L>7，则从 S 右端取长度为 7 的子字符串$S' = w_{n-7} w_{n-6} \cdots w_n$，否则令$S' = S$；

Step4　求字符串S'的长度k；

Step5　若 k=1 则转 Step7；

Step6　查词典看S'是否为词，如果是词，则转 Step7，否则，从S'的左端去掉一个字，转 Step4；

Step7 将词S'压入堆栈，令 $m=m+1$；//m 是压入堆栈中的词数；

Step8 求S'中词的长度即汉字的个数 w_1；

Step9 从字符串 S 的右端去掉 w_1个汉字；

Step10 如果字符串 S 的长度为 0 则转 Step11，否则转 Step2；

Step11 将压入堆栈的 m 个词依次弹出，写入结果字符串 S_1 中，并在各词之间加入分割标志；

Step12 结束。

（3）最少切分法：使每一句中切出的词数最小。

（4）双向匹配法：将正向最大匹配法与逆向最大匹配法组合。先根据标点对文档进行粗切分，把文档分解成若干个句子，然后再对这些句子用正向最大匹配法和逆向最大匹配法进行扫描切分。如果两种分词方法得到的匹配结果相同，则认为分词正确，否则，按最小集处理。

3. 基于词频统计的分词方法

在讨论基于词频统计的分词方法之前我们先要明白有关全切分的相关知识。全切分要求获得输入序列的所有可接受的切分形式，而部分切分只取得一种或几种可接受的切分形式，由于部分切分忽略了可能的其他切分形式，所以建立在部分切分基础上的分词方法不管采取何种歧义纠正策略，都可能会遗漏正确的切分，造成分词错误或失败。而建立在全切分基础上的分词方法，由于全切分取得了所有可能的切分形式，因而从根本上避免了可能切分形式的遗漏，克服了部分切分方法的缺陷。

全切分算法能取得所有可能的切分形式，它的句子覆盖率和分词覆盖率均为100%，但全切分分词并没有在文本处理中广泛地采用，原因有以下几点：

（1）全切分算法只是能获得正确分词的前提，因为全切分不具有歧义检测功能，最终分词结果的正确性和完全性依赖于独立的歧义处理方法，如果评测有误，也会造成错误的结果。

（2）全切分的切分结果个数随句子长度的增长呈指数增长，一方面将导致庞大的无用数据充斥于存储数据库；另一方面当句子长度达到一定长度后，由于切分形式过多，造成分词效率严重下降。

基于词的频度统计的分词方法是一种全切分方法。它不依靠词典，而是将文章中任意两个字同时出现的频率进行统计，次数越高的就可能是一个词。它首先切分出与词表匹配的所有可能的词，运用统计语言模型和决策算法决定最优的切分结果。它的优点在于可以发现所有的切分歧义并且容易将新词提取出来。

4. 基于知识理解的分词方法

该方法主要基于句法、语法分析，并结合语义分析，通过对上下文内容所提供信息的分析对词进行定界，它通常包括三个部分：分词子系统、句法语义子系统、总控子系统。在总控子系统的协调下，分词子系统可以获得有关词、句子等的句法和语义信息来对分词歧义进行判断。这类方法试图让机器具有人类的理解能力，需要使用大量的语言知识和信息。由于汉语语言知识的笼统性和复杂性，难以将各种语言信息组织成机器可直接读取的形式。因此目前基于知识的分词系统还处在试验阶段。

5. 并行分词方法

这种分词方法借助于一个含有分词词库的管道进行，比较匹配过程是分步进行的，每一步可以对进入管道中的词同时与词库中相应的词进行比较，由于同时有多个词进行比较匹配，因而分词速度可以大幅度提高。这种方法涉及多级内码理论和管道的词典数据结构相关的知识。

3.2.3　分词中的中国人名识别

中国人名与地名识别是中文文本自动分词的重点和难点之一。这里只介绍中国人名的处理。中国人名识别的难点主要体现在：①中国人名在文本中没有明显的形态特征作为识别标志；②有些人名不仅可以自身成词，而且还能与其相邻的字构成词。这方面的大多数研究方法是先对文本进行预切分，然后根据切分造成的散串以及姓名用字频率信息、上下文边界信息[87-95]、语料库统计信息[87]和词性信息[96]实现中文姓名的识别。

本章模拟人在阅读文本时识别人名的方法，以姓氏为驱动，利用上下文信息对文本中的潜在中国人名进行提取，然后通过对大量语料的统计，提出了一种中国人名识别的分级加权筛选模型，利用基于这一模型的识别算法和冲突解决策略，从潜在姓名库中筛选出正确的中国人名。

1. 中国人名结构及其用字分析

（1）中国人名的构成。中国人名一般由两部分构成，即姓氏和名字，姓氏在前，名字在后，形式为“姓氏+名字”。姓氏和名字一般分别由一个或两个字构成，其组合可分为四种形式。

①单姓单名：sn=x1 m1，如：李涛、张宏。

②单姓双名：sn=x1 m1 m2，如：王俊杰、张世华。

③复姓单名：sn=x1 x2 m1，如：诸葛亮、欧阳海。

④复姓双名：sn=x1 x2 m1 m2，如：上官文清、皇甫春生。

在中文文本中，人名主要以姓氏驱动出现，省略姓而直呼名的情况一般出现在口语当中。本书只考虑以上四种情况的中国人名，即最长由四个字最短由两个字构成姓名的情况。

（2）姓氏用字表。通过互联网上的《千家姓》、《百家姓总汇》、《中华百家大姓》结合《姓氏人名用字统计分析》进行综合、删减，我们得到一个含760个姓氏的姓氏库，其中复姓33个、单姓727个。姓氏的频率等信息统计主要来源于两部分，一部分是对人名库的统计，一部分是对真实语料的统计，统计结果存于姓氏用字表中。人名库中收集了64 000个真实人名，真实语料为经过人名标注的50万字语料。姓氏用字表由三个字段构成：姓氏，使用频率，使用频度，其中：

$$\text{使用频率}=\frac{\text{该姓氏在人名库中出现的次数}}{\text{人名库中姓名总数}} \tag{3.1}$$

$$\text{使用频度}=\frac{\text{该姓氏在标注语料中作为人名出现的次数}}{\text{该姓氏在标注语料中出现的总次数}} \tag{3.2}$$

通过对人名库中64 000个姓名的统计发现，尽管中国姓氏用字很多，但主要集中在少数几个大姓上。出现次数在前六位的有：王、张、李、刘、陈、郭，它们的累计频率为33.172%；还有一些姓氏也较常用，如吴、韩、孙、马、杨、高等，基本上和文献[58]的统计情况相吻合；姓氏库中的许多姓氏在64 000个名字中只出现一次或根本不出现，如祖、禚、竹、终、有、由等，它们出现频率是非常低的。而通过对真实语料中姓氏用字情况的分析，发现姓氏可根据其出现频率和作为普通字使用的情况分为四种情况：

高频姓氏字，低频普通字，如刘、裴、李、郭以及一些复姓；

高频姓氏字，高频普通字，如王、张等；

低频姓氏字，高频普通字，如有、由、是等；

低频姓氏字，低频普通字，如艾、卞、邴、郜、郗等。

（3）名字用字表。名字用字情况很复杂，虽多数是常用字，但也经常出现一些生僻字、古字、方言字、新造字等。经过对人名库的统计分析，64 000人名中的名字用字个数为2122个。人名用字虽多，但较常用的名字用字也相对集中在几十个字上，如英、华、艳、明、志、国、月、杰、光、娟、东、珍、玉、秀等字。同时人名用字涉及范围广，从词类来说，有实词也有虚词，如副词、介词、连词、语气词、象声词、文言虚词（乃、其、者等）以及一至十乃至百、千、万、亿也都是人名用字。从用字感情色彩来看，多使用褒义字和中性字，但也有一些贬义字和不太雅的字，如虫、鸡、狗、刁等，这可能与地方习俗有关。从语料中的分析来看，名字用字作为普通用字的情况更常见。名字用字表的结构如表3.1所示。

表 3.1　名字用字表的结构

字段名	类型	含义
Word	A	记录名字用字
Firstfrqnt	N	作为首字的频度
Lastfrqnt	N	作为尾字的频度
Firstabs	N	作为首字的频率
Lastabs	N	作为尾字的频率
Total	I	文中出现的总次数

2. 中文人名的上下文边界信息分析

从语料中可以看到，姓名的出现虽然具有随意性，但又有一定的规律可循，在姓名出现的前后经常会有一些上下文边界信息，这些信息可以预示或肯定一个姓名的出现。我们把与姓名相邻出现具有指示姓名作用的词或符号称为姓名的上下文边界信息。上下文边界信息包括称谓词、指界动词或副词和一些标点符号。上下文边界信息按其出现的位置又可分为左边界信息和右边界信息。左边界信息包括前称谓词、前指界词和标点符号，如总理、厂长等就是前称谓词，授予、称赞、会见等就是前指界动词。右边界信息包括后称谓词、后指界词和标点符号，如同志、先生、小姐等就是后称谓词，说、要求、标点（如逗号、顿号、句号等）就是后指界词。可以看出有些称谓词（如主席、总理）和一些指界词（如要求、命令）既可出现在姓名前，也可出现在姓名之后。还有一些连词、介词或副词也常出现在姓名前后，如“和”、“与”、“同”、“及”、“的”等。我们经过对大规模语料的统计和对文献的查阅，得到上下文边界信息表，左边界信息表中有 1031 个词，右边界信息表中有 642 个词。在使用中我们还发现，不同的边界信息作为姓名的边界的可信度是不一样的，也就是说在大概确定了人名的位置以后，利用边界信息的可信度可确定人名的可信度。所以，左右边界信息表中包括左右边界的用词及其它们的可信度。每个左右边界的可信度由语料统计得到。

3. 潜在中国人名的粗选算法

潜在中国人名的初级筛选算法如下：

（1）寻找作为触发信息的姓氏用字。从文本中读取两个字，判断其是否为复姓，若是则取其相应的统计值（通过查复姓表及单姓表），若不是则取前一字，判断其是否为单姓，若是则取其相应的统计值（通过查复姓表及单姓表），若不是则向下读取。

（2）寻找姓氏左、右边界。找到一姓氏后，向前读取字符，判断是否是左界，若是，则取回可信度值，否则标志其无左界。之后，向右查找是否有右界，若有，返回其可信度和右界的起始位置，否则标志无右界。左、右界判定规则如下。

左界规则：若该姓氏前的字在左界表中，或者是一标点符号，或在句首，则该姓氏左界确定。

右界规则：若从该姓氏用字后的第二或第三个汉字位置起向后的字符串在右界表中，或是一标点符号，则右界确定。

（3）由右界信息确定名字长度。若右界确定，则根据返回的右界起始位置确定潜在姓名的长度，否则向后取两个字作为潜在人名的名字用字。

（4）姓名初筛选。定义姓名初筛选的规则如下。

规则 1　首先判断右界是否确定，若不定，则判断潜在姓名是单名还是复名。我们采用文献[87]的单、复名竞争规则进行单、复名的判断。若是单名取姓氏后的一个字作为潜在姓名；否则，取姓氏后的两个字作为潜在姓名，并使用规则 2 进一步判断。若右界确定则将姓氏字开始至右边界的长度不超过 4 个汉字的字符串取出，转规则 2。

规则 2　若名字首字不在名字用字表中，且姓氏使用频度小于 90%，则否定该潜在姓名。

规则 3　若姓氏字前有左边界，并且左边界的可信度大于设定的阈值，则将该姓名放入潜在姓名库中。

规则 4　若当前姓名已在测试语料中出现过，则肯定该潜在姓名，并在潜在姓名库中增大该姓名的可信度。

4. 分级加权中文人名筛选模型

上述算法只是一个初选，下面主要根据姓名用字在人名库中的使用频率和在真实语料中的使用频度以及上述其他信息在姓名确定中的重要程度，分级加权，同一级中根据主要信息取值的不同，加不同的权值。我们分三级建立加权模型。

首先，介绍模型中用到的符号：

（1）*dn*：姓氏在姓名库中的使用频率；

（2）*fn*：姓氏在真实文本中的使用频度；

（3）*namedn*1：名字首字在姓名库中的使用频率；

（4）*namefn*1：名字首字在文本中的使用频度；

（5）*namedn*2：名字尾字在姓名库中的使用频率；

（6）*namefn*2：名字尾字在文本中的使用频度；

（7）*leftcredit*：左界可信度；

（8）*rightcredit*：右界可信度；

（9）*Pn*：姓名可信度。

姓名识别的最终对象是文本，根据真实文本语料统计的数值应是判别的主要依据。所以在各级判别中使用频度作为主要信息，使用频率作为调节信息。又因为姓氏在判断中起主要作用，故姓氏用字的使用频度作为第一级判别的依据，对剩余信息再进行二级判别和三级判别。对姓氏库的使用频度值的统计结果见表 3.2。

表 3.2　姓氏库使用频度值与加权系数 a_1 间的关系

姓氏使用频度范围(×1000)	加权系数 a_1
≤ 1.0	0.6
1.0 ~ 30	0.55
30 ~ 100	0.45
100 ~ 200	0.3
200 ~ 600	0.4
600 ~ 700	0.45
700 ~ 800	0.5
800 ~ 999	0.55
=1000	0.7

1）一级判定

从统计结果可以看到，姓氏使用频度值差别较大，故在其原值基础上都乘 1000 作为使用时的值。另外，为保证取值的可行性，赋予频度的最小值为 1.0（乘 1000 以后的值）。对姓氏用字的统计结果是：使用频度高的姓氏（>500）只占 13.7%；在 1.0~500 的占 34.3%；小于或等于 1.0 的占 51.5%。使用频度过小或过大，都说明该姓氏可基本否定或肯定该潜在姓名，而位于中间的值，则应更多地看其他信息的判定情况，故两个极端的权值较大，向中间逐步减小。得一级判定公式如下：

$$P_n = a_1 * fn + (1 - a_1) * other_1 \tag{3.3}$$

a_1 为加权系数，其值由表 3.2 给出。$other_1$的值由二级判定决定，为保证与fn数量级相同，其值应在 0~1000 中取。

2）二级判定

剩余信息有姓氏的使用频率、名字用字信息和左右界信息，它们在判断中基本起相同作用，故赋予相似的权值，公式如下：

$$other_1 = 0.35 * tempdn + 0.4 * other_2 + 0.25 * other_3 \tag{3.4}$$

其中$tempdn$是姓氏使用频率的调整值。因为统计dn的取值范围为 0.17~80，与$fn(0 \backsim 1000)$有个数量级的差别，故对它进行调整。$tempdn$值的计算方式如下所示：

$$tempdn = sqrt(dn) * 100 \tag{3.5}$$

这样可保证与fn的平衡。

3）三级判定

$other_2$ 为名字用字情况确定的判定值，同样根据使用频度的值来确定加权的方法。对名字用字首字的统计结果是：使用频度最小值为 0.17；最大值为 28；≤1.0 约占 60%；1.0~10 约占 30%；>10 约占 10%。而使用频率最小值为 1.0；最大值为 1000；=1.0 约占 60%；1.0~100 约占 20%；100~1000 约占 15%；=1000 约占 5%。对名字用字尾字的统计结果基本同上。故由名字使用频度确定权值 a_2、a_3，如表 3.3 所示。

表 3.3　名字用字的使用频度值与加权系数 a_2、a_3 间的关系

名字用字使用频度范围	权值 a_2、a_3
1.0~100	0.3
100~500	0.6
500~1000	0.7

由表 3.3 可得二级判定中 $other_2$ 的公式：

$$other_2 = \begin{cases} a_2 * namefn1 + (1 - a_2) * tempdn1 & \text{单名} \\ 0.5 * (a_2 * namefn1 + (1 - a_2) * tempdn1) & \text{双名} \\ \quad + a_3 * namefn2 + (1 - a_3) * tempdn2 & \end{cases} \tag{3.6}$$

其中$tempdn1$和$tempdn2$的取值原理与$tempdn$相同，$tempdni = sqrt(namedni) * 100\ (i = 1,2)$。

$other_3$为左右界可信度，取值范围是 0.1~1，仍以$leftcredit$和$rightcredit$标识，表示为

$$other_3 = 0.4 * leftcredit + 0.6 * rightcredit \tag{3.7}$$

由于右界可确定潜在姓名的长度，故取权值大于左界。

以上即为人名识别的三级加权筛选模型。通过实验中对语料的测试，可确定一个P_n的阈值，若P_n大于阈值则为姓名，否则否定之。

在本系统中，我们通过实验验证，获取的阈值为 200。

5. 人名的冲突处理

冲突是指如果后一个潜在姓名的起始位置小于前一个潜在姓名的结尾位置，即两个名字有重合的部分。具体的判定规则如下。

（1）判断当前潜在姓名的阈值是否大于 0.93，如果满足条件，则否定前一个潜在姓名；

（2）前一个潜在姓名的右界是否确定，并且其右界的可信度是否大于当前的名字右界可信度的值，如果满足条件，则否定当前的名字；

（3）当前的潜在姓名的左界的可信度是否确定，并且其可信度的值大于前一个名字左界可信度的值，如果满足条件，则否定前一个名字；

（4）前一个潜在姓名的阈值是否大于0.93，如果满足条件，则否定当前的名字；

（5）当前的潜在姓名的阈值是否大于前一个姓名的阈值，并且其名字用字的使用频率是否大于前一个名字用字的使用频率，如果满足条件，则否定前一个潜在姓名；

（6）根据公式$p_1 = prefn * prefn1 * predn1$和$p_2 = curfn * curfn1 * curdn1$判定，如果$p_1 > p_2$，则否定当前的名字。这里，$prefn$、$prefn1$、$predn1$为前一个潜在姓名的姓氏使用频度、名字首字使用频度、名字首字使用频率；$curfn$、$curfn1$、$curdn1$为当前潜在姓名的姓氏使用频度、名字首字使用频度、名字首字使用频率。

3.2.4　实验结果与分析

1. 中文分词实验结果与分析

我们选用1998年《人民日报》部分新闻稿共53 812字进行切分试验，并将切分结果与山西大学分词2000系统切分结果对照，分词正确率达到98.17%。下面是几个典型的分词结果：

【例3-1】北京/市/地方/税务局/发布/通告。（此句的难点是“地方税”与“税务局”之间有切分歧义）

【例3-2】美/国会/今天/召开/会议。（此句的难点是“美国”和“国会”之间有切分歧义）

【例3-3】南京/市/长江/大桥。（此句的难点是“市长”和“长江”之间的歧义）

以上这些例句，若使用正向匹配，则要建立很多排歧规则，且不一定有效，而基于逆向切分方法则可以使排歧规则大大简化。

2. 人名识别实验结果分析与讨论

为了评价实验结果，给出两个评价指标：

$$召回率=\frac{系统中识别出的真正姓名个数}{语料中所含的姓名个数}$$

$$精确率=\frac{系统中识别出的真正姓名个数}{系统中识别出的姓名个数}$$

我们从《人民日报》的标注语料中随机抽取的500个含有人名的句子进行测试，结果表明，中国人名识别的召回率为89.2%，精确率为93.15%。

以下分别为识别过程中正确识别、错误召回和未能识别的例句。

【例 3-4】记者潘帝都报道。

【例 3-5】你们的高水平生物工程成果却在研究室里睡大觉。

【例 3-6】部长下矿贺新年。

【例 3-7】最佳邮票评选近日于蓉城揭晓。

【例 3-8】韩国老板使王海清醒了。

【例 3-9】美国飞行员的家属很关心他们在中国的安全。

【例 3-10】张兴民　严世军　周振林　报道。

这是一些有代表性的例句，根据筛选算法识别过程所得各级判定值如表 3.4 所示。

表 3.4　人名识别可信度数据计算举例

name	*fn*	$other_1$	$other_2$	$other_3$	*credit*
潘帝都	481.48	282	96.36	740	361.84
都报	1	125	40.99	360	50.95
高水平	8.98	411	534.09	280	189.98
水平生	1	205	428	0	82.69
贺新年	66.67	185	142.22	300	131.81
于蓉城	19.42	99	60.89	0	55
韩国	178.29	274.78	278.73	200	245
安全	11.51	430.48	509	580	200
严世军	17.16	141.73	220.07	0	73

确定阈值为 200，由表 3.4 分析可知，对于如“潘帝都”这样的不常见姓氏的名字该算法可以正确识别，同时对于像“高水平”等很易误识为人名的字符串也可正确筛选。但对于姓氏使用频度高的字符串很可能被错误召回，而对于姓氏使用频度低的字符串很可能被遗漏。

实验表明，在上述筛选算法中，姓氏使用频度起着很大作用。首先，其权值的确定直接影响识别的准确率。若权值偏大，会使那些使用频度不高的姓氏被否定。所以，分级加权筛选模型中权值的合理确定非常重要，这需要从大量的测试数据中观察其变化规律来确定。其次，由于名字用字表中收录人名用字较少，只有 2122 个，故初筛选的规则很松，利用人名用字只是一个辅助性措施而已，这同样需要以后不断的补充资源予以完善。最后，进一步细化筛选规则，对使用频度较大的姓氏进行分析，把它与其他字所构成的词建成屏蔽词库，就可以把类似“安全”、“韩国”等作为姓名可能性小的词予以否定，进一步提高识别的精确率。

3.3　汉语建模原理与文本统计系统的建立

3.3.1　汉语 n-gram 模型的构建原理

n-gram 模型的基本思想就是应用当前语言单位前面 n–1 个语言单位预测当前语言单位出现的概率，即求$P(w_i|w_{i-n+1}^{i-1})$。因此，建立语言模型的任务就是应用训练语料对$P(w_i|w_{i-n+1}^{i-1})$进行估计或训练。采用最大似然估计法公式(2.10)来实现参数的计算：

$$P(w_i|w_{i-n+1}^{i-1}) \approx \frac{Count(w_{i-n+1}^{i})}{\sum_{w_i} Count(w_{i-n+1}^{i})} \tag{3.8}$$

由此可以看出，语言模型参数的训练就是要从训练语料中统计出w_{i-n+1}^{i-1}的出现频次$Count(w_{i-n+1}^{i})$。为此，我们需要建立文本统计系统。

3.3.2　文本统计系统的组成及实现

统计语言模型的建立主要是从大规模语料中获取不同距离间词的相关关系，并通过大规模语料对语言模型的参数进行训练，因此，文本统计是统计语言模型建立的必要手段。本书以《人民日报》1995 年全年约 2500 万字的文稿为统计语料，统计了字频、词频和字一元、二元、三元同现以及词二元同现的数据。建立以字为单位的汉语统计模型，不需对训练语料进行事先分词，直接统计；而建立以词为单位的汉语统计模型，其模型参数的获取要求对训练语料进行分词，为了使所建立文本查错模型与查错过程相符，在训练模型参数时，对训练语料的分词采用与校对实验系统相同的分词程序。建立的字词统计系统组成如图 3.1 所示。

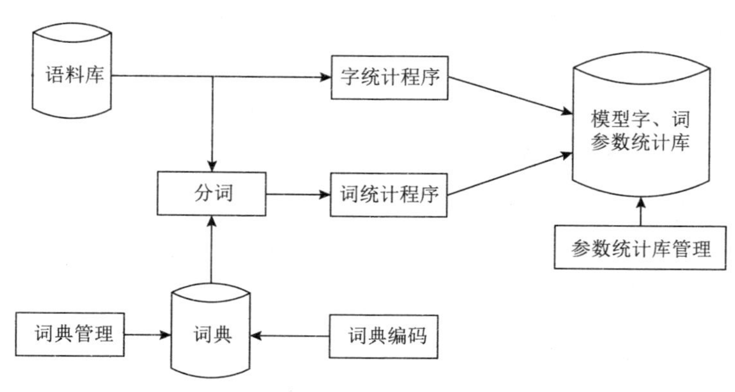

图 3.1　字词统计系统的构成

由于我们使用的汉语词典中含有 59 115 个词，再加上 2500 万字的语料规模，在统计过程中必然会遇到时间和空间两个方面的问题，若按矩阵构造词同现表，所有可能出现的词二元对的个数为 $3.494\,58 \times 10^9$，其规模令人难以接受。构造字二元和字三元的同现对个数也很巨大，为此，需要解决以下一些问题：

（1）字词频次及同现数据的存储结构。由于词的二元同现是很稀疏的，我们采用链表形式压缩存储词同现表：首先，给词库中各词赋一个唯一的编号，用 Num(w_i)表示词 w_i 对应编号；然后，按如图 3.2 的形式组织词同现频率表 WCON。

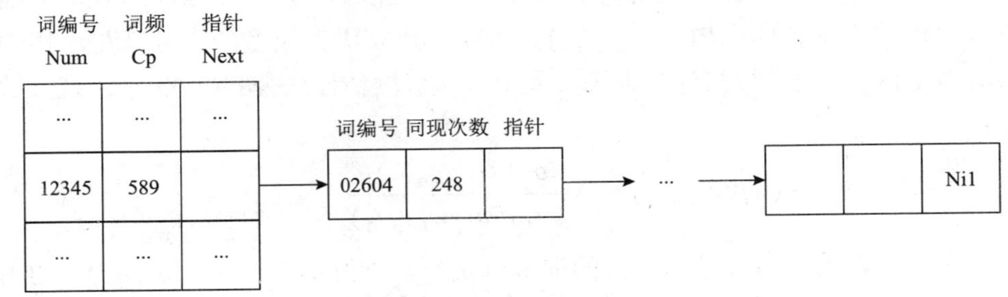

图 3.2　词同现表的数据结构

词频数组中存放着所有词的标记及其单独出现的次数，各数组元素链接出来的单链表中存放着所有与该元素同现的词的标记及其二元同现次数。

（2）多路归并式统计方法。由于语料规模巨大，若放于一个文件处理很不方便。将 1995 年全年的《人民日报》语料分割成 24 个文件，统计程序每次从语料目录下取一个文本文件进行统计，统计结果采用 SQL Server 数据库存取机制，当库的规模增加到一定程度后，自动分裂出新的结果文件，当统计完成以后，将多个结果文件进行多路归并，将每个字或词或字词的同现对的个数进行累计，最后生成一个完整的统计文件。

3.3.3　字词统计算法与程序

我们统计了 2500 万字语料的字频、二元字同现、三元字同现以及分词后的词频、二元词同现、词性二元、词性三元同现等数据，统计算法都比较相似，这里仅给出词二元同现的统计算法。程序采用 DELIPH 7.0 编写，并结合 SQL Sever 大型数据库技术，统计程序速度较快，统计字频、二元字同现、三元字同现的工作同时进行，处理 100 余万的语料在 Pentium IV 1.4G 的机器上只需两个小时左右的时间。

算法 3.3　二元词同现频次表 WCON 的生成算法

Step1　初始化二元词同现频次表 WCON：生成表头数组，按从小到大的顺序放入所有词的编号，将词频全置为零，指针置空；

Step2　若统计语料中尚有未被处理的语料，则打开其中一个语料库文件，转 Step3；否则，转 Step6；

Step3　若当前语料库文件处理结束（即到文件尾），则关闭该文件并转 Step2。否则，从中划分出一句（以句号、叹号、问号、冒号、分号、破折号结束）$S = w_1 w_2 \cdots w_i \cdots w_m$，其中$w_i$为词表中的一个词，转 Step4；

Step4　for i=1 to m do

begin

（1）在表头数组中寻找词w_i对应的元素 k，置 WCON[k].Cp=WCON[k].Cp +1；

（2）从 WCON[k].Next 出发查找与词w_{i+1}对应的表结点，如找到，则令同现次数加 1；否则，加入一个新结点，往其中置入w_{i+1}的编号，并将同现次数赋值为 1；

end

Step5　转 Step3；

Step6　对表头数组中各元素对应的链表按词二元同现次数的大小排序；

Step7　结束。

3.4　几种汉语语言模型与实验结果

经过对 1995 年全年《人民日报》的统计，得到了字的 Unigram、Bigram、Trigram 统计频次数据和词的 Unigram、Bigram 频次数据，如表 3.5 所示，利用这些数据，我们就可以使用前面介绍的最大似然法建立字的一、二、三元文法模型（C-M1、C-M2、C-M3）和词的一、二元文法模型（W-M1、W-M2）。

表 3.5　字、词 Unigram、Bigram、Trigram 模型参数统计结果

出现频次 k	≥k的字 Unigram 数	≥k的字 Bigram 数	≥k的字 Trigram 数	≥k的词 Unigram 数	≥k的词 Bigram 数
1	45021	955944	5297091	119504	2030460
2	37271	560300	1837504	68229	662829
3	32285	420557	1101658	53946	399244
4	29007	344891	790719	46217	289239
5	26548	295924	616139	40993	227689
10	15708	182513	290560	27702	110854
20	10236	109256	135929	17989	53126
30	7931	79405	86056	13663	34288
50	5579	51816	47325	9600	19342
100	3066	27886	20283	5772	8604
500	2014	5926	2343	1506	1053
1000	1607	2880	802	739	383
5000	774	360	35	80	32
10000	485	110	11	20	7
20000	269	28	10	3	3
50000	72	4	1	0	0
100000	23	0	0	0	0
200000	6	0	0	0	0

为了建立第五章规则与统计相结合的查错模型，我们还对 1995 年《人民日报》8 个月近 1600 万语料分词后，统计只出现单字散串的字一元、二元和三元同现频次，统计数据如表 3.6 所示。

表 3.6　分词后 Unigram、Bigram、Trigram 模型参数统计结果

元数 \ 次数 k	1	2	5	10	20	50	100	500	1000	5000	10000	20000
一元	5781	4929	3811	3131	2561	1857	1372	562	353	110	65	35
二元	194878	88134	36922	20445	10989	4499	2261	430	209	30	5	1
三元	438662	105686	26306	10455	4280	1373	559	48	20	0	0	0

根据这些数据，建立了单字散串的字 n-gram 模型（Sc-M1、Sc-M2、Sc-M3），这样建立的模型参数规模小，数据稀疏性小，与词查错规则相结合，取得了较好的查错效果。为了后面中文文本查错时应用词性进行接续判断，需要建立词性二元和三元统计模型。为了使所建模型符合文本查错时的情况，为此在建立词性二元、三元统计模型时，应用我们的分词软件对 1998 年 1 月的《人民日报》进行加工，并按附录中的词性标记集作词性标记转换后，与北京大学计算语言所公开的相同文本的熟语料进行对照排歧，得到约 200 万的熟语料，由此统计出词性二元同现和三元同现数据，建立了词性二元模型和三元模型（P-M2、P-M3），统计数据在这里就不列出了。

3.5　本章小结

本章对汉语语言模型的构建方法进行了讨论，并对语言建模的基础性工作——文本切分进行了研究，实现了一个面向中文文本校对实验系统的逆向最大匹配分词程序，并提出了一个基于姓氏驱动的中国人名识别分级加权筛选模型，中国人名识别的召回率为 89.2%，精确率为 93.15%。以 2500 万文本语料为训练样本，建立了汉语字一元、二元、三元和词一元、二元模型。以 200 万熟语料为训练样本建立了面向文本校对的词性二元和三元统计语言模型。在对 1600 万文本语料分词后，对文本中连续单字词出现的同现数据进行统计，建立了面向文本查错的字一元、二元和三元模型。

第四章　汉语统计语言模型的训练与评价

4.1　语言模型训练样本的选取

构建统计语言模型非常重要的一步是对语言模型参数进行训练，以便语言模型能够很好地符合真实语言的内在规律。但不可能应用真实语言中的全体语句对语言模型进行训练，只能抽取一部分有代表性的语料，这些有代表性的语料称作样本，选取样本的过程称作抽样。

训练样本的选取是一个十分重要的过程，因为样本应该能够代表语言文本的全体，选取得好，所训练出的语言模型就能够很好地表述语言的内在规律，若选取得不好，所得到语言模型在应用中就会出现很大的误差，基于这样的语言模型所建立的应用程序或软件将无任何应用价值。

语料样本的选取应该考虑如下几个因素：

（1）语料样本的覆盖面。人们希望所建立的语言模型能够适应于语言所能描述的各个领域，因此，样本的选取应具有广泛的覆盖性，所谓的平衡语料库就是人们企图得到具有广泛覆盖性样本的一种努力。但就目前自然语言处理的技术而言，建立一个广谱的或万能的语言模型几乎是不可能的。面向应用或面向领域的语言模型的训练样本选择相对来讲要容易些。

（2）样本语料的规模。样本语料的规模与对模型参数训练的误差要求密切相关，也和建立语言模型时所使用的语言单位在语言应用中的使用频率密切相关。若要求模型参数的相对误差越小，则需要的训练语料样本的规模越大；而在一定的相对误差要求下，若被统计的语言单位的出现频率越小，则需要的训练语料样本的规模也越大。

在以上两个因素中，有关语料样本的覆盖面问题，由于目前所建立的语言模型是面向领域或应用的，因而易于解决；样本语料规模的大小关系到能否快速有效地训练模型，是语言模型构建过程中迫切需要解决的问题。

4.2　汉语语言模型训练样本的规模

4.2.1　语言模型阶数与训练样本规模

第二章已经指出，n-gram 统计语言模型的构造主要由两个因素决定：模型的阶数 n 和构造模型的基本单元。显然模型的阶数越高，对语言的描述越贴切，性能也就越好，但实现起来就越困难，因为模型阶数越高，数据的稀疏性就越严重，所需要的训练语料样本的规模就越大，比如说，建造 Trigram 模型比建造 Bigram 模型就需要更多的训练语料，建造 Bigram 模型就比建造 Unigram 需要更多的训练语料。建模单元的大小也对训练语料的规模有很大的影响，例如，建立汉语语言模型时，以字为单位的语言模型的训练语料规模就小于以词为单位建立的语言模型所需的语料规模。那么，建造 n-gram 汉语统计语言模型到底需要多大规模的训练语料呢？这是计算语言学界广大研究人员关心和研究的问题。文献[64]通过研究现代汉语中 n-gram 个数-频次关系，给出了一个判定 n-gram 训练充分性的定量判定标准：n-gram 模型个数-频次关系曲线与其相应的线性拟合曲线的标准差是衡量该统计语言模型训练充分性的定量标准。标准差越小表明该模型的训练量越充分，反之，表明该模型的训练量欠缺。这是一个非常有意义的结果，对汉语语言模型的构建与训练具有重要的指导意义。利用这种方法给出的是训练语料规模的上限估计，计算工作量也比较大。本书希望运用数理统计理论，通过数学推理方法给出 n-gram 模型训练语料规模的必要性量化度量方法，即推理出训练语料规模的下限。

前面已经指出，对于统计 n-gram 模型而言，其阶数 n 无疑是影响它的性能的最为重要的参数之一，高阶 n-gram 模型之所以难于构造，主要在于其参数估计时所需要的训练语料规模要大于低阶 n-gram 所需要的训练语料规模。显然，建造 Unigram 模型所需的训练语料规模应该最小，也就是说，训练 Unigram 模型的语料规模应是 n-gram 模型训练所需语料规模的下限。

Unigram 模型又称上下文无关（context-free）模型，它在估算当前词的出现概率时，并不考虑该词所在上下文环境对它的出现概率的影响。这是一种最简单也最易于实现的统计语言模型，因为它所需要的训练语料最少。它可以看作是建立高阶、实用的语言模型的基础，前面我们论述过的插值法和回退法建造语言模型的技术，在出现数据稀疏时都要用到 Unigram 模型。Unigram 模型实现时有两种方法：一种是将语言的所有语言单位（词或字，以后我们假设为词）视为具有相同概率分布，则一个词在文本中的出现概率由下式给出：

$$P(w_i|h) = P(w_i) = \frac{1}{|V|} \tag{4.1}$$

这里，h表示w_i的上下文，$|V|$表示语言词典中词的数量。这样的模型显然是最简单的，但却是最不实用的，因为假设所有词具有相同的概率分布是不符合实际的。因此通常人们所说的 Unigram 模型是根据所有词在语言中出现的概率不等这一事实，使用最大似然估计法（MLE），通过训练文本中词的出现频次来估算词的出现概率的。这样得到的语言模型能够更精细地反映词的统计特征，由于不考虑其上下文影响，可表示如下：

$$P(w_i|h) = P(w_i) \tag{4.2}$$

对于概率的估计通常采用 MLE 方法由下式近似地给出：

$$P(w_i) \approx \frac{count(w_i)}{N} \tag{4.3}$$

其中，$count(w_i)$表示词w_i在训练文本中出现的频次，N为训练文本的总词数。

公式（4.3）实际是词w_i的统计频率，它是对词w_i在语言中真正的使用频率进行模拟的模型。可以看出，词在语料中出现频次$count(w_i)$的统计精确性以及语料规模N对模型参数的估计是极其重要的。词是组成自然语言最基本的语言单位之一，且数量巨大，不同的词使用的频率相差很大。在汉语中，大家普遍能够认同（因为中文词的定义至今没有一个公认的标准）的词的数量也有五六万之多，而这么多的词在通常的文本中的使用机会也是很不相同的，有些词被使用的机会就非常多，而有些词的使用机会就比较少，甚至几乎不用。受人们的文化习惯、社会环境、专业领域甚至包括语法在内各种因素影响。例如，根据我们对 1995 年《人民日报》的统计，汉语中虚词"的"，实词"中国"的频率就比较高，而有些词如"芒果"、"板蓝根"、"养鱼业"只出现了一次，有些专业性较强的词根本就不会出现。因此，建立语言模型时既要注意语料的选择覆盖面，同时还要扩大规模，我们受汉字字频统计中有关样本估计方法[55-57]的启发，试图根据汉语词的使用频率的粗略估计以及统计误差的要求，对汉语 n 元模型的训练样本规模作粗略的估计。因此，为了后面的叙述方便，我们先给出以下定义。

定义 4.1　在自然语言中，词被使用机会的大小称作词的使用频率。

显然，一个自然语言中，要想确切地知道其每个词的固有使用频率，几乎是不可能的，因为自然语言本身是一个随机变化的动态过程。因此，词的使用频率一般通过统计方法近似求得。为此，给出下列定义：

定义 4.2　利用统计方法求得某词在语料中的出现次数称为该词的频次；词的频次与统计文本总词数的比称为词的统计频率。

当统计语料规模达到一定数量以后，统计频率就基本趋于稳定，可以作为词在某种语言中的使用频率的近似度量。然而，在对语言模型进行训练时，由于词的数量巨大，要想得到词表中所有词的统计频率，就需要对世界上所有该语言的相关文本进行统计，但这实际上是不可能实现的。我们只能抽取一部分文本资料进行统计，在满足一定误差要求的情况下得到词的统计频率。

定义 4.3　为获取词的统计频率而选取的含有N_w个词的文本资料作为统计样本语料，称N_w为训练语料规模或训练语料容量。

4.2.2　汉语语言模型的训练语料规模

在公式（4.3）所表示的 Unigram 模型中，所要求取的就是w_i的使用频率，公式的右边则是该词的统计频率。下面就从公式（4.3）出发，求取 n-gram 训练样本语料的规模下界。

设w_i是某一个词，其在语言中的使用频率为p，由于语言的随机性，p的值无法准确知道而有待于估计。假设 T 是以合理的方式选择的语言模型训练语料样本，其中含有的词的个数为N_w，若以X表示词w_i在 T 中的出现次数，则根据随机变量的概念，可以将 X 看作是一个随机变量，且X服从于参数为N_w和p的二项分布：即$X \sim B(N_w, p)$，由定义 4.2，可以得到词w_i的统计频率为$\frac{X}{N_w}$，它也是一个随机变量。根据伯努利大数定理[107]，则存在任意正数$\varepsilon > 0$，有

$$\lim_{N_w \to \infty} P\left(\left|\frac{X}{N_w} - p\right| < \varepsilon\right) = 1 \tag{4.4}$$

或

$$\lim_{N_w \to \infty} P\left(\left|\frac{X}{N_w} - p\right| \geqslant \varepsilon\right) = 0 \tag{4.5}$$

即当训练语料的抽样规模N_w趋于无穷大时，$\frac{X}{N_w}$依概率收敛于词w_i的使用频率p。但在实际中，训练语料的规模N_w不可能无穷大，我们确定训练语料规模N_w的目标是为了语言模型参数训练的简单实用，不要求公式（4.4）中的$\left|\frac{X}{N_w} - p\right| < \varepsilon$永远成立，只要求有很大的概率成立，以便使$N_w$的取值尽量得小。为此，设$0.5 < \delta < 1$表示很大的概率值，称为可信度，目标是使下式成立：

$$P\left(\left|\frac{X}{N_w} - p\right| < \varepsilon\right) \geqslant \delta \tag{4.6}$$

即在给定允许误差ε和可信度δ的条件下，求出满足公式（4.6）的最小N_w值。求解过程如下。

由于随机变量X服从于参数为N_w和p的二项分布：即$X \sim B(N_w, p)$，因此，X的数学期望$E(X)$和方差$D(X)$可表示如下：

$$E(X) = N_w p \tag{4.7}$$

$$D(X) = N_w p(1-p) \tag{4.8}$$

词w_i的统计频率$\frac{X}{N_w}$也是随机变量，根据数学期望与方差的性质[107]可知：

$$E\left(\frac{X}{N_w}\right) = \frac{1}{N_w} E(X) = p \tag{4.9}$$

$$D\left(\frac{X}{N_w}\right) = \frac{1}{{N_w}^2} D(X) = \frac{1}{N_w} p(1-p) \tag{4.10}$$

公式（4.9）表明，应用$\frac{X}{N_w}$来估计词w_i的使用频率是合理的；公式（4.10）表明

训练语料的规模N_w越大，$\frac{X}{N_w}$的方差就越小，$\frac{X}{N_w}$逼近p时在其周围的摆动幅度就越小，$\frac{X}{N_w}$对p的近似度就越高，语言模型的描述能力越强。由中心极限定理[107]，$\frac{X}{N_w}$的标准化变量为

$$Y=\frac{X/N_w-p}{\sqrt{p(1-p)/N_w}} \tag{4.11}$$

其分布函数可以由标准正态分布函数$\Phi(u)$来近似，即当N_w充分大时，有

$$\frac{X/N_w-p}{\sqrt{p(1-p)/N_w}}\sim N(0,1) \tag{4.12}$$

这里，$N(0,1)$为标准正态随机变量的记号。对标准正态分布函数$\Phi(u)$来说，可以利用标准正态分布表查出当$u>0$时，随机变量落在区间$(-\infty,u)$中的值$\Phi(u)$。对于某个负数 a，由标准正态随机变量的性质可知：$\Phi(a)=1-\Phi(|a|)=1-\Phi(-a)$。因此标准正态随机变量落在区间$(-u,u)$的概率为

$$\Phi(u)-\Phi(-u)=2\Phi(u)-1 \tag{4.13}$$

将公式（4.12）与公式（4.6）做比较，对公式（4.6）中的不等式$\left|\frac{X}{N_w}-p\right|<\varepsilon$两边同除以$\sqrt{p(1-p)/N_w}$，则公式（4.6）变为

$$P\left(\frac{\left|\frac{X}{N_w}-p\right|}{\sqrt{p(1-p)/N_w}}<\frac{\varepsilon\cdot\sqrt{N_w}}{\sqrt{p(1-p)}}\right)\geqslant\delta \tag{4.14}$$

即

$$P\left(-\frac{\varepsilon\cdot\sqrt{N_w}}{\sqrt{p(1-p)}}<\frac{\frac{X}{N_w}-p}{\sqrt{p(1-p)/N_w}}<\frac{\varepsilon\cdot\sqrt{N_w}}{\sqrt{p(1-p)}}\right)\geqslant\delta \tag{4.15}$$

由公式（4.12）可知，公式（4.15）左边的概率为标准化正态随机变量 Y 落在区间$\left(-\frac{\varepsilon\cdot\sqrt{N_w}}{\sqrt{p(1-p)}},\frac{\varepsilon\cdot\sqrt{N_w}}{\sqrt{p(1-p)}}\right)$的概率。将$\frac{\varepsilon\cdot\sqrt{N_w}}{\sqrt{p(1-p)}}$代入公式（4.13），则公式（4.15）变为

$$2\Phi\left(\frac{\varepsilon\cdot\sqrt{N_w}}{\sqrt{p(1-p)}}\right)-1\geqslant\delta$$

即

$$\Phi\left(\frac{\varepsilon\cdot\sqrt{N_w}}{\sqrt{p(1-p)}}\right)\geqslant\frac{1+\delta}{2} \tag{4.16}$$

当$\frac{1+\delta}{2}$已知时，可通过标准正态分布表查出$\Phi^{-1}\left(\frac{1+\delta}{2}\right)$，这时公式（4.16）可

变为

$$\frac{\varepsilon \cdot \sqrt{N_w}}{\sqrt{p(1-p)}} \geqslant \Phi^{-1}\left(\frac{1+\delta}{2}\right) \tag{4.17}$$

对不等式（4.17）进行求解，即得满足公式（4.6）误差要求的训练语料规模N_w：

$$N_w \geqslant \frac{p(1-p)}{\varepsilon^2}\left[\Phi^{-1}\left(\frac{1+\delta}{2}\right)\right]^2 \tag{4.18}$$

此式即为所求得的 Unigram 模型训练语料规模的下界表达式。它的估计受三个参数的影响，ε为应用 MLE 方法从训练样本语料中估计词w_i使用频率p的误差要求，δ是人们对满足误差要求的统计频率的可信程度，p为建模语言单位在语言中的固有使用频率，它的值直接影响语料训练样本规模的估计。下面就讨论训练样本规模与词的使用频率和统计误差要求之间的关系。

4.2.3　样本规模与词的使用频率和统计相对误差关系

4.1 节已经指出，样本语料的规模与对模型参数训练的误差要求密切相关，也和样本中的统计语言单位的使用频率密切相关。如果要求的相对误差越小，所需要的样本规模就越大，因为若样本规模较小，样本中语言单位出现的频率就不够稳定，其与该语言单位在实际应用中的使用频率的误差就会很大。对于语言单位的频率而言，在给定误差要求的情况下，被统计语言单位的频率越低，所需要的样本规模就越大，因为若样本规模较小时，低频的语言单位出现的频率非常小甚至为 0，这就会导致估计误差达不到要求。

在自然语言中，高频词的出现频率与低频词的出现频率相差太大，对汉语语言来说，更是如此。显然，在应用统计频率近似使用频率时，对所有词使用公式（4.6）显然是不太合理的，因为它将相同的绝对估计误差ε应用于所有的词。解决这一问题的办法是，对于出现频率低的词，将ε的值取得更小些，以保证估计的准确性。基于这一思想，可令$\varepsilon = \alpha p$，把ε的取值与使用频率p联系起来，对使用频率低的词，误差要求就小。这里，α为一介于 0 与 1 之间的小数，α的值越小，统计频率对使用频率的估计就越准确。公式（4.6）因此变成：

$$P\left(\left|\frac{X}{N_w} - p\right| < \alpha p\right) \geqslant \delta \tag{4.19}$$

这样做了之后，就可以将不同的估计误差要求应用于频率高低不同的词，特别是对低频词，这样的估计可能会更为理想。若取$\alpha = {}^{1}/_{3}$，对于某类低频词，设其估计频率为p_0，则$\varepsilon = {}^{p_0}/_{3}$，将其代入式(4.18)，得训练语料规模：

$$N_w \geqslant \frac{9(1-p_0)}{p_0}\left[\Phi^{-1}\left(\frac{1+\delta}{2}\right)\right]^2 \tag{4.20}$$

例如，假设我们要建立基于字的Unigram汉语语言模型，建模的语言单位为字，这时可根据字的统计频率值，在给定可信度δ的情况下，获得该语言模型训练语料的最小规模要求。根据已有的字频统计资料[129]，我们假设取一类低频字的频率为2.6×10^{-6}，即令$p_0=2.6\times10^{-6}$，若这时令可信度δ分别取0.93、0.95、0.97、0.99，则按式（4.20）计算得到表4.1，如下所示。

表4.1　基于字的Unigram模型训练样本规模

δ	0.93	0.95	0.97	0.99
$\Phi^{-1}\left(\frac{1+\delta}{2}\right)$	1.81	1.96	2.17	2.58
N_w	1.13×10^7	1.33×10^7	1.63×10^7	2.30×10^7

表4.1表明，当训练语料规模达到1130万时，以公式（4.3）所表示的Unigram模型，对所描述语言的估计有93%的把握能够达到误差（$\varepsilon=1.3\times10^{-6}$）要求。

如果要建立基于词的Unigram模型，则由于词的数量巨大，低频词的频率会更低，根据我们对1995年2~7月和12月的约1600万的《人民日报》语料的统计，二字以上的词出现频次在15次以上的词共有21 592个；出现频次在2~14次的词共有46 637个，这其中包括了不少的常用人名、地名以及数字；出现1次词共有9327个，其中主要是一些人名和地名以及数字，当然也有一些和社会发展相适应的新词开始出现，比如，“黑客”、“劝退”等。因此可以看出，低频词还是占据着大多数，若14次以下的词都称作低频词的话，它们的频率约为8.75×10^{-7}，取$p_0=8.75\times10^{-7}$，若仍然取可信度δ为0.93、0.95、0.97、0.99，则按式（4.20）计算得到表4.2，如下所示。

表4.2　基于词的Unigram模型训练样本规模

δ	0.93	0.95	0.97	0.99
$\Phi^{-1}\left(\frac{1+\delta}{2}\right)$	1.81	1.96	2.17	2.58
N_w	3.38×10^7	3.96×10^7	4.84×10^7	6.84×10^7

若将p_0值取得更小，则要求的语料规模会进一步加大。由于表4.2考虑的建模语言单位是词，而根据对《现代汉语词典》的统计[52]，二字词占总词数的66.9%，一字词占14.7%，三字词占9.2%，四字词占8.4%，五字以上的词占0.8%。所以，其平均词长为2.15，即使三字以上的长词出现较多，平均词长估计也不会过3。由此可见，建立以词为单位的Unigram模型所需训练语料规模最低估计为$N=2.15\times N_w$。

如果考虑将公式（4.6）中的绝对误差改为相对误差，即对其中的不等式

$\left|\frac{X}{N_w}-p\right|<\varepsilon$两边各除以$p$，则公式（4.6）变为

$$P\left(\frac{\left|\frac{X}{N_w}-p\right|}{p}<\frac{\varepsilon}{p}\right)\geqslant\delta \tag{4.21}$$

由公式（4.21）可知，使用频率越大的词，其经过训练以后的统计频率误差会越小。例如，如果在上式中，设可信度$\delta=0.98$，$\varepsilon=4.375\times10^{-7}$，则对汉语中使用频率最高的“的”字，尽管在统计前我们无法确切地知道它的统计频率，但从已有的资料和统计中，能够粗略地估计出它的使用频率$p>2.5\times10^{-2}$，将该统计频率和δ、ε的值代入公式（4.21），我们就有 98%的把握保证“的”字统计频率的误差不会超过$\varepsilon/p<{4.375\times10^{-7}}/{(2.5\times10^{-2})}=1.75\times10^{-5}$，而对那些使用频率较低的词，估计的相对误差就会大些。相对误差越小，利用 MLE 法所建立的语言模型的描述准确性就会越高。

由于 Unigram 模型是 n-gram 模型中的最简单一种，因此，它的训练语料样本规模可以看作是 n-gram 模型训练样本规模的下界，公式（4.20）就是该下界的估计公式，它是考虑了建模语言单位在语言中的使用频率不同，其使用频率估计的误差要求就应该不同后得到的结果，更适于在实际中应用。

4.3 统计语言模型的评价

从信息论的角度考虑，自然语言理解可以看作是利用所获得信息消除句子中文字的不确定性过程。统计语言模型是对自然语言的一种近似描述，它是自然语言理解的核心。应用语言模型就可以帮助人们实现对句子中所出现的语言成分的预测，消除自然语言理解过程中的不确定性。不同的语言模型其预测或者说消除不确定性的能力不同。预测能力强的模型是人们所期望的，因此，对语言模型性能的评价就成了语言建模的一个很重要的问题，它能够指导人们建立更为有效的语言模型。针对各种语言模型建立有效的评价指标，是一个比较复杂和困难的问题，目前还没有一个好的解决办法，不过，针对最常用的 n-gram 模型，可采用信息熵和困惑度（Perplexity）来进行评价。

4.3.1 基于信息熵的复杂度度量

从信息论角度考虑，一种语言或其子集可以看作一离散信源。如果所考虑的语言的字符集V的大小为$|V|$，语言中的语句由这些字符任意构成，各字符的出现与上下文无关，且出现的概率相等，则在某一时刻出现某一字符的随机试验结局就有$|V|$种可能。按照信息论中的编码理论，要区别每个字符就需要$\log_2|V|$比特的信息。也就是说，每个字符所含的信息量为$\log_2|V|$，记为H_0。

但实际的自然语言中，语句中各语言符号的出现概率不可能相等。若暂不考虑上下文相关性，假设第$i(i=1,2,\cdots,|V|)$个字符出现的概率为P_i，则信源输出的各字符的平均信息量为

$$H=-\sum_{i=1}^{|V|}P_i\log_2 P_i \tag{4.22}$$

信息论中将公式（4.22）称为熵。熵表示了消息出现的不确定性的大小，表现在自然语言理解中就是对语言识别难度的一种估计，熵的值越大，说明预测的不确定性越大。

因为不等概率结局随机试验的不确定性小于等概率结局随机试验的不确定性，因此，下式成立：

$$-\sum_{i=1}^{|V|}P_i\log_2 P_i \leqslant \log_2|V|$$

即

$$H\leqslant H_0 \tag{4.23}$$

因为在自然语言中，不但各符号出现的概率不等，而且是上下文相互关联，因而自然语言可以看作是一个 Markov 链，在这个链中，从消息的历史可以预测消息的将来，且随着 Markov 链的链重数的增大，对未来语言成分的预测就越准确。如果信源符号间的依赖关系长度为 n，则可以求出已知前面 n–1 个符号时，后面出现一个符号所携带的平均信息量，即条件熵：

$$H_n=-\sum P(w_1w_2\cdots w_n)\log_2 P(w_n|w_1w_2\cdots w_{n-1}) \tag{4.24}$$

其中$P(w_1w_2\cdots w_n)$是$w_1w_2\cdots w_n$在语言中的出现概率，$P(w_n|w_1w_2\cdots w_{n-1})$为该语言中$w_1w_2\cdots w_{n-1}$出现的条件下$w_n$出现的概率。

由公式（4.24），我们可以分别对一阶 Markov 链、二阶 Markov 链……分别计算出它们的条件熵。

一阶条件熵按下列公式来计算：

$$H_2=-\sum_{i,j}P(w_iw_j)\log_2 P(w_j|w_i) \tag{4.25}$$

二阶条件熵按下列公式来计算：

$$H_3=-\sum_{i,j,k}P(w_iw_jw_k)\log_2 P(w_k|w_iw_j) \tag{4.26}$$

依此类推，我们可以计算出包含在语句中一个语言成分的任意阶条件熵。

根据信息论理论，可以证明[123]：条件熵随着阶数 n 的增加而呈非负单调递减，且有下界。即

$$H_0 \geqslant H_1 \geqslant H_2 \geqslant H_3 \geqslant \cdots \geqslant H_n \geqslant \cdots \to H_\infty \tag{4.27}$$

当各语言符号的出现概率相等时，式中等号成立。这就是说，每在前面增加一个语言成分，不会使包含在语句中的语言符号中的熵有所增加。当 n 逐渐增加时，熵逐渐趋于稳定而不再增加，这时，它就是汉语语言一个符号中的信息量，称作极限熵，定义如下所示：

$$\lim_{n\to\infty} H_n = H_\infty \tag{4.28}$$

另一方面，从联合熵的角度考虑，若信源符号间的依赖长度为 n，则符号序列 $(w_1 w_2 \cdots w_n)$ 的联合熵为

$$H(X) = -\sum_{w_i \in V} P(w_1 w_2 \cdots w_n) \log_2 P(w_1 w_2 \cdots w_n) \tag{4.29}$$

那么，平均每个信源符号所携带的信息量，即平均信息熵为 $H_n(X)$：

$$H_n(X) = -\frac{1}{n}\sum_{w_i \in V} P(w_1 w_2 \cdots w_n) \log_2 P(w_1 w_2 \cdots w_n) \tag{4.30}$$

可以证明[123]，$H_n(X)$ 也是 n 的单调非负递减函数，也有下界，它的下界也是 H_∞。H_∞ 反映了语言中每个符号的平均信息熵，即语言熵。由于自然语言是各态遍历、平稳的随机过程，由信息论可知，平均信息熵 $H_n(X)$ 的下界可由下式估计[109]：

$$H_\infty = \lim_{n\to\infty} -\frac{1}{n}\log_2 P(w_1 w_2 \cdots w_n) \tag{4.31}$$

由以上可知，可以用条件熵或者平均符号熵来近似地描述自然语言。但不论利用公式（4.31）还是公式（4.24）的极限来估计自然语言熵，都要知道 $P(w_1 w_2 \cdots w_n)$ 或 $P(w_n|w_1 w_2 \cdots w_{n-1})$。由于语言本身的复杂性和随意性，要想知道某个字符串在该语言中的出现概率几乎是不可能的，即公式（4.24）和公式（4.31）中的 $P(w_1 w_2 \cdots w_n)$ 或 $P(w_n|w_1 w_2 \cdots w_{n-1})$ 是不可能知道的。但根据 Markov 随机过程理论，可将语言看作 n–1 阶 Markov 链，建立一个 n-gram 模型 P_M，通过一批训练语料样本对模型进行训练，以 $P_M(w_1 w_2 \cdots w_n)$ 来近似 $P(w_1 w_2 \cdots w_n)$。根据语言模型理论，有

$$P_M(w_1 w_2 \cdots w_n) = \prod_{i=1}^{N-1} P(w_i|w_1 w_2 \cdots w_{i-1}) \cdot \prod_{i=N}^{n} P(w_i|w_{i-N+1} w_{i-N+2} \cdots w_{i-1}) \tag{4.32}$$

由于无条件熵大于条件熵，因此有 $H_\infty(P) \leqslant H(P_M)$。即如果假设 P 为语言的理论

模型，P_M为利用大规模训练语料建立的统计模型，则语言熵是应用随机过程理论建立的各种统计语言模型所计算出的熵的下界。

我们得出这样的结论：对于 n-gram 语言模型，不管 n 取多大，建模语言单位如何，用该语言模型所计算的熵值，都不会小于它所描述的语言的熵。从而可以得到以下推论。

推论 1　如果P_M是描述语言 L 的模型，则用P_M近似地计算 L 的熵$H(P_M)$，$H(P_M)$越小，说明P_M对语言 L 的描述越精确。

这里要指出的是，在比较不同的模型性能时，要将它们作用于同一个语言子集，针对不同语言子集计算得到的熵，不能说明模型的优劣。需要强调的是，语言模型是用来估算语言信息熵的，但在以后的叙述中，有时为了简便，所提到的语言模型的熵都是指该语言模型对所描述语言的熵的估算值。

在第二章讨论统计语言的建模方法时已经指出，在建模单位相同的情况下，高阶模型的性能要优于低阶模型，但有时高阶模型是很难构造的。比如，对汉语而言，由于词规模巨大且数据稀疏，要建立三元以上的词模型是很困难的。线性插值建模法可以用低阶模型构造一个新模型来近似高阶模型。一般情况下，由两个低阶模型插值形成的模型之性能要好于原来的低阶模型，因为参加插值的每个组分模型都可以看作是插值模型的一个特例[5]，只要令一个插值组分模型的权值系数为 1，其余组分的权值系数都为 0 即可，许多实验也证明了这一点[16,78]。例如，文献[16]将两个二元文法模型进行线性插值形成长距离二元文法模型：$\tilde{P}(w_i|w_{i-1},w_{i-2})=\lambda_1 P(w_i|w_{i-1})+\lambda_2 P(w_i|w_{i-2})(\lambda_1+\lambda_2=1)$，将其用于语音识别结果优于一般的二元文法模型。那么，两个 n–1 元文法模型插值形成的新模型会不会比 n 元模型好呢？下面我们从语言信息熵的角度证明两个 n–1 元模型插值后形成的新模型，其对语言熵的估计值是 n 元文法模型对语言熵估计值的上界。

命题：设$P_{n-1}^1(w_i|w_{i-n+2},\cdots,w_{i-2},w_{i-1})$和$P_{n-1}^2(w_i|w_{i-n+1},w_{i-n+2}\cdots,w_{i-2})$是两个 n–1 元文法模型，$P_n(w_i|w_{i-n+1},\cdots,w_{i-2},w_{i-1})$是一个 n 元文法模型。$\tilde{P}(w_i|w_{i-n+1},\cdots,w_{i-2},w_{i-1})$为由下式插值形成的近似 n 元文法模型：

$$\begin{aligned}&\tilde{P}(w_i|w_{i-n+1},\cdots,w_{i-2},w_{i-1})\\&=\lambda_1 P_{n-1}^1(w_i|w_{i-n+2},\cdots,w_{i-2},w_{i-1})+\lambda_2 P_{n-1}^2(w_i|w_{i-n+1},\cdots,w_{i-3},w_{i-2})\end{aligned}\tag{4.33}$$

其中，$0\leqslant\lambda_1,\lambda_2\leqslant 1$，$\lambda_1+\lambda_2=1$。

如果记$H(P_n)$为 n 元文法模型P_n估算的语言熵，$H(\tilde{P})$为近似 n 元文法模型$\tilde{P}$估算的语言熵，则$H(\tilde{P})$是$H(P_n)$的上界，即$H(P_n)<H(\tilde{P})$。

证明：由于自然语言可以看作是离散平稳信源，由信息论理论，若以$H(P_{n-1}^1)$、$H(P_{n-1}^2)$分别表示两个 n–1 元模型对语言熵的估值，由于条件熵小于非条件熵，因此，$H(P_n)\leqslant H(P_{n-1}^1)$且$H(P_n)\leqslant H(P_{n-1}^2)$，则对于公式（4.33）的凸组合，由熵的上凸性质[123]可知：$H(\tilde{P}) > \lambda_1 H(P_{n-1}^1) + \lambda_2 H(P_{n-1}^2) \geqslant \lambda_1 H(P_n) + \lambda_2 H(P_n) = H(P_n)$。

证毕。

因此，由上面的论述及推论 1 可以得出推论 2。

推论 2　两个 n–1 元文法模型插值形成的新模型，其性能好于 n–1 元文法模型，但不及 n 元文法模型。

根据这一推论，可以用两个二元汉语模型线性插值，对语言熵值进行估计，其值可作为三元模型对语言熵估算的上界。

4.3.2　基于困惑度的复杂度度量

用熵评价语言模型，并不是模型本身具有熵值，而是用它去近似地计算语言的熵，得到的语言熵越小，说明模型表述语言的性能越好。而困惑度则是对应用语言模型预测语言成分出现时的难度进行度量，也称为复杂度。复杂度越大，表明可选择的范围越大，选择的难度也越大。下面介绍困惑度的定义。

如果语言 L 是平稳的、各态遍历的随机过程，语言模型P_M是一个 n 元模型，$P_M(w_{i-n+1}^i)$表示语言模型P_M对 L 中的词串w_{i-n+1}^i的概率估计，假设 LN 为语言模型训练语料的容量，则由公式（4.32）有

$$H(P_M) \approx -\frac{1}{LN}\left(\sum_{i=1}^{n-1} \log_2 P_M\left(w_i \middle| w_1^{i-1}\right) + \sum_{i=n}^{LN} \log_2 P_M\left(w_i \middle| w_{i-n+1}^{i-1}\right)\right) \tag{4.34}$$

$H(P_M)$的物理意义是，当给定一段历史信息w_{i-n+1}^{i-1}后，利用所建立的语言模型P_M预测当前语言成分w_i出现的可能性只有$2^{H(P_M)}$种，如何利用语言模型P_M从这$2^{H(P_M)}$种选出w_i，确实是很困难的，也是非常让人感到困惑的，这也可能是将$2^{H(P_M)}$称为语言模型P_M的困惑度（Perplexity）的原因吧！困惑度记为PP：

$$PP = 2^{H(P_M)} \tag{4.35}$$

PP越小，说明利用模型P_M预测出现w_i的选择范围越小，即不确定性越小，进而说明语言模型表述语言的能力越强。

因为

$$H_\infty \leqslant H(P_M) \leqslant H_0 = \log_2 |V| \tag{4.36}$$

因此有

$$2^{H_\infty} \leqslant PP \leqslant |V| \tag{4.37}$$

困惑度也可以根据模型被解释为语言的几何平均分支因子，表明如果应用分支图描述各语言成分间的关系，可能会出现的分支数量。

值得指出的是，困惑度既是文本的函数，又是模型的函数。在文本和词典相同的情况下，比较两个语言模型才有意义。较小规模的词典由于通常不包括低频词，

所得的PP值就小，即使词典相同，不同的文本也会导致比较上的差错。有人想设计出比困惑度更好的语言模型评价标准，但都没有取得太好的结果，目前情况下，困惑度仍是对语言模型构造的一个较好的度量。

建立语言模型，就是希望能较好地预测语言成分w_i的出现。通常情况下，语言模型的困惑度越小，错误率越低。但在有些情况下也会出现反例，即模型的困惑度虽然很小，但预测的误差却很大，因此，模型的最终质量还要由实际应用的效果来检验。

4.4　汉语信息熵的估算方法

4.4.1　语言信息熵的估算

通过语言模型可以实现对语言信息熵的近似估计。应用 n-gram 模型估算汉语熵的计算步骤如下：

（1）对大规模语料中的 n 元同现对进行统计，估计公式（4.32）中的转移概率$P(w_i|w_{i-n+1}\cdots w_{i-2}w_{i-1})$。

①如果训练语料的规模足够大，根据最大似然估计法和伯努利大数定理，有

$$P(w_i|w_{i-n+1}\cdots w_{i-2}w_{i-1})=\frac{Count(w_{i-n+1}\cdots w_{i-1}w_i)}{Count(w_{i-n+1}\cdots w_{i-2}w_{i-1})} \tag{4.38}$$

其中，$Count(*)$表示其中的参数在训练语料中出现的频次。

②在大规模语料统计中数据稀疏问题的处理。在上面的转移概率计算中，由于训练语料规模的限制，某些 n 元串$w_{i-n+1}\cdots w_{i-2}w_{i-1}w_i$的出现次数可能为 0，它会导致模型概率估计出现误差。为了解决这样的问题，可以采用 Katz 回退平滑算法对模型进行修补，Katz 回退平滑公式的使用方法见文献[74]。

（2）使用公式（4.34）对$H(P_M)$进行计算。

4.4.2　对几种汉语语言模型的比较与评价

1. 用语言模型估算汉语熵

第三章我们以《人民日报》1995 年 2500 万语料为统计样本，建立了汉语字 Unigram、Bigram、Trigram 模型（以 C-M1、C-M2、C-M3 表示）和汉语词 Unigram、Bigram 模型（以 W-M1、W-M2 表示）。应用我们所建立的这些模型对汉语言的信息熵进行估计，得到各个模型所估算的汉语熵及其困惑度，如表 4.3 所示。

表 4.3　不同汉语语言模型估算的熵及其困惑度

项目	模型				
	C-M1	C-M2	C-M3	W-M1	W-M2
熵 H	9.518	7.143	5.671	7.012	5.441
困惑度 PP	733.2	141.3	50.9	129.1	43.4

2. 几种汉语语言模型的性能比较

语言模型是对语言本身的近似描述，从表 4.3 可以看出，不同的模型对语言的近似程度或描述的精确程度是不同的，所估算的熵或困惑度越小，表明模型的描述不确定性越小，约束力越强，对语言的刻画更准确。从表中可知，一元词模型比二元字模型略好，但不及三元字模型，二元词模型比三元字模型略好。可见，语言模型性能的优劣确实与建模单元和模型阶数都有非常密切的关系。理论上讲，相同阶数的词模型要好于字模型，阶数高的模型好于阶数低的模型，这一点也得到了实验的检验。我们还利用线性插值将两个词二元模型按照公式（4.33）加权，用构成的近似三元模型对汉语的熵进行估算，得到的熵值为 5.08，说明它好于词二元模型。语言模型只是对语言本身的一种近似，再好的模型也不可能完全符合语言本身，因此，应用语言模型所估算的熵要大于极限熵，只是希望所建模型的熵越小越好。冯志伟先生在文献[115]中指出汉字的零阶熵估计为 9.65 比特左右，上面的计算结果比较接近他的估计。他在文献[127]中还进一步指出，汉字的极限熵介于 3.0212~5.0713 比特，极限熵的平均值为 4.0462。可见，建立描述性能更好的汉语语言模型，还有许多工作可做。

4.5　本章小结

本章首先研究了语言模型训练语料的选择问题，从理论上探讨了语言模型训练必要性的语料样本容量的度量，对语言模型训练所需样本语料规模的下界进行了严格的数学推导。然后就语言模型的性能评价方法从信息熵与困惑度两个方面进行了理论上的推导，推论出语言模型对语言熵的估算值越小，其对语言的描述越精确，以及两个 n–1 元文法模型插值形成的新模型，其性能不比 n–1 元文法模型差，但也没有 n 元文法模型好的结论。最后给出了应用语言模型估算汉语熵的方法，并通过各模型所估算的语言熵及其困惑度对几种汉语语言模型的性能进行了比较。

第五章　文本校对技术的现状分析

5.1　英文文本自动校对技术

文本自动校对是自然语言处理的主要应用领域之一。早在 20 世纪 60 年代，国外就开展了英文文本的自动校对研究[2]。60 年代，IBM Thomas J. Watson 研究中心首先在 IBM/360 和 IBM/370 用 UNIX 实现了一个 TYPO 英文拼写检查器[7]，1971 年，斯坦福大学的 Ralph Gorin 在 DEC-10 机上，实现了一个英文拼写检查程序 SPELL。多年来，随着计算机技术的不断发展，新的输入技术不断涌现，如 OCR 识别、语音识别，开展拼写错误校对的研究更加迫切，这方面的研究也在不断取得进展[6-9,19]，部分成果已经商品化，目前流行的一些文字处理软件（如 Word，Word Perfect 等）也都嵌入了英文拼写检查功能。国际互联网上还能见到 Expert Ease 公司推出的 Deal Proof，Newton 公司推出的 Proofread 等专用的英文单词拼写检查系统。

5.1.1　英文文本中的错误种类

英文文本中的错误有以下几种：非词错误、真词错误和句法语义错误。非词错误是指文本中那些被词边界分隔出的字符串，根本就不是词典中的词。例如，下面的输入错误：them→tehm，the→thr，partition→patition，study→studdy 等就是非词错误。真词错误所形成的字符串虽是词典中能够查到的单词，但却不是文本中所处位置需要的单词。如“I come form Beijing”中的“form”。句法语义错误往往是由于真词错误造成的，或者由于原稿本身存在语法错误，或者输入时丢失了某个单词甚至窜行或丢失一整行。人们通常将“非词错误”称为单词错误，而将“真词错误”称为上下文相关的文本错误。

5.1.2　单词错误的发现与校对技术

文本中的单词错误的发现方法目前主要有两种：n-gram 分析法和查词典法。一般情况下，n-gram 错误检测技术对输入串中的每一个 n（n 一般取 2 或 3）元串在事先编辑好的一个 n-gram 表中进行查找，看它是否在表中存在或统计它的出现频次，那些不存在或出现频次非常低的 n 元串被认为是可能的拼写错误，如 shj 或 het 就是错误的三元串。n-gram 分析法通常需要一个词典或大规模的文本语料以便事先编辑 n-gram 表。查词典法主要是检查所输入的 n 元串是否在词典或可接受的词表中，如果不在词典中，则将该输入串标示为一个拼写错误的词。由于基于查词典法的校对系统查错精度高，因此，是目前较为流行的错误检测技术。考虑到存取速度，当词典规模较大时，为了提高查错速度，有效的词典查找算法也是人们研究的重点。

单词错误的校对技术已有很多研究，其主要技术有：误拼词典法[6]、词形距离法[6]、最小编辑距离法[2]、相似键法[6]、骨架键法[6]、n-gram 法[8,9]、基于规则的技术[21]。

1. 误拼词典法

收集大规模真实文本中拼写出错的英文单词并给出相应的正确拼写，建造一个无歧义的误拼词典。在进行英文单词拼写检查时，查找误拼字典，如命中，则说明该单词拼写有误，该词的正确拼写字段为纠错建议。该方法的特点是侦错和纠错一体化，效率高；但英文拼写错误具有随机性，很难保证误拼字典的无歧义性和全面性，因此查准率低，校对效果差。

2. 词形距离法

这是一种基于最大相似度和最小串间距离的英文校对法。其核心思想是构造单词的似然性函数，如该单词在词典中，则单词拼写正确；否则，按照似然性函数，在词典中找到一个与误拼单词最相似的词作为纠错候选词。该方法的特点是节省存储空间，能反映一定的常见拼写错误统计规律，是一种一定程度上的模糊校对法。

3. 最小编辑距离法

通过计算误拼字符串与词典中某个词间的最小编辑距离来确定纠错候选词。所谓最小编辑距离是指将一个词串转换为另一个词串所需的最少的编辑操作次数（编辑操作是指插入、删除、易位和替换等）。还有人提出了反向最小编辑距离法，这种方法首先对每个可能的单个错误进行交换排列，生成一个候选集，然后，通过查词典看哪些是有效的单词，并将这些有效的单词作为误拼串的纠错建议。

4. 相似键法

相似键技术将每个字符串与一个键相对应，使那些拼写相似的字符串具有相同或相似的键，当计算出某个误拼字符串的键值之后，它将给出一个指针，指向所有与该误拼字符串相似的单词，并将它们作为给误拼字符串的纠错建议。

5. 骨架键法

通过构建骨架键词典，在英文单词出现错误时，先抽取出该错误单词的骨架键，然后再去查骨架键词典，将词典中与该单词具有相同骨架键的正确单词作为该单词的纠错建议。

6. n-gram 法

基于 n 元文法，通过对大规模英文文本的统计，得到单词与单词的转移概率矩阵。当检测到某英文单词不在词典中时，查找转移概率矩阵，取转移概率大于某给定阈值的单词为纠错建议。

7. 基于规则的技术

基于规则的技术就是利用规则的形式将通常的拼写错误模式进行表示，这些规则可用来将拼写错误变换为有效的单词。对于一个误拼字符串，应用所有合适的规则从词典中找到一些与之对应的单词作为结果，并对每个结果根据事先赋予生成它的规则的概率估计一个数值，并按照这个数值对所有候选结果排序。

5.1.3　上下文相关的错误校对技术

上下文相关的文本错误即“真词错误”，其校对要比单词拼写错误校对困难得多[2]。上下文相关的拼写校对不仅要修正那些“经典”的拼写错误类型，比如同音词错误（如 peace 与 piece）和字母排序错误（如 form 与 from），而且要修正那些常见的语法错误（如 among 与 between）和词边界混淆的错误（如 maybe 与 may be）。因为“真词错误”的出错字符串是词典中的正确词，所以针对单词拼写错误的校对方法在这里不一定适用，要对这类错误进行校对，必须使用上下文信息来判定哪些词在文本中出现是不合理的，这些词可能就是潜在的错误。上下文相关错误的校对较之单词误拼的校对要困难得多，它与自然语言理解的研究紧密相连。受自然语言理解技术进展的影响，文本错误的校对技术目前还没有大的突破。现有的基于上下文的文本错误校对方法有三类：一类是利用文本的特征，如字形特征、词性特征、上下文特征[10,21]等，第二类是利用概率统计特性进行上下文接续关系的分析[6,9,64]。第三类是利用规则或语言学知识[29]，如语法规则、词搭配规则等。

1. 基于文本特征的技术

可以将基于上下文的文本校对描述为词排歧过程，建立混淆集$C=\{w_1, w_2, \cdots, w_n\}$，它表示其中的每个词$w_i$都有可能与混淆集中的其他词发生歧义或混淆。例如，假设C={from, form}，如果在文本中出现 from 或 form 时，就将它看作是一个 from 与 form 之间的歧义，校对的任务就是根据上下文决定哪个词是我们想要的词。上下文相关的校对问题由语句和语句中要被校正的词构成，Bayesian 方法和基于 Winnow 方法都是将这样的问题表示成有效特征表，每一个有效特征表示目标词的上下文中有一个特殊的语言学模式存在。一般只使用两种类型特征：上下文的词和词的搭配。上下文词特征用来检查在目标词周围的$\pm k$个词的范围内是否有特殊词存在；词搭配则用来检测在目标词的周围 1 个相邻词和（或）词性标注的状态，比如，假设目标词的混淆集为{weather, whether}，若设置 $k=10$，$l=2$，目标词的可用特征包括：

（1）目标词前后 10 个词范围内的 cloudy。

（2）当前词后为 to＋动词。

特征（1）就预示着当前词应为 weather；而（2）则用来检查词搭配，它表明当前词后紧接着一个“to＋动词”的结构，它表明当前词应取 whether（如 I don't know whether to laugh or cry)。在这种方法中，要解决的主要问题包括：混淆集的求取；目标词所在上下文中的特征的表示，即如何将语句的初始文本表示转换为有效特征。

基于特征的校对方法有很多种，Bayesian 方法和基于 Winnow 方法是较好的两种。使用 Bayesian 方法较成功的是 BaySpell 系统[2]，该系统首先应用特征获取器将包含待校正词的语句转换成有效特征集 F，然后计算混淆集中每个词w_i与目标词正确一致的概率，在给定可观察的特征集 F 以后，应用 Bayes 定理，有

$$P(w_i|F)=\left(\prod_{f\in F}P(f|w_i)\right)\frac{P(w_i)}{P(F)}$$

上式右边的概率可利用训练集通过最大似然法估算，将概率最大的w_i作为纠错答案。

基于 Winnow 方法[21]采用类似于神经网络的方法，网络的底层是由领域特征组成的一些低层预测节点，高层概念则对应着混淆集中的词，每个高层概念以云节点的形式出现，由一组相互交叠的虚线椭圆构成，云节点的输出是混淆集中每个词的活化层，比较器通过比较选择混淆集中具有最大活化作用的词作为最终结果。云节点中每个虚线椭圆是一个应用 Winnow 算法的分类器，它能够将目标语句作为一个有效特征集输入，并返回一个二值决策，以决定词w_i是否适合该语句。假若 F 是一个有效特征集，对其中的每个特征$f\in F$，令w_f为连接特征 f 与 Winnow 分类器的权值，则 Winnow 算法分类值为 1，当且仅当$\sum_{f\in F}w_f>\theta$。这里θ为阈值参数，由实验决定。

利用各种 n-gram 模型，如长距离 n-gram，触发对 n-gram 等模型，都可以利用当前词上下文中的特征实现对当前词的校正。

2. 基于概率统计特性进行上下文接续关系分析

通过统计文本中的 n-gram（一般 n=2,3）对的同现频次，利用最大似然估计法、互信息、相关度等模型，检测文本中的错误，并通过相邻词间的转移概率确定纠错候选词。

3. 基于规则或语言学知识

这种技术利用语言学家的语言学知识或句法语义规则去纠正文本中出现的错误。在基于语言学知识或规则的技术中，随着分析过程的进展，系统将依据句法、语义和篇章结构知识，建立一个它希望在下一个位置看到的词的列表，如果输入字符串的下一字符不在所期望的字符列表中，则系统就认为检测到了一个错误，并从其期望词表中选择一个词对其进行修正。

5.2　中文文本自动校对技术

国内在中文文本校对方面的研究始于20世纪90年代初期，但发展速度较快。目前开展这方面研究的包括微软亚洲研究院、IBM中国研究中心、哈尔滨工业大学、北京语言大学、清华大学、东北大学、北京师范大学、山西大学、北京工业大学等科研院所。一些有实力的高新技术公司如北京黑马电子新技术公司、北大方正公司、金山公司等都开展了中文文本的校对软件的研究与开发，且有部分成果已经商品化，如黑马校对系统、金山校对系统、工智校对通等。

5.2.1　中文与英文的差别

英文是表音文字，而汉语是表意文字，它们之间有着很多的不同。首先是文本结构不同：英语文本中词与词之间有空格，而汉语文本中，词与词之间无空格。其次是词的结构不同：英语的词有形态变化（时、数、量），而汉语缺少形态变化且汉语词类与句法成分之间不存在某种简单的对应关系，因此，计算机对汉语的处理无法利用形态变化，只能根据上下文判定词的用法。再次是字符进入计算机的方式不同：英文单词进入计算机是按字母一个个地录入，而中文字符进入计算机只能借助汉字编码。录入员在键盘上输入的是汉字的编码而不是汉字符本身，这种输入过程不可能产生拼写错误，也就是说，显示在计算机屏幕上的每个汉字都必须是汉字编码字符集中的一个单字，绝不会是缺一点少一捺的错字。即中文输入不会产生“非字错误”，只可能产生“真字错误”。这些错误往往是在输入文字时，输入了音同、音近或形近的别字。最后是字符集规模的差异：英文的字符集是26个字母加标点符号，而汉语字符集则是一个包含了超过6763个汉字符的大字符集，这将导致在应用语言模型时参数计算的极大困难。

5.2.2　中文自动查错的研究现状

1. 查错方法方面

由于汉语与英语本质上的不同，一些适于英文单词校对的技术和方法对汉语文本并不太适用。就查错方法来看，综合目前现有的与中文校对相关的文献，国内在文本自动查错方面主要采用三种方法：一类是利用文本的上下文特征，包括词性特征、同现特征或相互依存特征[10,21,26]，甚至包括字形特征等；第二类是利用转移概率对相邻字词间的接续关系进行分析[9,38,40]；第三类是利用规则或语言学知识[29,45]，如语法规则、词搭配规则等。这些方法之间一般没有严格的界限，经常是混合使用的，下面介绍几种常见的中文文本校对技术。

1）基于上下文特征的方法

微软亚洲研究院设计实现了一个基于多特征的中文自动校对方法，它综合考虑了汉语文本中字、词和词性的局部语言特征以及长距离的语言特征，并采用 Winnow 方法进行特征学习，利用这些上下文特征对目标词混淆集中的词进行选择；其主要难点是如何将目标语句转化为多元有效特征以及混淆集的获取；同时，数据稀疏与空间开销非常大也是该方法遇到的要进一步解决的问题[10]。哈尔滨工业大学将对被校对的句子中的每个字词，寻找其可能的候选，构成句子的字词候选矩阵，在此基础上，利用语言本身所具有的结构特征与统计特征，从候选矩阵中选出句子的最佳字词候选序列，将其与原句对照，找出错误的字词，并以第一候选加以改正。语言结构特征的获取则应用 t 元规则对字词候选矩阵中的字词进行捆绑与剪枝，形成语言结构元素，并将其构成元素格子图，然后借助文本统计特征，应用 Markov 模型从语言结构元素格子图中寻找一条最佳的元素路径，即为从候选矩阵中寻找的待校对语句的最佳句子。该方法的关键是候选矩阵构造以及语言结构特征的获取，由于候选矩阵中只选择了同音字，因而，目前仅适于校对拼音输入法形成的文本[26]。

2）基于规则的方法

北京师范大学利用校正文法规则对文稿进行校对[29]。首先对汉语文稿中出现的错误以规则化的形式进行表示，在错误校正时，将错误句子到正确句子的转换看作一个翻译过程，应用校正文法规则实现校对。若句子满足校正文法规则，则根据规则把相应字词标记错误，该方法的难点是如何用有限的规则表示大量难以预料的错误现象。哈尔滨工业大学[45]以小句为单位，以全文为背景，对汉语句子进行三遍扫描，通过自动分词、自动识别生词、用短语规则将单字词散串合成短语，逐步把正确的字符串捆扎起来，将不能捆绑的剩余单字符串判定为错误。他们[45]还提出了一种词匹配和语法分析相结合的校对方法，采用规则与统计相结合的方法，不使用大规模语料库，通过逆向最大匹配和局部语料统计算法发现散串，并对散串进行词匹配和语法分析处理，进而发现候选错误字串，由人机交互的方法对错误串进行自动校正，取得了较高的查错率。

3）基于统计的方法

张照煌[47]提出一种利用综合近似字集代换，并用统计语言模型评分的方法，其基本思想是以事先整理好字形、字音、字义或输入码相近字的综合近似字集代换待校对句子中的每个汉字，产生许多候选字符串（或许多路径），利用统计语言模型对各候选字符串评分，将评分最高的字符串与待校对文本中的句子进行对照，即可发现错误之所在并提供相对应的正确字。该方法的难点是如何整理综合近似字集，且若近似字集较大的话，计算量是非常大的。其不足之处是只能校对所谓的“别字”错误，对多字、漏字、易位等错误难以发现。东北大学提出了一种混合文本校对方法 HMCTC[40]，采用模式匹配方法进行最长匹配分词，发现长词错误；然后根据类三元语法，将与前后相邻词同现频率乘积小于一定阈值的词标记为错误；最后对词进行语法属性标注，在不可能的语法标注序列字词处做错误标记。清华大学利用语料库统计知识指导文本校对，以句为单位，把句子看作字段和词段，对字段计算字段平均字频、字段平均转移概率；对词段计算词间字转移概率、词性转移概率，将转移概率作为查错判据，把转移概率小于阈值的字或词作为查出的错误。北京工业大学计算机学院[38,39]在对大规模语料库的统计分析基础上，构建了二字结构工程并引入人名、地名辨识规则，利用词语类间的接续关系进行查错，对人名、地名误报率低。

2. 查错分类方面

就查错的分类上来看，目前习惯于将错误根据错误类型分为三个级别，即字词级查错、语法级查错及语义级查错[133]，然而这些级别的区分现在也还没有一个严格的界限，不同的人可能有不同的划分方式，但总体来说是分为这三个方面来考察。其中字词级错误所占的比例较大，相关的研究也较多，有些已取得了不错的效果，而对于语法和语义错误的研究还较少，是今后研究的重要方向。

就目前的相关文献来看[30,32,63,251,214]，字词级层面上的自动查错已取得了较好的效果，所应用的理论和技术方法已比较成熟。笔者曾提出了一种规则与统计相结合的中文文本自动查错算法[214]，取得了较好的实验效果。该方法根据正确文本分词后的单字散串出现的规律，提出了“非多字词错误”的概念和一组错误发现规则，结合字二元、三元统计模型和词性二元、三元统计模型，建立了文本自动查错模型与实现算法。

语法级自动查错的研究文献目前还很少。罗振声教授等提出采用模式匹配和基于句型成分分析相结合的方法进行语法查错[10]。该方法采用两遍扫描方法对各种不同的语法错误类型进行检查：第一遍扫描时，利用基于模式匹配的方法检查搭配错误；第二遍扫描时，使用以谓语中心词驱动的句型成分分析的方法检查成分相关错误。这两种方法的结合，取得了不错的实验效果。但是，由于基于模式匹配的方法需要构造错误模式集，很难全面地覆盖所有错误句型，因此很多情况下这种方案会失效。通过阅读大量文献资料发现，语法级的自动查错与句法分析的研究密切相关[136-140]，但是汉语的句法分析本身难度很大，虽然已经研究了很长时间，但效果并不十分显著[140]。因此，采用什么样的方法可以降低句法分析的难度以满足自动查错的需要，是今后研究的重点。

语义问题是中文信息处理研究的薄弱环节[141]。对于语义级错误的自动校对，罗振声教授等提出了仿效字词级查错，构造词义的 N 元邻接矩阵进行自动查错的方法[142]；笔者也曾提出过基于 HowNet（知网）的义原属性构建语义搭配词典进行语义查错的方法。这两种方法都取得了较好的实验效果。然而，对于语义级的自动查错，目前才刚刚开始，且随着智能化的深入，语义理解在自然语言处理领域的位置越来越重要。因此，对于中文语义级领域的研究，将是未来一段时间内的热点方向。

5.2.3　中文自动纠错的研究现状

自动纠错是文本自动校对的一个重要组成部分，它为自动查错时侦测出的错误字符串提供修改建议，辅助用户改正错误。修改建议的有效性是衡量自动纠错性能的主要指标，它有两点要求：一是提供的修改建议中应该含有正确或合理的建议；二是正确或合理的修改建议应尽可能排列在所有修改建议的前面。因此，纠错修改建议的产生算法及其排序算法是自动纠错研究的两个核心课题。

由于中文文本自动校对理论和技术尚不太成熟，自动纠错研究的论述还不多见。东北大学采用模式匹配方法对长词进行纠错处理[40]，但没有充分利用出错字符串的特征，算法计算量大；IBM 中国研究中心[46]提出一种替换字表结合主词典，通过加字和换字对侦测出来的错误字符串提供修改建议的纠错算法，该算法的纠错建议局限于替换字表，没有考虑上下文启发信息，主要考虑对错别字这种错误类型进行纠错，对漏字、多字、易位、多字替换、英文单词拼写等错误类型的纠错能力较弱。

目前市场上已有多个商品化的文本校对软件产品，这些产品主要分为两种类型：一种是基于文本分析的校对系统；另一种是基于语音的校对系统。前者的代表产品有黑马校对系统、方正金山校对系统、啄木鸟校对系统等，它们已在出版印刷界得到一定程度的应用，取得了良好的效果。但由于大多查错语言模型依据字词统计特征而建，对语言学知识利用不够充分，错误的召回率和准确率都还达不到实用的要求。纠错建议的有效率或首选正确率也还不高，对于更高级（如句子级）的错误很难查出，与用户的要求还有较大差距，故文本校对技术还有待进一步提高。基于语音的校对系统其原理是利用汉字语音特点，把每个汉字的发音录进计算机，然后根据所校文本的内容，对每一个汉字依次发音，使用人员一边听机器发音，一边对照原文校对。语音校对有如下的缺点：不能校对同音字之间的错误；很难区别不同的声调；汉字的语音存在于具体的语言的环境中；语音校对系统的速度较慢。所以，语音校对的研究落后于文本分析校对。

5.3　中文文本中常见错误的类型与分析

5.3.1　中文文本中的常见错误类型

和其他中文信息处理的课题不同，文本自动校对所要处理的是有错误的文本，这是文本校对研究的一个突出特点。因此，对待校对文本中可能出现的错误类型进行分析是非常必要的。

目前对文本错误类型按不同方式可进行多种分类。

1. 按错误来源分类

根据输入方式的不同，待校对文本中的错误可分为键盘录入错误、识别错误和原稿错误三类。

（1）键盘录入错误：键盘录入错误主要是由于输入过程中的疏忽造成的，且与输入法有很大的关系，如五笔字型输入法造成的错字与相应正确汉字字形相近、编码相同或相近，而拼音输入法造成的错字与相应正确汉字音同或音近等。

（2）识别错误：识别错误包括 OCR 识别错误和语音识别错误两种，OCR 识别可能造成拒识或误识错误，与相应正确汉字字形相近；语音识别造成的错误，与相应正确汉字音同或音近。

（3）原稿错误：文稿形成过程中由于作者疏忽而形成的错误。如写错别字，搭配不当，结构残缺等。

2. 按错误在文本中的表现形式分类

按以上错误来源，在待校对文本中，一般表现为如下形式。

1）容易混淆的字词错误

【例 5-1】中国应当对人类作出较大贡献。（做出）

2）错别字

这种错误一般是由于五笔或拼音编码相同或相近、字形相似而造成键盘输入错误或 OCR、语音识别错误。

（1）五笔字型输入可能造成的错误。

【例 5-2】例如：

①击键先后次序颠倒：放（yt）→入（ty）；

②少击键位错：齿（hwb）→具（hw）；

③手型不规范 d、f、g、h 弄错：居（nd）→导（nf）；

④编码相同的重码字选错：天高云（fcu）淡→天高去（fcu）淡；

⑤字形相近造成编码拆分错：未（fii）→末（gs），已（nnnn）→己（nng）；

⑥键位相近：老奸巨猾（fvaq）→地区（fbaq）。

（2）OCR 识别可能造成的错误。

【例 5-3】例如：

未→末，已→己，曰→日，亳→毫。（字形相近）

“校雠学”鼻祖刘向→“校X学”鼻祖刘向。（拒识）

（3）拼音输入时同音字带来的错误或语音识别造成的错误。

【例 5-4】计算机用户（yonghu）→计算机拥护（yonghu）。

（4）使用联想输入造成的错误。

【例 5-5】词语接续对的研究已有新的突破→词语接续对的研究已有新的突出。

3）丢字、多字、多字替换、易位、英文单词拼写错误、串行等

这种类型错误一般是由于录入时跳过了一个或几个字、或眼睛看串了行、或

多余删字操作造成漏字；多余的击键动作造成同一字重复，联想输入可能造成多字错误。

【例 5-6】文稿中仍会遗留许多错误。→文稿中仍会遗留许多误。（丢字）

【例 5-7】维护建筑市场秩序。→维护建筑市场场秩序。（多字）

【例 5-8】对于大规模真实文本的研究。→对于大规模真实广西的研究。（多字替换）

【例 5-9】忽视发挥利率的杠杆作用。→忽视发挥利率的杆杠作用。（易位）

【例 5-10】新版联想 office 办公软件。→新版联想 ofice 办公软件。（英文拼写错误）

4）标点、数字错误或引号不匹配

【例 5-11】1992 年 9 月 1 日。→19921 年 9 月 1 日。（数字错误）

【例 5-12】“我深爱着我的祖国。”→我深爱着我的祖国。”（引号不匹配）

3. 按错误内容分

按待校对文本的词法、句法、语义分，一个字或词与其上下文环境不相适应会造成构词错误及句法、语义搭配不当，表现为以下几种错误。

1）构词错误

错字、缺字或多字破坏了原文词的结构，出现了所谓的“非词现象”。

【例 5-13】漫长的等待过后。→漫长的等侍过后。（“等侍”为非词）

2）句法错误

出错处虽不违背构词法，但可能破坏句子整体结构，造成句法错误。

（1）词性搭配错误：

【例 5-14】这项工作没有意义。→这项工作煤油意义。

（2）关联词语搭配错误（如原稿出错）：

【例 5-15】因为你用功学习，所以你成绩好。→虽然你用功学习，所以你成绩好。

（3）句型错误：如句子成分残缺，成分位置不当，造成搭配错误和语法错误。

【例 5-16】联合国安理会决议。→联合同安理会决议。

【例 5-17】大大延长了电机的寿命。→大大处长了电机的寿命。

3）语义错误

语法正确，但语意离奇。

【例 5-18】本人不慎将脸盆丢失。→本人不慎将脸丢失。

5.3.2　中文文本中常见错误统计分析

通过对 241 个真实的文本错例进行人工分析，我们得到下列统计结果，如表 5.1 所示。统计结果与文献[37]的错误统计数据基本一致。

表 5.1　常见错误类型统计

错误类型	错误数	错误百分比（%）
错字	158	65.3
多字	17	7.4
漏字	32	13.2
易位	4	1.7
多字替换	7	2.9
其他	23	9.5

统计分析表明，待查错的中文文本有以下特征：

（1）待处理文本中的错误绝大部分是由单个字错误引起的，即错字、多字、漏字，约占错误总数的 85.9%。

（2）在单字错误中，别字是最常见的，约占错误总数的 65.3%。

（3）待处理文本中的错误一般为局部性错误，即错误一般破坏的是词、短语的表层结构，表现为句子分词后出现非词单字、连续的单字词、相邻的重复单字词、相邻字词间同现频率很低等。如："任务非尝艰巨"一句经分词后，得到"任务 非 尝 艰巨"，其出错处为散串。

（4）出错的字词与相邻字词的"接续"关系弱。我们称句子中有前后顺序的相邻字词之间的相关关系为"接续"关系。一般说来，文本中出错的字词与相邻字词的同现频率或转移概率较小，接续关系较弱。如："社会稳定了我们才能集中精力做好务项工作"，分词后为"社会 / 稳定 / 了 / 我们 / 才能 / 集中 / 精力 / 做好 / 务 / 项 / 工作"，"务"和"项"不具备构词关系，接续关系弱。

（5）录入文本中所含错误类型与使用的输入法有关。如五笔字型输入法造成的错字与相应的正确汉字往往字形相近、编码相同或相近，而拼音输入法造成的错字与相应的正确汉字往往音同或音近等。

5.3.3　中文文本自动校对的难点分析

目前的中文文本自动校对系统与理想的校对系统之间还存在很大的差距。造成这些差距的主要原因如下。

1. 从汉语本身的特点来说

（1）输入方法：汉字的输入采用的是人工编码的间接输入，对应于不同的输入法，所对应的汉字编码是不相同的，因此造成的错误也可能存在很大的不同。

（2）词的特点：汉语词之间没有分隔标志，在分析前需要进行分词处理；汉语词类没有形态变化，不便于对词类的分析；词的兼类现象普遍。

（3）语言特点：汉语是一种黏着性语言，语序灵活，并存在着很多特殊的语言现象，如歧义、省略等。

2. 从知识的形式化角度来说

（1）语法的形式化：现有的语言理论，绝大多数属于上下文无关文法（context free grammar，英文简写为 CFG）。就 CFG 的生成能力而言，是不足以完整地刻画自然语言的。

（2）语义的形式化：描述语义的理论目前还处于发展研究阶段，例如概念依存理论（CD），格语法等，这些方法对语义的描述有时过于刻板。

（3）常识的形式化：自动校对还需要用到除语言学以外的各种背景知识，例如历史、时事、科技等。

汉语本身的这些特点以及目前研究上的局限性是自动校对技术的难点所在，这些问题在很大程度上影响了自动校对系统的实现。

5.4　本章小结

综上所述，中文文本校对所面对的是上下文相关错误，其校对方法必将是充分利用上下文信息特征（包括统计特征、语法和语义特征），将统计方法与规则方法相结合，建立文本的自动查错模型与纠错建议生成模型。由于文本中 75%以上的错误是别字、多字、漏字、易位等字词级错误，语法级错误和语义级错误只占有很小的一部分。同时，相较于语法级错误和语义级错误，字词级错误相关的研究也较充分。如何从上下文中获取有效的查错与纠错知识，并将这些知识集成建模，也应是今后研究的方向。

本书将就规则与统计相结合，充分利用上下文的统计特征与句法特点，建立字词级错误查错模型，并就错误字串的相似集的构造方法进行研究，对那些多字、漏字、易位等类型错误的纠错方法进行研究。对于语法级错误，我们构建关联词、量词搭配知识库，结合标点符号搭配规则与语法相关规则进行查错。同时，对于语义级错误，我们采用语法学知识与统计学方法相结合，构建了三层语义搭配知识库和语义依存搭配知识库进行错误侦测。最后，我们应用最大熵技术集成上下文多信息特征的纠错方法进行研究。当然，开展以上这些研究的基础是汉语语言模型建立方法的研究，因此，汉语语言模型的构建方法及其参数训练、模型评价等问题也是本书后面研究的内容。

第六章　中文文本字词错误自动侦测的模型与算法

有关文本校对研究的意义和现有的一些技术，前面章节已做了简单介绍，由于英文文本和中文文本本身存着巨大差异，一些在英文文本校对中非常有效的技术在中文文本校对中无法使用。尽管从 20 世纪 90 年代以来，国内的多家单位开展了这方面的研究,并取得了一些较好的结果,有些单位甚至还推出了实用的商品化软件，但距人们所要求的实用化程度还有相当的距离，所以，还有必要深入开展汉语语言理论及面向文本校对的语言模型的研究，探讨文本自动查错和纠错的技术与实现方法。

6.1　中文文本字词级错误的表现形式

在一般的中文文本校对文献中，人们普遍认为，汉语不会像英语那样在文本中出现单词错误，即文本中那些被词边界分隔出的字符串，根本就不是词典中的词。例如：them→tehm，girl→grl 等。而那些在词典中能查到，但却不是当前位置上所希望出现词语的错误我们称为真词错误或上下文错误。

根据我们对正确文本分词后的结果观察，汉语文本大多是由二字以上的词构成的，利用我们建立的面向校对的词库对文本分词后，连续形成的单字词一般不会超过 5 个，且所出现的单字词大多是一些助词、介词、连词或副词等，如“的”、“了”、“很”、“在”、“和”等。如：统一思想/，/总揽/全局/，/加强/协调/，/扎实/工作/。/这是/我们/在/新的/一/年/里/的/指导思想/。/深刻/理解/和/认真/贯彻/这个/指导思想/，/非常/重要/。/

首先/是/统一思想/。/只有/思想/统一/了/，/总揽/全局/才有/明确/的/方向/，/加强/协调/才有/正确/的/标准/，/扎实/工作/才有/强大/的/动力/。/

在校对词库中，包括了一些共现频率较高的二字对，如“这是”、“只有”、“新的”、“才有”、“在内”等，文本切分后，连续出现的单字个数一般不会超过 5 个。即使使用普通词库对文本进行切分，连续出现的单字个数也不会多于 7 个，3 个以内的连续单字词是比较多的。为此，我们提出这样的假设：在一般文本中，连续出现的二字以上多字词通常是不会出现词层面错误，如果有错误，则一般是语法结构或词性搭配上的错误，对这种错误我们可以通过判断词性接续关系找到，把它称为上下文错误或句法错误，也可称为“真多字词错误”，也就是说发生错误的字串是分词词库中的多字词；而那些破坏了词表层结构的错误一般会形成单字串，由于输入错误，导致原本是一个多字词的词串在分词词典中找不到，而被切分成多个汉字，我们将这种错误称为“非多字词错误”，或称“词不成词”的错误。

比如下面这些错句都属于“词不成词”的错误：

“保卫着祖国”误写为“保未着祖国”（错别字）。

“主权和领土完整”误写为“主权和领士完整”（错别字）。

“祖国的现代化建设”误写为“祖国的现化建设”（漏字）。

利用我们提出的“真多字词错误”和“非多字词错误”的概念，可以通过中文文本分词后所呈现的特点，找到一些错误发现的规则或方法。

6.2 基于 n-gram 模型的中文文本查错方法

6.2.1 n-gram 模型与接续关系

计算语言学认为：自然语言的知识可由连续符号（字、词、词性标注、义类标注）组成序列的概率来表示。例如，对于句子$S = x_1 x_2 \cdots x_i \cdots x_m$可以用$S = P(x_1 x_2 \cdots x_i \cdots x_m)$表示 S 出现的概率，其中符号x_i表示第i个字、词、词性标记或义类标记（这里假设x_0为句子开始符，下同），则有

$$P(x_1 x_2 \cdots x_i \cdots x_m) = \prod_{i=1}^{m} P(x_i | x_1 x_2 \cdots x_{i-1}) \tag{6.1}$$

为计算$P(x_i|x_1 x_2 \cdots x_{i-1})$，要考虑$x_i$的上文$x_1, x_2, \cdots, x_{i-1}$，即所谓的历史（History）的出现情况。但随着i的增大，会引起参数空间增大，导致数据稀疏且不可信，计算量会呈指数级别增长。为了降低计算复杂度，缩小参数空间，做向量$< x_1 x_2 \cdots x_{i-1} >$到其所属等价类的一个影射$\pi(< x_1 x_2 \cdots x_{i-1} >)$，有

$$P(x_i | x_1 x_2 \cdots x_{i-1}) \approx P(x_i | \pi(< x_1 x_2 \cdots x_{i-1} >)) \tag{6.2}$$

如果假设若干种不同的历史组合$(x_1, x_2, \cdots, x_{i-1})$的最后$n-1$个符号相同，就把它们视为同一个等价类，即定义$\pi(< x_1 x_2 \cdots x_{i-1} >) = \pi(< x_{i-n+1} \cdots x_{i-2} x_{i-1} >)$。在这一定义下，第$i$个符号的出现只与前面紧接着的$n-1$个符号有关，句子的概率改为

$$P(x_1 x_2 \cdots x_i \cdots x_m) = \prod_{i=1}^{m} P(x_i | x_{i-n+1} \cdots x_{i-2} x_{i-1}) \tag{6.3}$$

这就是所谓的 n-gram 模型，也称为$n-1$阶的 Markov 模型。

当$n = 2$时，我们称为二元模型（Bigram），这时有

$$P(x_1 x_2 \cdots x_i \cdots x_m) = \prod_{i=1}^{m} P(x_i | x_{i-1}) \tag{6.4}$$

通过统计大量语料中符号x_{i-1}和符号串$x_{i-1} x_i$的出现次数$R(x_{i-1})$、$R(x_{i-1} x_i)$来

估计条件概率：

$$P(x_i|x_{i-1}) \approx \frac{R(x_{i-1}x_i)}{R(x_{i-1})} \quad (6.5)$$

由此进一步对$P(x_1x_2\cdots x_i\cdots x_m)$进行估计。

对于句子$S=x_1x_2\cdots x_i\cdots x_m$，称句中有前后顺序的符号$x_1x_2\cdots x_ix_{i+1}\cdots x_m$之间的相邻关系为接续关系。对二元模型，我们称$x_i$和$x_{i+1}$的相关关系为二元接续关系。二元接续关系在分词、整句拼音输入、文字识别输入等方面的应用已有许多成功的例子，它也是文本自动查错中使用的基本技术之一。

6.2.2　基于接续关系的查错思想

通过上一节分析和接续关系的定义，可以得到这样一个假设：中文文本中出错字词与其相邻字词的接续关系弱。基于这一假设，我们引入二元接续强度对字词间的结合紧密程度进行量化，并以此为依据，对字词间的接续关系进行检查。对输入的字或词串$x_1x_2\cdots x_{i-1}x_ix_{i+1}\cdots x_m$，若$x_{i-1}$和$x_i$的接续强度大于某一阈值，则认为$x_{i-1}$和$x_i$接续，否则，不接续，同理，对$x_i$和$x_{i+1}$的接续情况进行判断，若$x_i$和$x_{i-1}$及$x_{i+1}$都不接续，则把$x_i$作为可疑的错误报出。

由于汉语词的数量在 50 000 以上，词词同现数据的容量非常巨大，且词的接续统计需要相当规模、分好词的熟语料作为训练样本，无论是人工分词还是机器分词人工校正，由于词概念的模糊性以及歧义性的存在，使得分词结果的一致性都难以得到保障，导致词词同现的统计数据出现误差，且会引起数据稀疏问题。而汉字的数量较之词的数量要少得多，常用的一、二级字库的总数仅为 6763 个，统计字字同现数据比较容易，不需要事先对语料进行分词，统计数据易于获取，且准确可靠。另外，字字接续关系在分词排歧、汉字识别等研究领域已有成功的运用[28]。

虽然判断字字接续具有统计实现上的优势，但以词为语言单位建立的模型比以字为语言单位建立的模型有更强的描述能力，这一点我们已在前面的章节得到证明。为了在文本查错时考虑词间关系，又避免词同现的缺点，我们考虑应用 Class-Based n-gram 模型或 POS-Based n-gram 模型来量化词间的接续关系。Class-Based n-gram 模型可以表述词间的聚合关系，POS-Based n-gram 模型可以表述词间的组合关系。充分利用“聚合关系”和“组合关系”进行综合查错，与语言学的分析方法相吻合，因为文本中的错误一般会破坏词的表层结构，必然引起词词组合关系的改变。

基于以上考虑，本章将采用字字接续关系、词性接续关系和义类接续关系相结合的查错策略，进行文本自动查错实验。

6.2.3　字字接续判断模型

假设有句子$S=z_1z_2\cdots z_iz_{i+1}\cdots z_m$，$z_i$、$z_{i+1}$为两个相邻的汉字。若在字容量为

N 的汉语语料库中，z_i、z_{i+1}邻接同现次数为$r(z_i,z_{i+1})$，其中z_i、z_{i+1}独立出现次数分别为$r(z_i)$和$r(z_{i+1})$，则定义z_i、z_{i+1}的独立出现概率$p(z_i)$、$p(z_{i+1})$和z_i、z_{i+1}的邻接同现概率$p(z_i,z_{i+1})$如下：

$$\begin{aligned} p(z_i) &= \frac{r(z_i)}{N} \\ p(z_{i+1}) &= \frac{r(z_{i+1})}{N} \\ p(z_i,z_{i+1}) &= \frac{r(z_i,z_{i+1})}{N} \end{aligned} \tag{6.6}$$

定义z_i、z_{i+1}之间的互信息为

$$MI(z_i,z_{i+1}) = \log_2 \frac{p(z_i,z_{i+1})}{p(z_i)\times p(z_{i+1})} \tag{6.7}$$

由公式（6.6）知道，当$r(z_i,z_{i+1}) = N\times p(z_i,z_{i+1}) \geqslant \tau_0(\tau_0$为一阈值)，说明$z_i$、$z_{i+1}$的共现频率较高，我们可以判断$z_i$、$z_{i+1}$接续，但这是一个绝对指标，对那些在语料中共现频率低，但z_i、z_{i+1}分别单独出现的频率也低的接续对，可能会误判为不接续。

互信息是一个相对指标，可以解决这一问题，由公式（6.7）可以知道，当下面条件成立时：

（1）$MI(z_i,z_{i+1}) \geqslant \tau_1$，$\tau_1$为远大于 0 的阈值，则$p(z_i,z_{i+1}) \gg p(z_i)\times p(z_{i+1})$，此时$z_i$ 、z_{i+1}具有可信的接续关系，并且$MI(z_i,z_{i+1})$值越大，接续强度越大。

（2）$MI(z_i,z_{i+1}) \approx 0$，则$p(z_i,z_{i+1}) \approx p(z_i)\times p(z_{i-1})$，此时$z_i$ 、z_{i+1}之间的接续关系不明确。这时，可根据统计理论的独立性检验模型χ^2 −统计量来检验z_i 、z_{i+1}之间的独立性。

用二元组 (X,Y)表示相邻的两个汉字，X 的取值范围是$(z_i,-z_i)$，$-z_i$表示取值不为z_i，Y 的取值范围是$(z_{i+1},-z_{i+1})$，$-z_{i+1}$表示取值不为z_{i+1}。

假设H_0：z_i和z_{i+1}独立，从二元组(X,Y)中抽取字字同现频率矩阵中的 n 个非零元$(X_1,Y_1),(X_2,Y_2),\cdots,(X_n,Y_n)$作为子样，用$n_{11}$表示取值为$(z_i,z_{i+1})$的子样个数，$n_{12}$、$n_{21}$、$n_{22}$分别表示取值为$(z_i,-z_{i+1})$，$(-z_i,z_{i+1})$，$(-z_i,-z_{i+1})$的子样的个数，记$n_{i.} = n_{i1} + n_{i2}$且$n_{.j} = n_{1j} + n_{2j}(i = 1,2; j = 1,2)$，有$n = n_{12} + n_{12} + n_{21} + n_{22}$。则$\chi_n^2(z_i,z_{i+1})$统计量可定义为[58]：

$$\chi_n^2(z_i,z_{i+1}) = \frac{n\times(n_{11}\times n_{22} - n_{12}\times n_{22})^2}{n_{1.}\times n_{2.}\times n_{.1}\times n_{.2}} \tag{6.8}$$

由 Pearson 定理可知，χ_n^2的极限分布是自由度为 1 的χ^2-分布。选取显著水平$\propto$，查χ^2-分布上侧分位数表，得$\chi_{\propto,1}^2 = \tau_2$，这样，$H_0$之$\propto$-水平否定域是$\chi_n^2 \geqslant \tau_2$。若$\chi_n^2 < \tau_2$，不能否定 H_0，说明假设成立，z_i、z_{i+1}独立，即z_i、z_{i+1}不接续；否则假设不成立，

z_i、z_{i+1}不独立，即z_i、z_{i+1}接续。公式（6.8）也称为相关度。

（3）$MI(z_i,z_{i+1}) \ll 0$，则$p(z_i,z_{i+1}) \ll p(z_i) \times p(z_{i+1})$，此时$z_i$ 、z_{i+1}之间基本没有接续关系，并且$MI(z_i,z_{i+1})$值越小，接续强度越弱。

以字字同现概率公式（6.6）为主，结合考虑公式（6.7）、公式（6.8），定义字字接续函数$ZZJX(z_i,z_{i+1})$为

$$ZZJX(z_i,z_{i+1}) = \begin{cases} 1 & r(z_i,z_{i+1}) \geqslant \tau_0 \text{或} MI(z_i,z_{i+1}) \geqslant \tau_1 \text{或} \chi_n^2(z_i,z_{i+1}) \geqslant \tau_2 \\ 0 & \text{其他} \end{cases} \quad (6.9)$$

当$ZZJX(z_i,z_{i+1}) = 1$时，认为汉字z_i和z_{i+1}连续，当$ZZJX(z_i,z_{i+1}) = 0$时，认为汉字z_i和z_{i+1}不接续。τ_0、τ_1、τ_2为相关阈值，根据训练语料的规模和试验确定。

6.2.4　词接续判断模型

设句子$S = w_1 w_2 \cdots w_{i-1} w_i w_{i+1} \cdots w_m$，其中$w_i(1 \leqslant i \leqslant m)$为第 i 个词，$T_i[X]$为词w_i的可能标记，$Num(T_i[X])$为该词可能标记的个数，设$T_i[a]$为该词的第 a 个标记，则$T_i[a] \in T_i[X], 1 \leqslant a \leqslant Num(T_i[X])$；$T_{i+1}[X]$为词$w_{i+1}$的可能标记，$Num(T_{i+1}[X])$为该词可能标记的个数，设$T_{i+1}[b]$为该词的第 b 个标记，则

$$T_{i+1}[b] \in T_{i+1}[X], \quad 1 \leqslant b \leqslant Num(T_{i+1}[X])$$

我们定义$P(T_{i+1}[b]/T_i[a])$为从$T_i[a]$到$T_{i+1}[b]$的转移概率，即

$$P(T_{i+1}[b]/T_i[a]) = \frac{R(T_i[a], T_{i+1}[b])}{R(T_i[a]) * R(T_{i+1}[b])} \quad (6.10)$$

其中$R(T_i[a], T_{i+1}[b])$为$T_i[a]$与$T_{i+1}[b]$二元词性同现次数，$R(T_i[a])$和$R(T_{i+1}[b])$分别为词性$T_i[a]$和$T_{i+1}[b]$在统计语料中出现的次数。

当$P(T_{i+1}[b]/T_i[a]) > \rho_{Tag}$时，我们认为标记$T_{i+1}[b]$和$T_i[a]$接续，设$Tag =$ 1、2、3分别表示标记取词性、义类大类、义类中类，$CXJxSet[i]$、$DYLJxSet[i]$、$ZYJxSet[i]$分别为$T_{i+1}[X]$中所有满足$P(T_{i+1}[b]/T_i[a]) > \rho_{Tag}$的标记组成的集合，$Num(CXJxSet[i])$、$Num(DYLJxSet[i])$、$Num(ZYJxSet[i])$分别为相应集合中元素的个数。则定义：

词性接续函数$CXJX(w_i,w_{i+1})$为

$$CXJX(w_i,w_{i+1}) = \begin{cases} 1 & \text{若} Num(CXJxSet[i]) > 0 \\ 0 & \text{若} Num(CXJxSet[i]) = 0 \end{cases} \quad (6.11)$$

1. 义类接续函数

记义类大类接续函数为$DYLJX(w_i,w_{i+1})$，义类中类接续函数为$ZYLJX(w_i,w_{i+1})$：

$$DYLJX(w_i,w_{i+1})=\begin{cases}1 & 若Num(DYLJxSet[i])>0\\0 & 若Num(DYLJxSet[i])=0\end{cases} \tag{6.12}$$

$$ZYLJX(w_i,w_{i+1})=\begin{cases}1 & 若Num(ZYLJxSet[i])>0\\0 & 若Num(ZYLJxSet[i])=0\end{cases} \tag{6.13}$$

当$CXJX(w_i,w_{i+1})=1$时，我们认为词w_i和w_{i+1}的词性接续，当$DYLJX(w_i,w_{i+1})=1$时，我们认为词w_i和w_{i+1}的义类大类接续，当$ZYLJX(w_i,w_{i+1})=1$时，我们认为词w_i和w_{i+1}的义类中类接续。

2. 词接续判断函数的求取

根据词性接续、义类大类、中类接续的情况，以举手投票法确定w_i和w_{i+1}是否接续，构造词接续判断函数$CJX(w_i,w_{i+1})$如下。

算法 6.1　词接续判断

```
CJX(wi,wi+1)
Begin
    Agree=0;
    If CXJX(wi,wi+1)=1
        Then Agree=Agree+1;
    If DYLJX(wi,wi+1)=1
        Then Agree = Agree +1;
    If ZYLJX(wi,wi+1)=1
        Then Agree = Agree +1;
    If Agree≥2
        Then return 1;
    Else return 0;
End
```

当$CJX(w_i,w_{i+1})=1$时，认为w_i和w_{i+1}的词性和语义类接续，当$CJX(w_i,w_{i+1})=0$时，w_i和w_{i+1}不接续。

6.2.5　接续关系知识获取与知识库构建

为了获取文本中相邻字词间的接续关系，由上面定义的字字接续函数$ZZJX(z_i,z_{i+1})$和词接续函数$CXJX(w_i,w_{i+1})$可知，需要从大规模语料库中获得一元和二元字同现的频次，并得到词性一元、二元同现频次，词的义类大类和义类中类的一元、二元同现频次，进而按照上面的公式，计算相邻字的互信息、相关度，相邻词的词性转移概率和义类转移概率。

在第四章作为构造汉语语言模型的重要一步，我们已经统计了2500万语料的字一元、二元和三元同现频次，统计了我们加工的约200万熟语料中的词性一元、二元和三元同现频次，那些数据可作为这里进行字词二元统计查错模型的知识源，对模型参数进行估计。第三章的统计数据主要来自《人民日报》，为了使查错模型具有良好适应性，训练语料应具有广阔的覆盖面，为此，我们这里又对《读者》光盘语料、《计算机世界报》、部分小说等约800万的语料做了字字同现统计。

为了获得词的二元义类转移概率，这里按《同义词词林》体系，词义空间分为12个大类和94个中类，对山西大学提供的5万经人工义类标注的文本[86]进行统计，得到相邻义类标记之间的二元同现频次，生成二元义类大类标记同现频次表和二元义类中类标记同现频次表。

6.3　基于字词二元接续关系的自动查错算法

6.3.1　基于字词二元接续的自动查错算法

字词综合查错算法，将字字同现和词性、义类接续综合考虑，把字接续检查与词性、义类接续检查进行叠加，发现待校对文本中尽可能多的错误，提高查错系统的召回率。基于字字同现和词接续的字词级综合查错算法如下。

算法 6.2　字词级综合查错算法

输入：句子$S = z_1 z_2 \cdots z_i z_{i+1} \cdots z_m$；经分词后为$S = w_1 w_2 \cdots w_{i-1} w_i w_{i+1} \cdots w_n$；

输出：句子$R = z_1 z_2 \cdots \# z_j \cdots z_{j+k} \# \cdots z_m$；其中$z_j \cdots z_{j+k}$是被判定为不接续的单字或单字串。

/*

字、词接续向量的获取

设 Ticket1[k]为字字接续判断向量，Ticket2[l]为词接续判断向量，Strlen(w_j)为 w_j 的词长

*/

Step1　初始化：Ticket1[0⋯m]=0；Ticket2[0⋯n]=0；

Step2　i 从 1 到 m−1 循环，执行 Step3；

Step3　如果 $ZZJX(z_i, z_{i+1})$=1 则 Ticket1[i]=1；否则 Ticket1[i]=0；

Step4　i 从 1 到 n−1 循环，执行 Step5；

Step5　如果 $CXJX(w_i, w_{i+1})$=1 则 Ticket2[i]=1；否则 Ticket2[i]=0；

/*

词接续向量的变换

这里，*len* 为待处理词尾字在句中的位置，*flag* 为待处理词中的字与其前后字是否接续的标志，*flag*=0 表示待处理词中所有字与其相邻字接续，*flag*=1 表示待处理词中至少有一字与其相邻字不接续

*/

Step6　初始化：i=1；*len*=0；

Step7　如果 $i \leqslant m$，执行 Step8，Step9；否则转 Step12；

Step8　*flag*=0；*j*=*len*；*len*=*len*+*strlen*(w_i)；

Step9　如果 *flag*=0 and *j*<*len*，执行 Step10，否则执行 Step11；

Step10　如果 Ticket1[*j*−1]=0 and Ticket1[*j*]=0，则 *flag*=1，转 Step9；否则 *j*=*j*+1，转 Step9；

Step11　如果 *flag*=1，则 Ticket2[*i*−1]=0，Ticket2[*i*]=0；否则 *i*=*i*+1，转 Step7；

/*

在不接续的字词前后加“#”标记

*/

Step12　*j*=1；

Step13　如果 $j \leqslant n$，执行 Step14，否则结束；

Step14　如果(Ticket2[*j*−1]=0 and Ticket2[*j*]=0)，则执行 Step15，Step16，否则执行 Step19；

Step15　*R*=*R*+"#"；

Step16　如果($j \leqslant n$ and Ticket2[*j*−1]=0 and Ticket2[*j*]=0)，则执行 Step17，否则执行 Step18；

Step17　*R*=*R*+w_j；*j*=*j*+1；转 Step16；

Step18　*R*=*R*+"#"；转 Step13；

Step19　*R*=*R*+w_j；*j*=*j*+1；转 Step13；

Step20　结束。

6.3.2　实验结果及查错实例

1. 实验结果

我们在 Windows 环境下利用 Inprise 公司的 Delphi 实现了一个基于二元接续关系检查的字词级综合查错实验系统，该系统是一个构件式的实验平台，可以对各种查错算法和纠错算法进行试验，它的组成与实现方法将在第十一章节论述。在对上述基于二元接续关系检查的字词级综合查错模型的试验中，我们采用的查错试验样本为 100 篇共含有 2041 个错误测试点的文本，并将该算法与其他四种查错方法进行比较，测试结果如表 6.1 所示。

表 6.1　字词二元接续模型不同查错方法测试结果

实验编号	实验内容	召回率	查准率
实验 1	标记分词后的单字（串）为出错点	70.8%	19.6%
实验 2	基于字字二元接续关系检查	62.4%	35.8%
实验 3	基于词性、义类二元接续检查	56.4%	33.3%
实验 4	基于字词二元接续关系综合查错	71.2%	35.1%

其中召回率为错误被发现的比例，查准率为查出的错误为真正错误的比例，它们的计算公式请参见第十一章公式（11.1）和公式（11.2）。从试验结果可以看出，基于字词二元接续检查的综合查错是这四种方法中最好的。

2. 查错实例

在实验的过程中，我们经过不断的参数修改，选定相关阈值如下：

$$\tau_0 = 100; \tau_1 = 2.3; \tau_2 = 10.828; \rho_1 = 0.000005; \rho_2 = 0.00002$$

试验中的相关典型示例如下所示。

【例 6-1】我们认为可疑延长时间。

字串	我	们	认	为	可	疑	延	长	时	间
$r(z_i, z_{i+1})$	6583	326	3408	82	15	0	74	127	2355	
$MI(z_i, z_{i+1})$	6.8014	4.1921	6.9713	−0.2086	2.7700	0.0	6.4397	1.8607	6.5841	
$\chi^2(z_i, z_{i+1})$	960605.5	79043.9	677156.4	27181.6	268033.0	0.0	386112.0	448506.7	599839.9	

Ticket1[i]	0	1	1	1	1	1	0	1	1	1	0

分词	我们	认为	可疑	延长	时间
词性	R	V	A	V	N

	0.000005	0.000006	0.000005	0.000006

义类大类	A	G	E	I	C

	0.000187	0.0000106	0.0000134	0.00094

义类中类	Aa	Gb	Ed	Ih	Ca

	0.0000464	0.0000253	0.0000082	0.0000345

Ticket2[i]	0	1	0	0	1	0
变换后	0	1	0	0	1	0

输出 R：我们认为#可疑#延长时间。

在本例中，通过字字接续判断，发现“疑”和“延”不接续，但不好确定对哪一个字标错，而通过词接续判断，发现“可疑”与其前后相邻的词接续关系较弱，故将其标出。

【例 6-2】变贫空落后为文明富强。

字串	变	贫	空	落	后	为	文	明	富	强
$r(z_i, z_{i+1})$	4	0	0	229	20	31	256	0	12	
$MI(z_i, z_{i+1})$	4.59	0.0	0.0	6.03	−1.78	−0.56	4.89	0.0	2.88	
$\chi^2(z_i, z_{i+1})$	819178.7	0.00002	0.0003	8302.0	5067.2	1418763	1418762	0.000002	2.88	

Ticket1[i]	0	1	0	0	1	1	1	1	0	1	0

分词	变	贫	空	落后	为	文明	富强

Ticket2[i]	0	1	1	1	1	1	1	0
变换后	0	1	0	0	1	1	1	0

输出 R：变贫#空#落后为文明富强。

在本例中，分词后虽然通过词接续判断，认为“贫”、“空”和“落后”是接续的，而通过字字接续判断，发现“贫”和“空”、“空”和“落”都是不接续的，故将“空”标记为出错处。

以上例子中，带下划线的值表示低于接续阈值。

【例 6-3】1921 年 3 月 45 日。（日期错误）

输出 R：1921 年 3 月 #45# 日。

同时，在实验中还存在以下误报、漏报情况，如下面实例所示。

（1）出错处与前后字词接续强度大造成漏判。

【例 6-4】这项工作煤油意义。（没有）

【例 6-5】有记者公约 3000 人。（共约）

【例 6-6】中国改革开方的步伐很快，世界经济和科技也在飞速发展。（开放）

（2）误判。

【例 6-7】蔡元培 1917 年任北大校长。

【例 6-8】表明会议已经面临破裂。

【例 6-9】对俄罗斯正教会的迫害引发欧洲社会各界的多次抗议。

由实验结果可以看出，由于统计规模的数据稀疏性，对一些未在语料中出现过的字字同现对，容易造成误判，查准率不高。尽管将字字接续和词性、义类接续结合起来，查错的召回率有所提高，但准确率仍需进一步改进。

在上述字字接续辅以词性、义类检查的查错算法基础上，我们还试验了词二元接续辅以词性二元接续检查的查错算法。理论上，基于词二元接续的查错应好于基于字二元接续的查错,但由于词的数量巨大,词二元同现数据的统计稀疏现象严重，导致在对真实文本查错时误报率太高，再加上词二元同现库远大于字二元同现库，对知识库的查找速度受到影响，因此，查错效果也不是很理想。下面的查错模型将统计数据与规则结合，查错的准确率大大提高。

6.4　规则与统计相结合的文本自动查错模型

6.4.1　中文文本中的“非多字词错误”与“真多字词错误”

在一般的中文文本校对文献中，人们普遍认为，汉语不同于英语，其文本中不会出现“非词错误”，只会出现上下文错误或“真词错误”。因为大多数汉字都可以单字词出现在词典中。虽然一些明显的“非词错误”分词后人一眼就能看出，如“忠耿耿”分词后变成“忠／耿／耿”，但对机器来说实在难以判断。

根据我们对正确文本分词后的结果观察，汉语文本大多是由二字以上的词构成的，利用我们建立的面向校对的词库对文本分词后，连续形成的单字词一般不会超过 5 个，且所出现的单字词大多是一些助词、介词或副词等，如“的”、“了”、“很”、“在”等。下面就是应用我们的分词软件对 1995 年 1 月 16 日《人民日报》头版一篇评论的一小部分的分词结果。

论／统一思想

本报／评论员

统一思想／，／总揽／全局／，／加强／协调／，／扎实／工作／。／这是／我们／在/新的／一／年／里／的／指导思想/。/深刻／理解／和／认真／贯彻／这个／指导思想／，／非常／重要／。／

首先／是／统一思想／。／只有／思想／统一／了／，／总揽／全局／才有／明确／的／方向／，／加强／协调／才有／正确／的／标准／，／扎实／工作／才有／强大／的／动力／。／

下面是 1995 年 1 月 1 日《人民日报》头版江泽民主席新年讲话中的一段：

1995／年／是／包括／中国／人民／抗日战争／在内／的／世界／反法西斯／战争／胜利／五／十／周年／，／是／联合国／成立／五／十／周年／，／是／世界／人民／为／和平／与／发展／继续／奋斗／的／一／年／。／对于／我们／中国／人民／来说／，／是／全面／完成／第／八／个／五／年／计划／的／最后／一／

年／。／两／年／之后／和／四／年／之后／，／中国／将／在／香港／、／澳门／恢复／行使／主权／。／五／年／之后／，／我国／人民／将／同／世界／人民／一起／迈／入／二／十／一／世纪／。／展望／未来／，／我们／充满／信心。

在校对词库中，包括了一些共现频率较高的二字对，如“这是”、“只有”、“新的”、“才有”、“在内”等，文本切分后，连续出现的单字个数一般不会超过5个。即使使用普通词库对文本进行切分，连续出现的单字个数也不会多于7个，3个以内的连续单字词是比较多的。为此，我们提出这样的假设：在一般文本中，连续出现的多字词是不会出现词层面错误的，如果有错误，则一般是语法结构或词性搭配上的错误，对这种错误我们可以通过判断词性接续关系找到，我们把它称为上下文错误或句法错误，也可称为“真多字词错误”，也就是说发生错误的字串是分词词库中的多字词；而那些破坏了词表层结构的错误一般会形成单字串，由于输入错误，导致原本是一个多字词的词串在分词词典中找不到，而被切分成多个汉字，可以将这种错误称为“非多字词错误”。利用我们提出的“真多字词错误”和“非多字词错误”的概念，可以通过中文文本分词后所呈现的特点，找到一些发现错误的规则或方法。

6.4.2　规则与统计相结合的中文文本自动查错模型

1. 查错思想

基于上述观察与假设可以得知，正确中文文本在分词后所出现的单字词是有限的，主要是一些助词、副词、介词等，而“非多字词错误”必然导致许多单个汉字的出现，而这些单字不同于正确文本分词后经常出现的单字。所以，通过统计正确文本分词后出现的单字词的词频和连续单字词间的接续情况，就可以将那些“非多字词错误”导致的单个汉字串查找出来。

由于任何正确的文本分词以后，所出现的单字词大多是那些助词、介词、副词或单个动词等，如“的”、“了”、“很”、“在”、“是”。这些单字词往往是一些高频字，训练语料中数据稀疏的问题要好解决得多。为此，我们在第三章已专门利用校对系统中的分词软件对生语料进行分词，并从分词后的文本中统计字的二元、三元同现概率。建立了描述分词后单字词间关系的字二元、三元统计模型。

对于那些“真多字词错误”，一般分词后不会出现单字串，但它们的组合关系会出现问题，即词性搭配会出问题，例如，“能大大处长电机的寿命”，分词后为“大大/d　处长/n　电机/n　的/u　寿命/n”，“延长”被输成“处长”后，虽然分词结果没有出现单字散串，但它和相邻词的词性不接续，因为词性标注 d（副词）与 n（名词）间的接续关系极弱。可以通过乔姆斯基文法进行句法分析和语义分析检查，句法分析可以采用自底向上的“移进–归约”算法进行分析。为了简便，也可用规则的方法直接检查句法的合理性。本书拟采用后一种方法，利用规则实现多字词间的句法分析。

2. 检查“非多字词错误”的统计知识库构造

在第三章研究汉语语言模型的建立方法时，对1995年全年《人民日报》约2500万语料进行了统计，得到二元字字统计对955 944个，三元字字统计对5 297 091个，这是一个庞大的字字同现库，即使去掉那些低频统计对，其数量也是惊人的，若在查错过程中直接使用这样的知识库进行字字接续判断，无疑会导致巨大的系统开销，降低系统的性能，根据我们前面的字词二元接续查错实验可以看出，误报率也比较高。

根据上面的查错思想，第三章我们经过对1600万分词后的语料进行统计，得到的连续单字散串的字字二元同现对个数为194 878，三元同现对个数为438 662，出现二次以上分别只有88 134和105 686个（见表3.6），比不分词直接统计数量大为减少，知识库使用更为方便，数据稀疏问题也大为减轻。在查错时，我们只对切分形成的单字串进行字三元接续和二元接续判断，可大大减少查错误报率。对于多字词的情况应用第三章建立的词性二元和三元汉语模型进行检查。

3. 多字词间句法分析的规则

对文本中的多字词的句法分析我们采用三元词性检查。设stword1，stword2，stword3为连续的三个词，stwordlen1，stwordlen2，stwordlen3分别为它们的词长，即它们中所包含的汉字的个数，为此，三个连续的词，从字长上来说可有下列8种情况：

a：stwordlen1≥2 and stwordlen2≥2 and stwordlen3≥2。

b：stwordlen1≥2 and stwordlen2≥2 and stwordlen3<2。

c：stwordlen1≥2 and stwordlen2<2 and stwordlen3≥2。

d：stwordlen1≥2 and stwordlen2<2 and stwordlen3<2。

e：stwordlen1<2 and stwordlen2≥2 and stwordlen3≥2。

f：stwordlen1<2 and stwordlen2≥2 and stwordlen3<2。

g：stwordlen1<2 and stwordlen2<2 and stwordlen3≥2。

h：stwordlen1<2 and stwordlen2<2 and stwordlen3<2。

针对这八种情况分别采用不同的词性接续或字字接续检查要求，为此有以下规则：

（1）IF (a or c or e) THEN 做词性三元接续判定。

（2）IF (b or f) THEN 对前两个词做二元词性接续判定。

（3）IF (d) THEN 对第一个词直接写入，再读入下一个词重新对三个新词进行判断。

（4）IF (g) THEN 对前两个词做字字接续判断，将这两个词处理完后，再读入两个词，构成新的三元组，重新应用这些规则。

（5）IF (h) THEN 应用字字同现统计数据，做三元字接续或两次应用二元字接续判断。

4. 基于规则与统计相结合的自动查错算法

算法 6.3 规则与统计结合的文本自动查错算法

输入：分词后的结果文件 segfile.txt。

输出：带有错误标志的文件 rstfile.txt。

主要算法过程描述如下：

Step1 确定分词后的输入文件和查错后的输出文件，并对文件指针初始化；

Step2 变量初始化。将串变量 S，S_1，S_2 置空、循环变量赋初值；

Step3 从分词文件 segfile.txt 中读一整句（以标点逗号、顿号、句号、问号、分号和冒号为结尾）到串变量 S 中；

Step4 对串变量 S 做字词接续检查和英文单词拼写检查，将不接续的字词串和词典中没有的英文单词标错误标志，结果送串变量 S_1；

Step5 对串 S_1 做日期检查，将不对的日期写入错误标志送串变量 S_2；

Step6 对串变量 S_2 做括号配对检查，将句中不配对的括号标以错误标志；

Step7 将含有错误标志的字词串 S_2 输出到输出文件 rstfile.txt；

Step8 调用标红过程，对错误进行标红，并输出到用户接口。

算法 6.3.1 字词接续检查和英文单词拼写查错算法

该算法是算法 6.3 的主要子过程，是算法 6.3 的核心。

输入：分词后的句子$S = w_1w_2 \cdots w_{i-1}w_iw_{i+1} \cdots w_n$；

输出：句子$S_1 = w_1w_2 \cdots [w_j \cdots w_{j+k}] \cdots w_n$，其中$[w_j \cdots w_{j+k}]$为被判定的不接续的词或词串或错误的英文单词。这里使用w_i表示一个分词单位。

主要算法过程描述如下：

Step1 初始化词变量 stword[*i*]:=' '；stwordlen[*i*]:=0(*i*=1,2,3)；*currword*:=' '；词序变量 *ijk*:=0；

Step2 从 S 中读下一个词到 *currword*；

Step3 if (*currword*=句子结尾) then goto Step13；

Step4 if (*currword* 不是英文字母串) then goto Step11；

Step5 if (*ijk*=0) then goto Step7；

Step6 调用子过程算法 6.3.1.2； /*遇见英文单词时，对三元变量的处理*/；

Step7 对 *currword* 中的英文字母串查英文词典 dictionary；

Step8 if 该英文字母串在词典中 then 将该子母串写入变量 S_1，goto Step10；

Step9 将该英文字母串标上错误标志写入变量 S_1；

Step10 循环 for *i*=1 to 3 do stword[*i*]:=' '；*ijk*:=0；goto Step2；

Step11　*ijk*:=*ijk*+1, stword[*ijk*]:=*currword*; stwordlen[*ijk*]:=*currwordlen*;
Step12　if (*ijk*<3) then goto Step2;
　　else begin
　　　　调用子过程算法 6.3.1.1；/*词性三元接续分析*/
　　　　goto Step2
　　end;
Step13　if (*ijk*=0) then goto Step14
　　else 调用子过程算法 6.3.1.2；/*句子结束或遇见英文单词时，对三元变量的处理*/
Step14　将当前句子结束符写入 S_1;
Step15　结束。

算法 6.3.1.1　子过程

功能：根据上述 5 条规则，结合词性三元统计模型对连续的三个多字词进行词性接续分析。

输入：串变量 stword[*i*]，stwordlen[*i*](*i*=1，2，3)。

返回：将 stword[*i*](*i*=1，2，3)连同词性接续信息写入 S_1。

具体算法描述这里略去。

算法 6.3.1.2　子过程

功能：在句子分析中遇到句子结束标志或英文单词时，对三个变量 stword[*i*](*i*=1，2，3)中词的处理办法，这时的三个变量可能分四种情况：三个变量中的词已全处理完、还有一个词、两个词和三个词，具体算法过程描述如下。

Step1　取下标变量 *ijk* 的值
Step2　case *ijk* do
　begin
　　0: 将当前变量 *currword* 中的句结束标志或英文单词写入 S_1;
　　1: 判断剩余的一个词与 *currword* 的内容是否接续，并和 *currword* 的内容一起写入 S_1;
　　2: 对剩余的两个词进行接续判断，并和 *currword* 的内容一起写入 S_1;
　　3: 对三个词仿照前面的规则进行接续判断，并和 *currword* 内容写入 S_1;
　end;
Step3　return

由于篇幅所限，有关日期检查和句子中的各种括号配对检查的算法这里略去。

6.5　散串集中策略

由于字词级错误侦测算法是基于单字散串来进行的，因此经常会出现词语中的一个或两个不相邻的字出现错误，在文本错误侦测后将与错误字相邻的字标红或只能将一个字标红，如“县里的按装队早就到了，谁知发生了这一意外情况。”我们发现，在这里其实是“按”字错误，但利用知识库侦测后却标红了“装”，出现了定位不准；又如“售书亭琳琅满目，一本本刊物争奇斗燕”，利用知识库来进行错误侦测的时候会只将“燕”标红，这样虽然起到了错误提示作用，但对后续的错误字词纠错处理带来了很大的困难。

为了解决这两大问题，本书融合《语法信息词典》和《语义信息词典》，提取了双向拼音知识库，按照构成词语的字数，将可能组合成词语的单字散串集中起来，统一标记为红色作为可能的错误出处，不仅解决了错误标红定位不准的问题，同时为后续的纠错工作带来了便利。

6.5.1　双向拼音知识库的构建

提取并融合《语法信息词典》和《语义信息词典》中的词语和拼音属性，构建了双向拼音知识库，按照词语的字数，将能组合成词语的单字散串集中起来，统一标红，当做可能的错误出处。

双向拼音知识库由两个分库组成，分别如表 6.2，表 6.3 所示。

表 6.2　双向拼音知识库 1

词语	拼音
……	……

表 6.3　双向拼音知识库 2

拼音	词语
……	词语 1，词语 2……

我们利用表 6.2 确定词语的拼音，然后利用表 6.3 获取与待确认词语拼音相同的所有词语。

6.5.2　散串集中策略

以当前字为基准字，通过查找前字后字，制定散串集中策略，具体策略如表 6.4 所示，其中 $Word_i$ 为当前字。

表 6.4　散串集中策略表

					当前字			
二字词	1				$Word_i$	$Word_{i+1}$		
	2			$Word_{i-1}$	$Word_i$			
三字词	3				$Word_i$	$Word_{i+1}$	$Word_{i+2}$	
	4			$Word_{i-1}$	$Word_i$	$Word_{i+1}$		
	5		$Word_{i-2}$	$Word_{i-1}$	$Word_i$			
四字词	6				$Word_i$	$Word_{i+1}$	$Word_{i+2}$	Word_{i+3}
	7			$Word_{i-1}$	$Word_i$	$Word_{i+1}$	$Word_{i+2}$	
	8		$Word_{i-2}$	$Word_{i-1}$	$Word_i$	$Word_{i+1}$		
	9	$Word_{i-3}$	$Word_{i-2}$	$Word_{i-1}$	$Word_i$			

在此默认词的最大长度为 4 个汉字，多于 4 个汉字的词、短语不做考虑。根据最大匹配原则，从最多的 4 字词考虑组合成词的可能性，依次递减。若能组合成词，则将能组合成词的字串全部加入候选集。通过该策略，不仅解决了同一词语不能完全标红，而且有效地解决了定位不准的问题。

6.5.3　错误信息存储方法

文本查错是文本纠错的基础，文本纠错是文本查错的逆过程，查错结果对纠错算法的设计有很大帮助，因此，我们必须设计有效的存储格式与存储方式，将纠错算法中需要使用的文本查错结果合理地存储起来。

散串集中策略将原本为单字的错误散串组合成词，因此，我们必须记录错误词串的首字索引以及该词串的长度。同时，根据不同的查错方法，我们设计了与之相对的纠错算法，因此，我们也将所使用的查错方法存储起来。基于以上分析，我们设计了如表 6.5 所示的错误信息存储表。

表 6.5　错误信息存储表

词语首字索引	词语长度	错误信息	查错方法
……	……	……	……

该错误信息是以字符串的形式存储于临时文件中，每项信息之间以“,”分隔。其中错误信息主要记录了语法纠错与语义纠错算法中可能用到的一些搭配词信息，在本节字词级校对中没有需要额外添加的错误信息，当没有记录添加时，设为空即可。查错方法一栏主要记录了查错过程中使用的查错算法，查错方法与存储标识对应情况如表 6.6 所示。

表 6.6　查错方法与存储标识对应表

查错方法	储存标识	说　明
字词级查错	zc	字词级错误
量名搭配错误	lm	语法级错误
关联词搭配错误	glc	语法级错误
标点错误	bd	语法级错误
其他语法错误	yf	除以上三种以外的其他语法错误
动名/名动搭配错误	nv	语义级错误
形名搭配错误	an	语义级错误

6.5.4　散串集中算法

通过字词级错误自动侦测算法，我们已经侦测出错误单字及其位置信息，再利用散串集中策略，将错误单字组合成可能的错误词语。散串集中算法如算法 6.4 所示。

算法 6.4　散串集中算法

Step1　扫描文本，运用文本自动侦测算法查找错误单字，若找到，转 Step2；
Step2　记录错误单字为 word，以 word 的位置索引为基础，利用表 6.4 中四字词部分的策略（6~9），通过查找双向拼音库进行匹配，若当前组合可构成词，则转 Step6，否则转 Step3；
Step3　按照表 6.4 中三字词策略（3~5）进行匹配，若当前组合可构成词，则转 Step6，否则转 Step4；
Step4　按照表 6.4 中二字词策略（1~2）进行匹配，若当前组合可构成词，则转 Step6，否则转 Step5；
Step5　当前字与上下文均不能构成词，则只将当前字放入错误数组，转 Step6；
Step6　能组合成词的词语首字位置信息加入错误列表，同时将该词语长度，查错方法“zc”也加入错误列表，转 Step7；
Step7　向后继续扫描，若文本结束，则转 Step8；否则，转 Step1；
Step8　读取错误列表中的信息，将所有错误字串显示标红，转 Step9；
Step9　结束。

6.5.5　实验结果与分析

1. 实验结果与实例

我们从前面的测试样本中选择了 30 篇含有 578 个错误测试点的样本，利用算法

6.2 所建立的查错系统，对其进行查错，共查出错误 723 个，其中，真正的错误 502 个，召回率为 86.85%，查准率为 69.43%，误报率为 30.57%。

【例 6-10】在长期计划经济习惯执力的影响下。（五笔近码、多字替换）

【例 6-11】祖国统一是全体港奥同胞的心声。（拼音同码、多字替换）

【例 6-12】以城市青少年群题创造的流行。（拼音同码、多字替换）

【例 6-13】一九一二年二月四五日，是一个难忘的日子。（日期错）

【例 6-14】忽视发挥利率的杆杠作用。（易位错误）

【例 6-15】中国人民解放军进入西藏正是为了保障中国领士主权的完整。（形近别字）

【例 6-16】维护建筑市场场秩序。（多字错误）

【例 6-17】今天是他的诞纪念日。（漏字错误）

例句中有下划线的字串是本算法查出的错误，定位比较准确。对于这八个例句，如果应用 MS-Word 2000 中的拼写检查工具进行错误检查，例 6-13 不会报错，其他 7 句报出的错误分别为“习惯执力的”、“全体港奥同胞”、“青少年群题创造”、“的杆杠作用”、“中国领士主权”、“场”、“诞”。对于这些错误，Word 2000 拼写检查功能给出的提示是“输入错误或特殊用法”，给不出纠错建议。对例 6-16 和例 6-17 提示“重复错误”和“非单字词”，可以看出，除例 6-16 和例 6-17 外，本算法的错误定位都比 Word 2000 准确，在后续章节将会看到，对这些错误本书大多能给出纠错建议。相关的误报或查不出的错误例句这里就不列出了。

2. 实验结果分析

基于统计与规则相结合的查错模型的查错准确率较之基于接续关系的字词查错模型要好得多。上面已经指出，使用词词接续进行错误检查效果不是很好，这是由于词接续的数据稀疏太严重，导致用词词接续判定的错误误报率太高，再加之词词二元同现库太大，词三元同现更是不可想象。而算法 6.2 应用字字接续辅以词性与义类接续判断，查错效果要好于词词接续，因为字字同现规模小，好统计，但也存在数据稀疏的问题。而应用算法 6.2 所产生的高误报率，是由于真实文本中的错误毕竟是少数，那些本来不用判断也不会出错的词，硬将它们撕裂成一个个独立的汉字，结果恰恰被撕裂的两个词的汉字在训练语料中没有同现对出现，导致对这两个词的误判，出现较高的误报率。而算法 6.3 假设分词后未形成单字的词，一般在词结构层面不会出错，所以，对多字词间只做语法检查，单字词间才用字二元和三元模型做接续检查，由于所用的字二元、三元模型是由正确文本分词后的语料得到的，其参数空间小，数据稀疏问题不会太严重，误报率当然就很低了，而且速度也大大提高。

6.6 一种英文单词拼写自动侦错与纠错的方法——骨架键法

目前，英语在中国的普及度已经较高。在中文文本中，经常出现较短的英文句子、单词及缩写等。所以在中文文本错误侦测中，有必要对英文文本进行字词级的拼写错误侦测。本章概述了英文单词拼写自动侦错与纠错的一般方法，并针对英文单词本身的特征和常见的拼写错误，给出了一种英文单词拼写侦错与纠错的方法：骨架键法的算法描述和算法分析。

6.6.1 英文拼写自动侦错和纠错的一般方法

英文单词拼写错误的侦错和纠错一般有以下两种方法。

1. 绝对法

1）误拼词典法[232,233]

将大规模真实文本中英文单词拼写检查时出错的词汇及相应正确拼写记录下来，建造一个无歧义的误拼字典。在进行英文单词拼写检查时，查找误拼字典，如命中，则该词拼写有误，该词的正确拼写字段为纠错建议词汇。这是一种侦错和纠错一体化的英文校对法。该方法的特点是侦错和纠错一体化，效率高；但英文拼写错误具有随机性，很难保证误拼字典的无歧义性和全面性，查准率低。

2）N-语法概率法[234]

基于误拼单词中字母的特征（如键位相近）统计，得出单词的 N-语法转移矩阵。当侦测到某英文单词不在词典中时，查找转移概率矩阵，取权值大于某给定阈值的单词为纠错建议。该方法的特点是能反映一定的常见拼写错误统计规律，比较形象和直观：但 N-语法转移矩阵的规模随 N 的增大呈“组合爆炸”趋势，且占用大量的存储空间，查找效率低。

2. 相对法[232]

这是一种基于最大相似度和最小串间距离的英文校对法。其核心思想是构造单词的似然性函数，如该单词在词典中，则单词拼写正确；否则，按照似然性函数，在词不达意词典中找到一个与误拼单词最相似的词作为纠错候选词。该方法的特点是节省存储空间，能体现单词本身的某些特征，是一种一定程度上的模糊校对法。其缺点是似然性函数的构造复杂，计算量较大。

6.6.2 骨架键法在英文侦错与纠错中的可行性分析

英文单词具有很大的冗余度（Redundancy）。一方面，英文字母可以多次出现在同一单词中，如单词 Redundacny 中，字母 d 和 n 各出现过两次；另一方面，英文单词中各字母的排列顺序是英文单词构词的关键信息，如 do 和 od 是不同的。另外，英文单词还有如下的统计特性：

（1）首字母包含着英文单词的重要信息。

（2）在大多数误拼情况下，单词中唯一字母的改变概率是很小的。

（3）通常，单词中的辅音字母比元音字母包含更多的信息。

（4）单词中唯一辅音字母的原始序列和唯一元音字母的原始序列体现了单词的特征。

（5）误拼单词中经常发生字母双写误拼的情况。

（6）常见的英文拼写错误有：

①插入字符：如 insertion 误拼为 insertrion。

②删除字符：如 omission 误拼为 omision。

③交换字符：如 transpositin 误拼为 transpoistion。

④替换字符：如 substitutin 误拼为 substiturion。

⑤大小写错误：如 The 误拼为 tHe，ThE 等。

因此，压缩英文单词中重复字母的冗余度并保留其特征信息，可在很大程度上提高英文单词拼写侦错和纠错的准确性、有效性。基于以上统计特性，构造似然性函数如下：

骨架键=首字母+唯一辅音字母的原始序列+唯一元音字母的原始序列

这种英文单词拼写侦错和纠错的“相对”方法称为“骨架键法”。

6.6.3　骨架键法的算法描述和算法分析

1. 算法总体设计思想

算法分为英文单词拼写侦错和英文单词拼写纠错两个部分。拼写侦错就是要在英文词库中查找相应单词，若命中，则认为该词正确；若没有命中，报错并进行纠错处理。拼写纠错就是要将报错的单词按照骨架键似然函数构造骨架键并在骨架键纠错词典中查找相应骨架键，若命中，用相应纠错单词纠错，否则为不可纠错。

2. 骨架键生成算法描述

（1）设字母集 Σ={‘a’，‘b’，… ‘z’，‘A’，‘B’，… ‘Z’}；

（2）英文单词记为 $W=L_1L_2\cdots L_m$，其中 L_i（$1\leqslant i\leqslant m$）$\in\Sigma$，m 为词长；

（3）元音字母记为 Vowel={‘a’，‘e’，‘i’，‘o’，‘u’，‘A’，‘E’，‘I’，‘O’，‘U’}；

（4）辅音字母记为 Consonant=Σ-Vowel；

（5）单词第一个字母记为 FirstLetter=L_1；

（6）单词中元音字母的唯一序列记为 Vow_seq；元音字个数记为 V_{no}。单词中辅音字母的唯一序列记为 Con_seq；辅音字母的个数记为 C_{no}。

则算法可表述如下：

算法 6.5　骨架键生成算法

```
Vow_seq=Φ； Con_seq=Φ； V_no=0； C_no=0；
for i=2 to m {
    if(L_i∈Vowel) V_no=V_no+1；
    if(L_i∈Vowel && L_i∈~Vol_seq ) Vow_seq=Vow_seq+L_i；
    if(L_i∈Consonant) C_no=C_no+1；
    if(L_i∈Consonant && L_i∈~Con_seq ) Con_seq=Con_seq+L_i；
}
```

骨架键 Skeleton_key=FirstLetter+Vol_seq+Con_seq。设字典中单词 W_i 的骨架键为 S_i，预校对单词的骨架键为 S_p，若 $S_i=S_p$，则字典中骨架 S_i 相对应的单词为纠错词。

3. 算法分析

1）平均扫描次数

误拼单词按骨架键法生成骨架键，设单词长度为 m，除首字母外，需扫描其他字母共 $m-1$ 次。

2）平均比较次数

误拼单词生成骨架键时要生成唯一的元音字母原始序列和唯一的辅音字母原始序列。设除首字母外，单词中元音字母的个数为 V_{no}，辅音字母的个数为 C_{no}，其中 $V_{no}+C_{no}=m-1$。平均比较次数记为

$$
\begin{aligned}
CT &= 1+2+\cdots+V_{no}-1+1+2\cdots+C_{no}-1 \\
&= [(m-1)^2+(m-1)]/2-V_{no}C_{no}-2 \\
&= [(m-1)^2+(m-1)]/2
\end{aligned}
\tag{6.14}
$$

按英文单词平均词长为 7 计算[232]，平均比较次数为 21 次。

6.6.4 实验结果评价

我们在 Pentium166 机上用 VisualC++实现了“骨架键”英文单词拼写侦错和纠错算法。我们对键盘录入但未经校对的 30 万英文语料进行拼写检查测试，算法的召回率可达 82.3%，纠错正确率为 67.1%。实验结果表明：为进一步提高英文单词拼写侦错和纠错的性能，应采取添加词形变换规则，加强利用上下文信息进行新词辨识的能力，结合键盘键位优化骨架键似然性函数，增加用户自定义常见拼写错误词库等策略。

6.7 本章小结

本章在分析了中文文本常见错误类型之后，针对中文文本的特点，提出了基于

二元接续关系的字词接续判定模型，以此模型为基础的中文文本查错算法，同时，我们采用散串集中策略进行错误字词的定位与标红，其查错的召回率和准确率较之一般文献报道略有提高。随后，提出了中文文本的“真多字词错误”和“非多字词错误”的概念，以此出发，提出了对字词错误进行判断的规则，并结合字二元和三元统计模型 Sc-M2、Sc-M3 建立了规则与统计相结合的查错模型与算法。查错的召回率、准确率以及错误的定位准确性都大大提高。通过与 Microsoft Word 2000 中的拼写检查功能进行比较，所提模型与算法的性能是比较好的。最后，针对中文中混杂英文短句、单词的问题，介绍了一种英文单词拼写错误检测方法——骨架键法，并给出了算法实现。

第七章　中文文本中语法错误的自动侦测模型与算法

7.1　中文文本语法级错误概述

语法级错误通常指由于漏字、多字或作者本身误用词语等引起的局部或全局的语法异常破坏了句子的整体结构。这里考虑的多字、漏字主要指由此导致一个词变成了另一个有效词，从而引起语法结构错误的情况[143]。具体来说，可细分为词语搭配错误、句子成分错误、标点符号错误三类。

1）词语搭配错误

2）关联词搭配错误

【例 7-1】只有提高科学文化水平，就能适应社会的发展。（“只有”和“就”不是正确的关联搭配）

3）相邻词类搭配错误

【例 7-2】她很兴致地发问。（副词“很”不能直接修饰名词“兴致”）

4）量词和名词搭配错误

【例 7-3】山坡上有几口牛在吃草。（名词“牛”不应用量词“口”修饰）

5）句子成分错误

6）句子成分缺失、句子成分多余

【例 7-4】由于《古文观止》具有特色，自问世以后近三百年来，广为传布，经久不衰，至今仍不失为一部有价值的选本。（以介词“由于”开头，导致后半句没有主语）

7）成分次序不当

【例 7-5】一位优秀的有 20 多年教学经验的国家队的篮球教练。（多项定语次序不当，应为：国家队的一位有 20 多年教学经验的优秀的篮球教练）

8）标点符号错误

【例 7-6】小红的课桌上堆满复习参考用书，“物理精编”啊、“数学同步”啊、“政治大课堂”啊、“英语天天读”啊……（词语之间带有“啊”、“哇”、“啦”、“呀”等语气词时，并列成分之间用逗号，不用顿号）

北京大学计算语言学研究所编写的《现代汉语语法信息词典》目前共收录常用词目 8 万余条，并给每个条目都进行了形式化的属性描述，我们利用该词典以及语法规则，设计了语法级错误侦测算法。

7.2　关联词知识库构建及查错算法

7.2.1　关联词搭配错误推理规则知识库的构建

对于例 7-5 中关联词搭配错误，我们可以利用《现代汉语语法信息词典》中连词库里的前后照应关系构建关联词搭配规则库，同时搜集一些常用的但词典中不存在的关联词。其中语法词典中连词库存储样例如表 7.1 所示。

表 7.1　连词库样例表

词语	全拼音	前照应	…	后照应
因为	yin1wei4	Null	…	所以，故
那	na4	如果；既然	…	就
…	…	…	…	…

定义 7.1　对于关联词“A…B”，A 称为关联词前搭配或者前关联词，简称前搭配；B 称为关联词后搭配或者后关联词，简称后搭配。

定义 7.2　从关联词前搭配的词数上对关联词进行分类。其中前搭配为一个字的称为单字关联词；为两个字的称为双字关联词；两个以上的称为多字关联词。

通过大量关联词实例的观察以及《现代汉语语法信息词典》的描述，我们总结以下 4 点结论：

（1）关联词是用来连接分句，以构成复杂的句子的，它标明了分句之间的关系。也就是说，若可以作为关联词对的关联词在一句话或复合句中没有连接分句，而是出现在某个子句或者单句中，则不能称之为关联词。文中称这类关联词为半关联词，既可以做关联词，也可以不做关联词。如“又……又”。例句，这个小伙子又高又壮。

（2）关联词之间存在着复用问题。复用指的是某一个词在某对关联搭配中充当前搭配，却在另一对关联搭配中充当后搭配。如“所以……是因为”中，“所以”充当前搭配，却在“因为……所以”、“由于……所以”等关联词中充当后搭配，称为特殊关联词。

（3）一些关联词也是连接分句，但不存在上下文关联词匹配问题，如“也”等，需要从句法结构或者语义上进行分析，文中不做研究。

（4）一般的关联词。即不出现以上三种情况的其他关联词。

根据以上得出的四点结论，本书主要对（1）、（2）、（4）类关联词进行讨论，针对这几类关联词建立了关联词搭配知识库，从而更好地应用在语法错误推理中。

设计关联词知识库构建方法如算法 7.1 所示。

算法 7.1　关联词搭配错误推理规则库构建算法

Step1　考察《现代汉语语法信息词典》中连词类中能够作为关联词的词语，具体体现形式为“后照应”属性不为空，转 Step2；

Step2　对整个连词类数据库表进行操作，提取出所有带有后照应信息的词语，存储在“关联词搭配”文本书件中，存储格式为（Front：Back）。其中 Front 为前关联词，Bank 为后关联词，转 Step3；

Step3　从已经提取出的关联词搭配中找出半关联词搭配对，存储在“半关联词搭配”文本书件中，同时删除“关联词搭配”中相应的关联词。格式同 Step2 中的描述。至此，对于一般关联词和半关联词都被有效地存储起来，转 Step4；

Step4　从两个关联词搭配中挑选特殊关联词，存放在“逆向关联搭配”文本书件中，转 Step5；

Step5　结束。

对于关联词搭配知识库的存储格式不做过多的介绍，正如算法 7.1 中 Step2 描述的一样，按照“前照应：后照应 1 后照应 2”的格式存储。

7.2.2　关联词搭配查错算法

根据前面的相关定义和关联词搭配错误推理规则库设计关联词搭配查错算法，具体内容如算法 7.2 所示。

算法 7.2　关联词搭配查错算法

Step1　判断当前词语，如果存在“关联词搭配”中的前关联词，则转向 Step2；存在“半关联词搭配”中的前关联词，则转向 Step4；存在“逆向关联搭配”中的前关联词，则转向 Step7；

Step2　查询“关联词搭配”知识库，取出该关联词所有的后关联词，建立后关联词数组；

Step3　向下（上）查找当前扫描的句子，并且将每个词语与后（前）关联数组进行比对，看是否有相同的词语出现，如果出现了相同的词，则说明关联词匹配正确，跳转至 Step1，若查找不到有相同的词，则跳转至 Step10；如果向下（上）查找找不到后（前）关联词，则认为该句关联词搭配有误，跳转至 Step9；

Step4　查询“半关联词搭配”知识库，取出该关联词所有的后关联词，建立后关联词数组；

Step5　向下（上）查找当前扫描的句子，并记录当前扫描的位置为 i，将每个词语与后（前）关联数组进行比对，看是否有相同的词语出现，如果相同，则跳转至 Step6，若查找不到有相同的词，则跳转至 Step10；如果向下（上）查找找不到后（前）关联词，则认为该句关联词搭配有误，跳转至 Step9；

Step6　重新记录当前位置为 j，从 j 位置返回到 i 位置，查询两位置之前的词语是否有分句符号，若有，则说明该词对充当关联词，且使用正确，跳转至 Step10，否则跳转至 Step9；

Step7　查询“逆向关联搭配”知识库，取出该词的所有前关联词，建立前关联词数组；

Step8　逐一判断前关联数组中的每个词语属于哪一类关联词知识库中的前关联词。若属于“关联词搭配”中的前关联词，则执行 Step3（应用括号里面的文字，下同），否则执行 Step5~Step6；

Step9　若当前搭配有误，则返回 true，否则返回 false，转 Step10；

Step10　结束。

7.3　量名搭配知识库的构建及查错算法设计

我们知道，名词一般只能与特定的量词相搭配，对于那些搭配错误的情况，我们称为量名搭配错误。

本书构造的量名搭配知识库的数据基础由两部分构成：《现代汉语语法信息词典》（以下简称《语法词典》）和《人民日报》语料库。《语法词典》提供典型的量名搭配知识，语料库为其补充。

7.3.1　基于《语法词典》的量名搭配

《语法词典》中的名词表中，每个词语都有其可以搭配的典型量词信息，主要分为 8 种类型，分别为：“个体量词”、“集体量词”、“容器量词”、“度量词”、“种类量词”、“成形量词”、“不定量词”和“动时量词”，我们将这些字段进行汇总，构建了量名搭配规则库。

其中《语法词典》中其属性字段存储格式如图 7.1 所示。

词语	个体量词	集体量...	容器量词	度量词	种类量...	成形量...	不定量...	动时量词
糖衣	NULL	NULL	NULL	NULL	NULL	层	NULL	NULL
糖衣炮弹	NULL	NULL	NULL	NULL	NULL	NULL	NULL	NULL
糖饴	NULL	NULL	包.盒	斤.公斤	NULL	NULL	点.些	NULL
糖原	NULL	NULL	包.瓶	NULL	NULL	NULL	NULL	NULL
糖汁	NULL	份.批	瓶.杯.碗	克.千克....	种	滴.滩	些.点	NULL
糖纸	张	NULL	包	NULL	种	叠.堆.块	些	NULL
螳螂	只.个	NULL	NULL	NULL	NULL	NULL	些	NULL
躺柜	个	NULL	NULL	NULL	种	NULL	些	NULL
躺椅	个	NULL	NULL	NULL	种	NULL	些	NULL
烫金机	台	批	NULL	NULL	种	NULL	些	NULL
烫面	NULL	NULL	盆	NULL	NULL	块	些	NULL
趟马	NULL	NULL	NULL	NULL	NULL	NULL	NULL	NULL
绦虫	条	NULL	NULL	NULL	NULL	NULL	NULL	NULL
绦子	NULL	NULL	NULL	尺.丈.寸....	种	堆	些	NULL
掏心战	NULL	NULL	NULL	NULL	NULL	NULL	NULL	场.次
滔天大罪	NULL	NULL	NULL	NULL	NULL	NULL	NULL	NULL
韬略	NULL	NULL	NULL	NULL	NULL	NULL	NULL	NULL

图 7.1　量词各属性字段

我们将其中属性字段值不为“NULL”的属性值提取出来，形成量名搭配字词库，如图 7.2 所示。

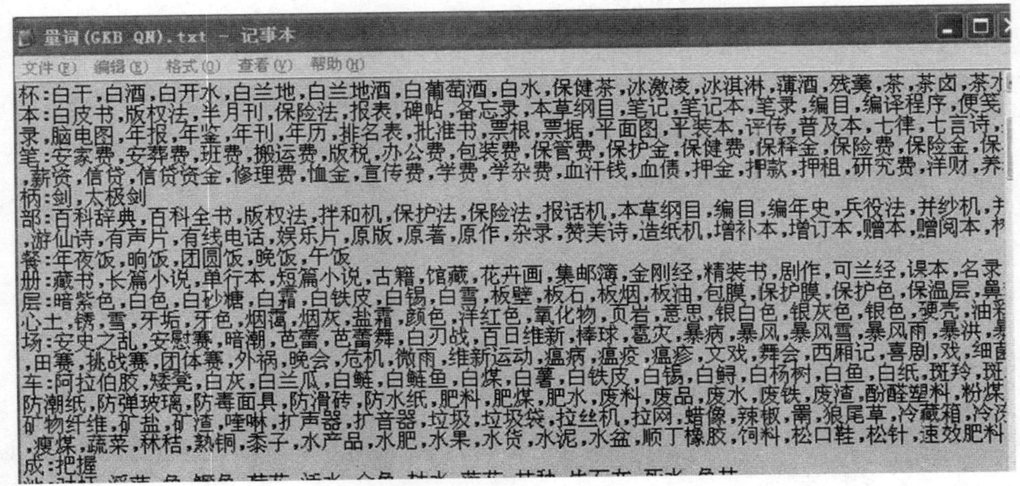

图 7.2　量词名词字词库

7.3.2　基于语料库的量名搭配

量名搭配的形式有很多种，最简单的形式如下所示。

【例 7-7】老王家养了一片猪。

量词“片”与名词“猪”搭配错误，“猪”不能用“片”修饰。

显然，对于这种只有一个量词与一个名词相搭配的情况，较好判断，但很多情况下，量词和名词之间可能加入修饰成分，或一个句子中有 2 个或多个量词或名词，形成较为复杂的量名短语，如下所示。

【例 7-8】[阿根廷/ns　政府/n]nt　就/d　推出/v　了/ul　一/m　系列/q　关于/p　改革/v　行政/n　制度/n　和/c　调整/v　经济/n　政策/n　的/ud　新/a　措施/n

本句中，量词“系列”后面包含了多个名词，和与“系列”相搭配的名词为位于句子末尾“措施”。

【例 7-9】从/p　百/m 余/m 种/q 参评/v 的/u 产品/n 中/f 推荐/v 出/v 17/m 项/q 产品/m

本句中，包括了 2 个量词“种”和“项”，分别与后面的名词“产品”和“产品”搭配。

这时，对于计算机而言，如何确定与量词搭配的名词，成为查错的关键问题。为此，通过大量文本的研究与反复测试，我们制定了量名搭配提取规则。其中，我们把一连串相连的名词称为名词组。其规则如下。

规则 1　若量名右侧相邻为名词，则取距离该量词 q 最近的名词为搭配词；若为几个名词相连的情况，则取最后一个名词为与该量词搭配的名词，如 q+n1+n2+…+n3，提取搭配 q–n3。

规则 2　若量词右相邻为顿号/连词（/wu 或/c），则不判断量名搭配。

规则 3　若量词后面在没有遇到名词的情况下遇到左括号（/wkz)，则从右括号（/wky）后开始判断搭配的名词；若遇右括号（/wky），则不再继续向后查找。

规则 4　若量词为“年/月/日/元/辈子/斤/公斤/米”，则其右相邻为名词（/n），则取该名词为搭配词；否则，不再进行判断。

规则 5　量词后面的句子中无“的”时：若量词右相邻为“介词/副词/助词“地”/动词/数词”（/p/d/ui/v/m)，则不判断量名搭配；否则取离量词最近的名词或名词组中的最后一个名词作为其搭配。

规则 6　量词 q 后面的句子中有“的”的情况：若量词右相邻为“副词/动词/介词/连词/数词/形容词”（/d/v/p/c/m/a)，则取“的”字后面的名词或名词组的最后一个名词作为其搭配，如 q+ d/v/p/c/m/a +…+ud+（…+）n，取 q–n；否则取离该量词最近的名词或名词组。

利用以上规则，使用《人民日报》半年的语料，共 142 987 个句子作为语料库。共提取出量名搭配 23 715 个，通过人工校对与反复测试，最后确定提取频次大于等于 2 且互信息大于等于 4 的搭配为正确搭配，共提取 4497 对，再将该搭配与根据《语法词典》提取的量名搭配合并，得到最后的量名搭配知识库，该库共包含量名搭配 44816 个，部分结果如图 7.3 所示。

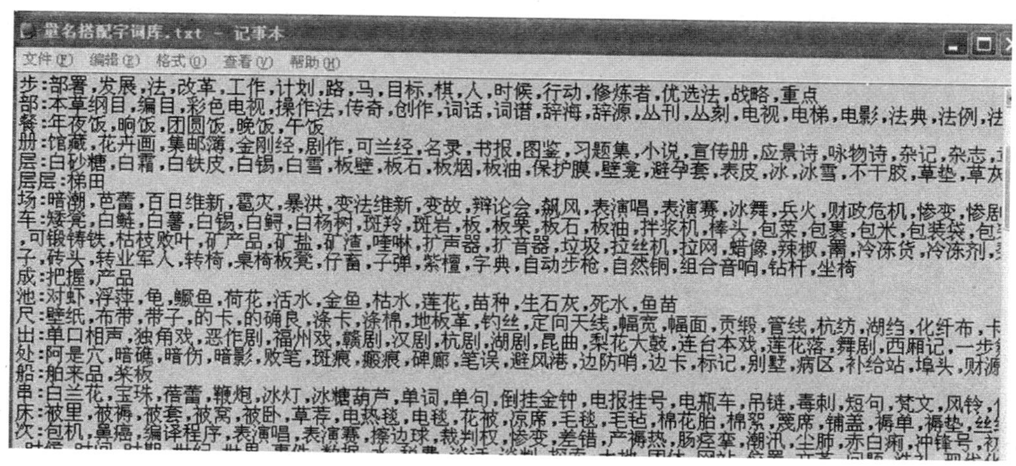

图 7.3　量名搭配字词库

7.3.3　量名搭配类库的构建

词典中收录的词语数量是有限的，可使用的语料库规模也是有限的，因此不可能穷尽某个量词可能搭配的所有名词。为了解决这个问题，在量名搭配字词库的基础上，进一步构建了基于类的量名搭配类库。

在中文中，一个名词往往是定中结构的复合词，词语的最后一个字往往是该词的核心成分，如“白酒”、“红酒”、“葡萄酒”等，根据词语的这个特点，我们将名词分类，选取其中的核心类别构建我们的类词库。

然而，也有一些词语，末字相同但词语类别显然是不同的，如量词“把”的搭配名词：种子、重剑、凳子、珠子、椅子等，显然，“种子”和“椅子”不是同一类。因此，我们引入语义词典中的语义类属性，进一步明确词语类别。引入语义类之后，“种子”和“椅子”的类属性就显示为：“子-食物”和“子-用具”。

根据以上分析，我们将量名搭配中的名词转化为相应的类别，对相同的词语类别计数，通过观察和测试，确定选取频次大于 4 的词，然后加以人工校对，最终，从 44 816 个字词搭配中提取出 8241 个构成我们最终的量名搭配类库，部分结果如图 7.4 所示。

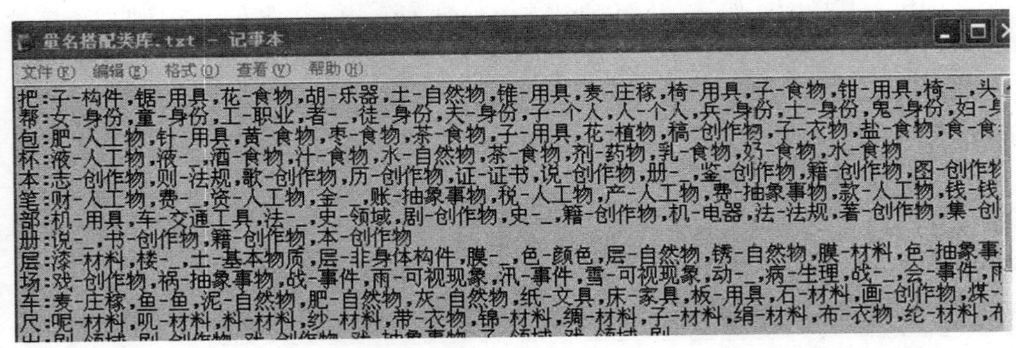

图 7.4　量名搭配类库

7.3.4　量名搭配查错算法

利用量名搭配类库和量名搭配字词库，设计了量名搭配查错算法，量名搭配判断算法如算法 7.3 所示。

算法 7.3　量名搭配判断算法

Step1　将提取的搭配名词，转化为相应的名词类，根据量名搭配类库判断，是否包含该搭配，若没有，则转至 Step2，否则转至 Step4；

Step2　根据量名搭配字词库，查找是否含有该搭配，若没有则转至 Step3；否则，转至 Step4；

Step3　判断该搭配为错误搭配，存入错误列表 wrongList；

Step4　结束。

具体查错算法如算法 7.4 所示。

算法 7.4　量名搭配错误的自动检查

Step1　读取语料库并逐句扫描，判断句子中是否存在量词，若存在，则转至 Step2，否则，继续扫描下一句；

Step2　判断该量词右邻接词语词性是否为/wu 或/c（顿号或连词），若不是，则转至 Step3；否则，继续扫描下一个量词；

Step3　判断该量词是否为“年”、“月”、“日”、“元”、“辈子”、“斤”、“公斤”、“米”；若是，则转至 Step4；否则，转至 Step5；

Step4　判断该量词右相邻是否为名词，若是，则将该名词取出作为搭配词，利用算法 7.3，判断该搭配是否正确；若不是，则继续扫描下一个量词；

Step5　判断量词后面的句子中是否有“的”，如果有，则转至 Step5；否则，转至 Step6；

Step6　如果量词右相邻词语词性为 d/v/p/c/m（副词/动词/介词/连词/数词），则取“的”字后面的名词或名词组的最后一个名词为其搭配；否则，取离量词最近的名词或名词组的最后一个名词为其搭配；利用算法 7.3 判断是否为正确搭配；

Step7　如果量词右相邻词语词性为 p/d/ui/v/m（介词/副词/助词“地”/动词/数词），则不判断量名搭配；否则，取离量词最近的名词或名词组最后一个名词为其搭配，利用算法 7.3 判断是否为正确搭配；

Step8　判断是否为最后一个句子，若是，则转入 Step9；否则，转入 Step1；

Step9　依次读出错误列表中的词语并标红显示；

Step10　结束。

7.4　标点符号错误的自动侦测

7.4.1　标点符号搭配错误的研究

通过对中文文本中含有标点符号错误的大量病句进行搜索整理，可以将标点符号错误分为两类：

第一类属于句子表层的错误，即无需理解整句话的意思就可进行查错。例如：句子中出现了两个相连的逗号；逗号前面连接的是不合理的省略号；一句话中前面出现了左小括号，右面与它配对的却是右中括号，等等。对于上述错误，称为标点符号搭配错误，可以通过制定一些简单的查错规则查出该类型的错误。

第二类属于深层次的错误，即指标点符号的使用与该句话想表达的语义不符。例如：“老师生气地问我那些天我在哪里？”这句话中含有疑问词“哪里”，但是整个句子想表达的意思却是陈述语句，因此句末应该用句号而不该用问号。这类错误涉及句子语义层面，计算机较难判断，有待于自然语言处理技术的研究不断深入和提高。

本书只研究第一类错误，即句子表层的标点符号搭配错误检查。

7.4.2　标点符号错误搭配规则及算法设计

通过观察研究，可以总结整理出以下标点符号常用错误规则：

（1）逗号：紧邻的前一位是除[”]之外的标点；紧邻的后一位是除[“]之外的标点，则认为错误。

（2）省略号：连用的前一个符号为 [。]、[！]、[？]之外的标点符号；后一位连用标点符号；后一位紧跟“等等”、“等”、“之类”这三个词中的一个，则认为错误。

（3）问号：表示选择关系的复句，有两个问句，一般只在最后一个分句末尾用问号，第一个问句末尾用逗号，不用问号；例如：是减少试题数量呢？还是延长考试时间呢？这是摆在我们面前迫切需要回答的问题。

（4）破折号：破折号和“即”、“就是”等词语都可表示解释说明，但两者不能同时使用。

（5）顿号：表并列关系。紧邻的后一位是表连接关系的“和”、“与”、“及”、“或”中的任何一个，则认为错误。

（6）冒号：只引用别人的一部分话，引文前使用冒号，认为错误。例如：“今天有个好消息告诉大家”，他顿了顿接着说：“我们班获得了优秀班集体称号。”这句话中，“某某说”在引语后，所以后面不能用冒号，应该改为逗号。

（7）叹号：两个叹词连用，中间不能加叹号，只在最后一个叹词后面用叹号；感叹句、祈使句的谓语前置时，叹号应放在末尾。例如：鼓动吧！风。叹号应改在句尾。

（8）配对标点的错误：包括以下配对使用的标点符号：“”、‘’、（ ）、《 》、< >、[]。比如，闻一多先生说：“诗人主要的天赋是‘爱，爱他的祖国，爱他的人民。”一句中，“爱”字后面少了配对标点的后向符号[’]。

配对标点的错误检查，需利用栈的“后进先出”的思想。我们利用 Delphi 开发工具，构造标点符号栈类的程序代码如下：

```
Type
    //标点符号栈类
    TPunctuationStack = class(TObject)
    private
        Punctuation: string;
        NextNode: TPunctuationStack;
    public
```

```
    Constructor create; virtual;
    Destructor Destroy; override;
    //将字符串压入栈中
    procedure Push_PuncStack (TopNode: TPunctuationStack; Content: string);
    //将字符串出栈
    procedure Pop_PuncStack(TopNode: TPunctuationStack; var Content: ShortString);
    //判断栈空
    function IsEmpty(TopNode: TPunctuationStack): integer;
end;
```

针对以上标点符号常用错误规则总结，制定出标点符号的自动查错算法，使用栈来实现。其算法 7.5 描述如下。

算法 7.5　标点符号错误的自动检查

Step1　将待查错文本进行逐字扫描，如果发现逗号、省略号、破折号、顿号、冒号，则检查其自身或前后相邻位置，按照以上错误规则判断是否存在错误现象，如有错误则跳转至 Step5；

Step2　建立一个标点堆栈，遇到成对出现的符号的左半部，就推进到堆栈（配对标点符号的检查以一个整句为单位）；

Step3　向下查找，遇到与它最近的相应的右半部时就弹出来。若配对则说明使用正确，否则跳转 Step5；

Step4　读到句末时，检查堆栈是否被清空，如果已经被清空，则该句无标点搭配错误，否则说明该句中缺少正确的后向标点符号或多加了前向标点符号，把堆栈内的内容输出。跳转 Step5 进行错误处理；

Step5　根据标点符号在待查错文本中的位置标红；

Step6　结束。

7.5　基于规则的语法错误推理规则的构建

7.5.1　语法错误推理正规则库构建

语法是语言的构造规则，虽然具体的句子是无限的，但语法规则是有限的。然而对于计算机而言，识别一个句子的句法结构是一件非常困难的事情，虽然目前有一些针对句法的研究，但实验效果都不是很理想。因此，本书通过大量文本的分析，总结出文本中一些固定不变的句法规律，通过规则来实现语法错误的侦测。

在本节中我们主要针对关联词搭配错误、固定词对搭配错误、主语成分缺失错误以及句子中常出现的多项定语次序不当、状语次序不当错误来进行检查。其中，固定词对搭配错误与关联词搭配错误有相似之处，它们均有一个比较固定的框架结构，可以通过简单的词语搭配检查来进行判断。但是对于一些较难发现规律的语法错误，例如：多项定语次序不当错误、状语次序不当错误等，则需要制定更为复杂的规则来进行语法约束。

通过大量文本的研究，我们总结了以下可以使用规则进行错误侦测的错误类型：

1）主语成分缺失

如 7.1 节例 7-4 所示实例。

2）多项定语次序不当

如 7.1 节例 7-5 所示实例。

3）状语次序不当

【例 7-10】在办公室里许多老师昨天都同他热情地交谈。

本句属于状语的前后搭配次序不当，应先说表时间的状语，再说表地点的状语，最后说表范围的状语和表情态的状语。应修改为：许多老师昨天在办公室里都热情地同他交谈。

4）关联词语搭配不当

【例 7-11】除非这是你的东西，那么你就不应该拿。

本句中关联词语“除非”与“那么”前后搭配不当。

【例 7-12】这个房间既宽敞，而且明亮。

本句中关联词语“既”与“而且”前后搭配不当。

5）固定词对搭配不当

【例 7-13】距离飞机降落的时间至少要十小时以上。

本句中，“至少”与数据后的“以上”矛盾，去掉“以上”。

通过对以上句子的分析，我们总结整理出以下错误规则：

错误推理规则 1　在一个完整的句子中，如果第一个短句的第一个词是介词(/p)，则第二个短句必须以名词（/n）开头，否则认为该句缺少主语。

错误推理规则 2　在一个短句中若出现数量词（/m）、代词（/r）、形容词（/a）三种不同词性的搭配，或者是它们中的任意两两搭配，则必须满足代词（/r）排在数量词（/m）之后，形容词（/a）排在代词（/r）之后，否则判定该句出错。

错误推理规则 3　在一个短句中若出现表时间的状语（/t 标记的词）、表地点的状语（/p+…/f）和表范围或表情态的状语（/m），三种不同词性的搭配，或者是它们中的任意两两搭配，则必须满足表地点的状语（/p+…/f）在表时间的状语（/t）之后，表范围或表情态的状语（/m）在表地点的状语（/p+…/f）和表时间的状语（/t）之后，否则判定该句出错。

错误推理规则 4　在一个完整的句子中，若出现关联词语或是固定词对的词语，则必须成对出现并且搭配得当，否则判定该句错误。

根据以上规则，设计了以下句法错误的自动查错算法，如算法 7.6 所示。

算法 7.6　词语搭配的自动检查

Step1　将待查错文本进行逐字扫描，如果第一个短句的第一个词是介词（/p），则检查后一个短句第一个词是否是名词（/n），如有错误标红。跳转至 Step2；

Step2　将待查错文本进行逐字扫描，在一个短句中若出现数量词（/m）、代词（/r）、形容词（/a）三种不同词性的搭配，或者是它们中的任意两两搭配。如果代词（/r）排在数量词（/m）之前或者形容词（/a）排在代词（/r）之前，则判定该词出错并添加到错误列表。跳转至 Step3；

Step3　将待查错文本进行逐字扫描，在一个短句中若出现表时间的状语（/t 标记的词）、表地点的状语（/p+…/f）和表范围或表情态的状语（/m），三种不同词性的搭配，或者是它们中的任意两两搭配，如果表地点的状语（/p+…/f）在表时间的状语（/t）之前，或者表范围或表情态的状语（/m）在表地点的状语（/p+…/f）之前，则判定该词出错并添加到错误列表。跳转至 Step4；

Step4　对待查错文本进行逐字扫描，判断该句中是否存在关联词搭配表中任何一个词且不在单字关联词表中，如果存在，跳转至 Step5，如果不存在，则判断是否在单字关联词表中，如果是，跳转至 Step6，如果不是，跳转至 Step10；

Step5　判断该词后面是否有后关联词，如果匹配，跳转至 Step4，如果不匹配，判断该词是否存在逆向关联词表中，如果存在，则向前找是否有前关联词和它匹配，如果有，跳转至 Step5，如果没有，把该词添加到错误列表，跳转到 Step9；

Step6　根据单字关联词哈希表判断该词后面是否有后关联词，如果匹配，跳转至 Step9，如果不匹配，判断该词是否存在逆向关联词表中，如果存在，则向前找是否有前关联词和它匹配，如果有，跳转至 Step9，如果没有，跳转至 Step7；

Step7　对于单逆向关联词，逆向找到句首也没有找到前关联词，则从句首到该词位置查找逗号的数量，如果逗号数量多于 1 个，则把该词添加到错误列表中，跳转至 Step9，否则跳转至 Step10；

Step8　逐句读取待查错文本并进行逐字扫描，判断该句中是否存在固定词对表中任何一个固定词对，如果存在，判断该词后面是否有固定词和它匹配，

如果匹配，跳转至 Step8，如果不匹配，添加到错误列表，跳转至 Step9 进行错误处理。如果不存在，跳转至 Step10；

Step9 根据标点符号在待查错文本中的位置标红；

Step10 判断是否扫描至最后一句话，是则跳转至 Step11，否则跳转至 Step1；

Step11 结束。

7.5.2 语法错误推理负规则库制定

负规则就是那些当推理词串与负规则匹配时，则表示当前词串有错误。常见可制定负规则的实例如下。

1. 特殊词搭配不当

【例 7-14】三位老同志们下午来学校。(指人的普通名词，如果前面有表示确定数目的数量短语修饰，名词后面不能加“们”)

2. 数字前后使用搭配矛盾

【例 7-15】录音笔的录音时间至少可以长达十小时以上。(“至少”与数据后的“以上”矛盾)

例 7-14 和例 7-15 的错误统称为特殊词搭配错误，即某些词语之间存在着语义或者逻辑上的矛盾，不能同时出现在同一个句子中，是典型的负规则实例。根据大量的实例，我们总结出以下不能搭配的特殊词，统称为错误推理规则 5。

错误推理规则 5

至少：以上 以下 之后 之上 之下 之中

至多：以上 以下 之后 之上 之下 之中

最多：以上 以下 之后 之上 之下 之中

最低：以上 以下 之后 之上 之下 之中

超过：以上 以下 之后 之上 之下 之中

降低：倍

少：倍

缩小：倍

少：倍

三：们

数词：们

错误推理规则 5 中包含了 10 对不能搭配的词语，在进行文本语法查错时，只要规则 5 中出现的搭配时，则判定当前词串出错。

另外一个能用负规则来描述的是标点符号的使用，标点符号的使用存在一些前后照应的使用，如引号[“”]，还有就是标点与前后词的矛盾，如省略号[……]与等、等等之类的词语。经过大量的实例观察，我们总结出以下标点符号用法的负规则。

错误推理规则 6　逗号紧邻的前一位有除[”]之外的标点；紧邻的后一位有除[“]之外的标点。

错误推理规则 7　省略号紧邻的前一位有除[。]、[！]、[？]之外的标点符号；紧邻的后一位是标点符号；紧邻的后一位是“等等”、“等”、“之类”这三个词中的一个。

错误推理规则 8　破折号的前一词或者后一词出现“即”、“就是”等词语。

错误推理规则 9　邻近两个数字连用表示概数，中间加顿号；并列的短语之间用顿号。

错误推理规则 10　两个叹词连用，两个叹词后面都加了感叹号；感叹句、祈使句的谓语前置，感叹号放在中间。

错误推理规则 11　配对的标点符号只出现了一半。配对的标点符号包括：[“”]、[‘ ’]、[( )]、[《 》]、[< >]、[[]]。

7.5.3　基于语法错误推理规则的语法级错误查错算法

语法错误查错主要是利用 7.5.1 和 7.5.2 小节中定义的语法错误推理正规则和负规则两类规则结合关联词知识库、量名搭配知识库、标点符号搭配规则来进行查错，不像字词错误推理那样需要考察特殊的散串或字串。在语法错误推理中，只需要扫描整个句子，逐一判别是否有符合规则中的任何一条，根据字串与规则的符合程度来判定当前字串错误与否。语法错误查错算法如算法 7.7 所示。

算法 7.7　语法错误查错算法

Step1　输入待查错文本，利用分词工具，对待查错文本进行分词预处理，转 Step2；

Step2　逐一扫描待查错文本串，若当前词语使用关系出现了错误推理规则 1~3 的情形，则调用算法 7.2 进行判定，并返回错误字串是否错误的标志，若错误标志为真，即搭配错误，将当前词语记录到错误标志数组中，否则，正确，转 Step3；

Step3　若当前子串为关联词，则调用算法 7.2 进行判定，并返回错误字串是否错误的标志，若错误标志为真，即搭配错误，则将当前关联词与搭配关联词一起加入到错误标志数组中，否则，当前关联词搭配正确，转 Step4；

Step4　若当前子串为量词，则调用算法 7.4 进行判定，并返回错误字串是否错误的标志，若错误标志为真，即搭配错误，则将当前量词与搭配名词一起加入到错误标志数组中，否则，当前量词搭配正确，转 Step5；

Step5　若当前子串为特殊搭配中的词，则利用错误推理规则 5 来判定，查看当前搭配是否包含在特殊搭配中，若不存在，则不存在特殊词搭配错误，否则，将搭配中的两个词语存储到错误标志数组中，转 Step6；

Step6 若当前子串不为词，是标点符号中的一个，则调用算法 7.5 进行判定，并返回错误字串是否错误的标志，若错误标志为真，即标点符号错误，则将当前标点符号加入到错误标志数组中，否则，当前标点符号正确，转 Step7；

Step7 文本结束后，将错误标志数组中的所有错误字串标红，显示，转 Step8；

Step8 结束。

7.6 本章小结

本章通过对语法错误的概述，归纳了语法错误类型。基于《现代汉语语法信息词典》中的相关属性，构建了关联词语搭配错误推理规则知识库；基于《语法词典》中的量名信息以及《人民日报》语料库，采用统计与规则的方法，构建了量名搭配词知识库与量名搭配类库；通过对标点符号的使用规则进行研究，总结了标点符号错误搭配规则；通过对大量文本语料的研究，制定了一系列语法正规则和负规则知识库，通过模式匹配算法，实现了基于规则的句法错误识别以及标点错误的自动侦测。通过相关实验验证，取得了较好的实验效果。

第八章　中文文本中语义错误自动侦测的模型与算法

中文文本的语义问题是当代语言学和计算语言学研究的热点和难点，在自然语言处理的各项研究中，如词义消歧、机器翻译等都占有极其重要的地位。对于中文文本中字词表示正确、句法结构完整，而在语义层次上不符合语义搭配规范的错误，到目前为止，都还没有比较成熟的解决方法。本章面向中文文本语义级错误自动查错的需要，以语义知识资源 HowNet 及依存语法为基础，构建了中文文本中语义错误自动侦测的模型与算法。

在讲述中文文本中语义错误自动侦测的模型与算法之前，先简要介绍一下现代语义学的流派及其相关理论、语义知识表示方法和相关的语义知识资源，为后续的研究提供理论基础。在本章的后面部分将介绍中文文本语义级错误的自动查错模型和算法，其采用的方法和构建的模型比如词语二元组合搭配对的抽取、义原搭配库的构建、依存关系的提取，等等，一些本质的思想都源于前面几节所介绍的理论知识和研究方法。

8.1　语义学相关理论

8.1.1　现代语义学流派及其主要理论

语义学是语义分析及语义知识结构设计的重要理论基础。计算机在分析语言时，首先接触的是文字、语音，其次是语法，最后是语义。如果说语法分析是试图找出句子的各个部分以及各部分之间结构关系的话，语义分析则是试图解释各部分（词、词组及句子）之间的意义[144,145]。自然语言处理对语义分析的需求促进了现代语义学理论的发展。

现代语义学开始于 20 世纪 30 年代，并在 60 年代以后得到了蓬勃发展，主要分为几个语义学流派，每个流派都有各自的贡献。结构语义学是现代语义学的奠基者，其最主要的贡献是提出了语义场理论[147]，该理论指出词与词之间蕴含着上下义关系、反义关系和相对关系[148,149]三种关系，它把语言的意义看作系统，语义系统的研究由此开始。解释语义学[151,152]运用一些符号与规则对语义进行形式的描述，检验句子中各个组成部分是否搭配得当，意义上是否成立，以此得出句子的意义。生成语义学[153]是从转换生成学派分化出来的一个新的流派，它认为句法和语义是不可分的，在语言分析中，要把句法和句义结合起来。随后，又相继出现了出现了格语法[154]、情景语义学、语义网络理论、概念依存理论[155]等。现代语义学主要有以下几个流派：

1. 结构语义学

结构语义学的基本观点是每个词都通过一整套结构与其他词有联系，因此，这个词的意义总是受这些有联系的词的影响，是这些词综合作用的结果。词与词之间这种关系是“含蓄的”语义关系，这是一种词义中暗示或包含的关系，含蓄的语义关系包括以下三个方面：上下义关系、反义关系和相对关系[148,149]。

1）上下义关系

上下义是一种语义包含关系。两个词的意义如果分别表示逻辑上的属概念和种概念，那么这两个词之间存在上下义关系，属概念是上义词或称支配词。如“苹果、桃子、橘子”都是“水果”的下义词，而它们之间又是同下义词。

2）反义关系

反义关系指语义对立关系，具有语义对立关系的一对词互为反义词。英语中的反义词可以从两个角度进行分类，其一，可从形位上进行分类，反义词有两种：词根反义词如“好/坏”、“黑/白”和派生反义词如“高兴/不高兴”、“有用/没用”；其二，可从语义上进行分类，其反义词有两种：相反反义词和互补反义词。

3）相对关系

相对关系指语义上相对又相互依存，互为一个矛盾的两个对立面，如“丈夫/妻子”、“买/卖”、“上面/下面”。这类反义词大多数是名词、动词、形容词和副词的比较级以及一些表示方位的介词。

结构语义学的三种关系的理论可以应用到英语教学中，加深对含蓄的语义关系的理解，帮助扩大词汇量，提高理解和运用语言的能力。

2. 解释语义学

解释语义学是乔姆斯基（Chomsky）所提出的转换生成语法的一个组成部分。1957 年，乔姆斯基提出转换生成语法时，并没有注意语义，后来他接受了其他学者的意见，在 1965 年出版了《语法理论要略》（*Aspects of the Theory of Syntax*）一书，修改了转换生成语法，称为标准理论。

标准理论包括语音、语法、语义三个部分，语法部分具有生成性（generative），语义部分没有生成性，只有解释性（interpretive）。标准理论中关于语义解释部分就是解释语义学。

解释语义学对句子的深层结构做出语义解释，即运用一些符号和规则对语义进行形式化的描写，它依靠语义规则（也称为投影规则 projection rule）。语义规则用来检验句子的各个组成部分是否搭配得当，从而确定句子是否正确，或者解决句子的歧义。

但是解释语义学把句法看作语言的基础，认为句法应该独立于语义之外来被研究，这一观点是许多学者不能接受的。解释语义学的出现促进了乔姆斯基理论的发展，引起了语言学家对语义问题的关注，在语言学界掀起了一场句法和语义关系的大辩论。

3. 格语法

格语法是由美国语言学家菲尔默（C.J.Fillmore）于 1966 年提出的一种语言理论。菲尔默认为格语法和传统语法是两个不同的理论体系，传统语法表示的是表层结构的语法现象，而格语法表示的是深层结构的语义现象。

格语法的基本思想是：一个句子由两部分组成，即 S=M+P。S 代表句子（Sentence），M 代表情态（Modality），P 代表命题（Proposition）。情态是指句子的时态、语态等，命题指的是体词和谓词之间的物性关系（transitivity），即句子的核心谓词与周围体词的关系，即格关系，这种关系包括动作与施事者的关系，动作与受事者的关系，等等。这些关系是语义关系，这是一切语言中的普遍存在的现象[154][156]。

为了反映客观世界存在的语义关系，菲尔默提出了 11 种格：施事格（Agent）、工具格（Instrumental）、与格（Dative）、使役格（Factitive）、处所格（Locative）、受事格（Objective）、经验者格（Experience）、来源格（Source）、目标格（Goal）、时间格（Time）和途径格（Path）[157]。

格语法适应于汉语的分析。格语法最大的特点是承认语义在句法中的主导作用，由格语法分析可以得到句子的深层语义结构，给出各成分的语义角色，对于正确的句法结构有很大帮助。

格语法在汉语分析中存在以下几个缺点，因此目前逐渐地被其他的语义学理论所取代：

（1）无法解决汉语的连动和兼语句式。格语法认为动词在句中起中心作用，那么分析句子时首先要确定句子的核心。汉语缺乏形态特征，作为核心的主动词通常也缺乏形态特征。如何在有多个动词的连动式和兼语式中找出句子的核心是汉语信息处理的一个很难的问题，也是格语法无法解决的问题。

（2）短语内部各成分间关系无法确定。格语法提出的各种格关系都是名词性短语和动词之间的语义关系，没有给出对于名词性短语内部和动词短语内部各成分关系的确定方法。

（3）汉语词语语义分类标准不确定。

4. 情景语义学

1983 年 John Barwise 和 John Perry 出版了《情景与态度》一书，提出了情景理论，目的是建立一种有关意义与信息内容的统一数学理论，用来澄清并解决在语言、信息、逻辑、哲学、思维等方面长期存在的各种问题。情景理论被应用于许多语言问题上，就产生了情景语义学。情景语义学旨在建立一种具有数学的严密性的意义理论并将其运用于自然语言。

情景语义学具有以下三个特点[158]：

（1）极其重视上下文的作用。情景语义学与其他传统逻辑语义学的重要区别在于，它认为信息内容是依赖上下文的。某一个句子可以反复使用在不同的情景之中，表达不同的事情，对它的解释取决于它所处的情景。比如话语情景，包括说话者、听话者、说话的时间和地点以及话语内容。

（2）重视主题和信息的部分性。情景语义学认为，逻辑学上相等的句子并不一定具有相同的主题，不一定描述包括同样特征的情景。部分情景的概念产生了更加细分的信息内容概念，以及更有说服力的合乎逻辑的结论。

（3）强调信息观念。情景语义学是在以信息为基础的自然语言语义方法中产生的，因此强调语义理论应该建立在信息理论基础之上。它更加擅长解释感知、交流、思维等行为现象。比如，一句话由不同的说话者在不同的时间说出，可能向听话者传递了不同的信息，因此就具有了不同的意义。

情景语义学强调部分性和上下文的特点使其更能够适应目前自然语言处理的研究需要，在解释语言现象方面比其他很多语义学理论要简单灵活，因此其应用前景非常广阔。

5. 概念依存理论

概念依存理论是由美国计算语言学家香克（R.C.Schank）在 20 世纪 70 年代提出的描述句义和言语义的方法。香克认为，人在理解自然语言时依赖的是潜在的概念表述，而不是具体的词或句子。因此当计算机理解自然语言时，需要模拟人理解自然语言的心理过程。

该理论分三个层次刻画人的行为：计划、脚本和概念依存层次。计划是指人们要完成一件事，需先进行适当安排；计划中的每一步都是一个脚本。脚本主要用来描述平时遇到一些常见场景或场合时所采取的一些固定的成套动作；概念依存层规定了一组动作单元，相当于原语或中间语言，其他动作则是由这些动作单元组合而成。其中，动作单元是核心概念，它支配着主体、客体、时间、地点等附属概念，与它们构成一种依存关系。这样就可以用一组最基本的动作单元来表示很多复杂的行为。该理论最大特点是利用概念的依存分析而不是句法成分（词、短语）的依存分析来表达语义。

概念依存理论对常识进行系统而具体的描述，并利用基本动作进行方便的推理，从而达到对语言的自动理解。概念依存理论只分析句子的骨干意义，精确性较差，但只用十几个行为原语就描述所有的动作，显然精确程度较高。总的来说，概念依存理论对范围有限的应用研究是非常有用的，在问答系统、信息检索、文本分类等需要一定的同义关系的推理能力的应用系统中具有较好的应用价值。

6. 语义场理论

语义场理论是德国学者特雷尔（J.Trier）最先提出来的研究语言词汇的语义结

构。他说[147]："语义场是介于单个词和整体词汇之间的一种活的现实。作为整体的一部分，它们与词一样具有被并入一个更大的系统中去的特征，而又和词汇一样，具有被分成较小单元的特性。"语义场理论具有层次性。根据语义场理论，我们可以对语言词汇进行分类。

分析出句中所有概念之间的关系是汉语语义分析的重点。计算语义学的关系语义场理论分析的正是义项之间的关系，因而语义场理论对汉语的语义分析有很大的借鉴作用。

8.1.2　语义知识的表示方法

1. 语义成分分析

语义成分分析方法也称为语义标记，它是一种形式化的语义描述方法。20世纪50年代，美国人类学家用此方法描述和比较不同语言中关于"亲属关系"的词。到60年代初，美国语言学家卡茨（J. Katz）和福德（J. A. Fodor）将这种方法引入到语言学中，特别是用到转换生成文法中，把语义和句法结合起来。当利用解释语义学、生成语义学、格语法等对语义现象进行分析时，在不同程度上都要借助语义成分分析的方法。可以说，语义成分分析已成为自然语言处理中语义分析的一种不可或缺的基本方法了。

语义成分分析研究词义，其基本论点是：所有实义词的意义都可以分解成一些语义成分（Sense Components），也称为语义特征（Semantic Features），属于同一语义场的一组词可以用特征矩阵来表示。语义特征描述了词义，用带有正负值的义素表示。不同的词，只要意义相同，就应该具有一组相同的语义特征；而一个词形有几个意义就有几组不同的语义特征。特征矩阵可以清楚地描述出一组词的基本语义特征及其相互关系。

语义成分分析法揭示了语义的微观层次，较好地说明了词与词之间的各种语义关系，因此，语义成分分析对语言学特别是计算语言学的研究具有很大的推动作用，主要表现在以下几个方面[159]：

（1）精确确定和区别词义。如"已婚男子"的语义特征为：[Human（人）+Adult（成人）–Male（男性）+Married（已婚的）]。

（2）揭示词汇之间的对称关系和细微差别，如反义、近义关系等。

（3）词语的细微语义特征可用来定义事物的类别，进而判定词语的搭配是否合理。词语之间的搭配不仅受语法规律的制约，而且还受语义方面的约束，是否符合语义逻辑。例如，某一动词能够与什么样的名词在一起构成动宾搭配关系，就要通过判断它们的细微语义特征来决定。

（4）语义成分分析为句法结构的消歧提供了有效途径。汉语的句法分析中，结构歧义现象普遍存在，如何克服句法分析中出现的歧义现象，是句法分析面临的最大困难之一。通过挖掘词语的语义成分特征，可以从语义层面理清句子中词与词之间的结构关系，为句法分析的研究开辟了一条新的道路。

语义成分分析法目前最大的难点是不能有效处理所有的词汇语义关系。如表示亲属关系的词语，“祖父”和“孩子”就无法通过某种明确的语义成分来加以区分；还有对于一些较为复杂或抽象的概念（如“模式”和“范式” 这两个近义词）也很难对它们确切地解释。因此，必须借助其他语义研究方法才能实现较好的效果。

2. 语义框架

框架是美国著名的人工智能专家明斯基（M. L.Minsky）在 1975 年提出的一种知识表示法，称为框架理论。

框架理论认为世界上各类事物的状态、属性、发展过程和相互关系往往有一定的规律性，人们对它们的认识往往是以一种类似于框架的结构存储在头脑中，当面临一个新事物时，就从脑中取出一个相近的框架来匹配。如果匹配成功，就得到了对该新事物的认识；如果匹配不成功，就寻找原因，重新取一个与新事物更相近的框架，或者修改补充刚才匹配不太成功的框架，形成新的知识，并把它作为新的框架存储在头脑中。语义框架是表示事物或概念状态的数据结构，它由框架名和一组槽（slot）构成。框架名位于最顶层，用于指称某个概念、对象或事件；其下层的槽由槽名和槽值两部分组成。槽值可以是逻辑的、数字的，也可以是一个子框架，因而框架可以看作是三维的知识表示方法。语义框架的实用性在于层次结构和继承性。通过在槽值中使用框架和继承，可以建立起非常强大的知识表示系统。

山西大学郝晓燕、刘伟等人以框架语义学为理论基础，采用基于语料库的方法编纂了一套汉语框架网络工程，可广泛应用于语言学及自然语言处理的研究[160]。该工程的结构包括两部分：汉语框架语义知识库（简称 CFN）和相关软件。汉语框架语义知识库（CFN）由框架库、句子库和词元库三部分组成，相关软件主要包括汉语框架语义知识库管理系统和基于 Web 的展示系统。目前，CFN 课题组已就汉语 1760 个词元构建了 130 个框架，涉及动词词元 1428 个、形容词词元 140 个、事件名词词元 192 个、标注了 8200 条句子；涉及认知领域用词、科普文章常用谓词以及部分中国法律用词。CFN 课题组已经探索了一条可行的技术路线，取得了阶段性成果，为实现语义 Web 中的语义知识共享以及智能化、个性化的 Web 服务提供了基础资源。

3. 语义网络

语义网络是对对象及其属性分类和知识编码的图形结构。语义网络最初是在 1968 年由美国心理学家亏廉（R.Quilian）提出的一种表达人类记忆和理解语言的方法。1972 年美国人工智能专家西蒙斯（R.F.Simmons）和斯勒康（J.Slocum）首先将语义网络用于自然语言理解系统，在语义网络中直接用概念表示词义，反映词义与词义之间的动态组合关系。

语义网络利用结点和带标记的边构成的有向图描述事件、概念、状况、动作及客体之间的关系[161,162]。采用语义网络表示的知识库的特征是利用带标记的有向图描述可能事件。结点表示客体、概念、事件、状况和动作或客体属性，带标记的边描述客体之间的关系。知识库的修改是通过插入和删除客体及其相关的关系实现的。一个典型的语义网络如图 8.1 所示，图中结点 A、B 表示两个实体，R_{AB} 表示实体之间的语义联系。图中一些结点只有进入的弧，而没有发出的弧，这些结点称为叶结点；还有一些结点只有发出的弧，没有进入的弧，这些结点称为根结点，根结点可多于一个。

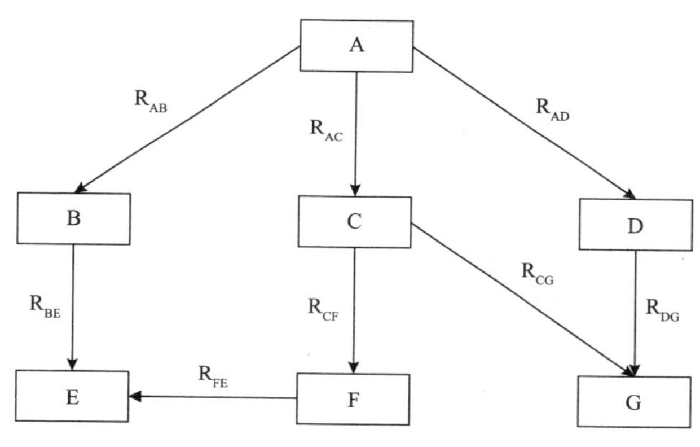

图 8.1　语义网络结构示例

语义网络能表示事物间属性的继承、补充、变异及细化等关系，因而节省存储空间。语义网络直观性强，易懂，许多语言学家都用这一方法解释语言现象。

8.1.3　语义知识资源

借鉴以上语义理论，国内外许多学者花费大量心血研究建立了一些语义知识资源用于语义分析。目前国外针对英语建立的比较重要的语义资源主要包括普林斯顿大学的英语 WordNet，微软的 MindNet，欧洲的基于 WordNet 的 EurowordNet，日本的电子辞书研究所（EDR）的日语和英语的概念词典，以及美国的 HPKB（High Performance KB）等，我国初具规模的语义词典包括 HowNet（知网）、《现代语义词典》，等等。

1. HowNet

HowNet[163]是由董振东和董强于 1999 年 3 月发布的一个知识系统或称知识库。董振东先生对 HowNet 是这样定义的：HowNet 是一个以汉语和英语的词语所代表的概念为描述对象，以揭示概念与概念之间以及概念所具有的属性之间的关系为基本内容的常识知识库。

HowNet 中有两个非常重要的概念："义项"和"义原"。义项是对词汇语义的一种描述。一个词可以有多个义项，每个义项对应一个词性，但同一个词的不同义项的词性可能相同也可能不同。义项是用 HowNet 特有的一种知识系统描述语言（KDML）来描述的。这种"知识描述语言"用到的词汇称为义原；义原是用于描述一个义项的最小意义单位。在 HowNet 中共有 2020 多个义原，用这些义原对知网系统中的 98 500 个汉语词语的 110 000 个义项进行描述。

计算机化是 HowNet 的重要特色。HowNet 是面向计算机的，是借助于计算机建立的，将来可能是计算机的智能构件。HowNet 作为一个知识系统，名副其实是一个网而不是树。它所着力要反映的是概念的共性和个性，例如：对于"医生"和"患者"，"人"是它们的共性。HowNet 在主要特性文件中描述了"人"所具有的共性，那么"医生"的个性是他是"医治"的施事，而"患者"的个性是他是"患病"的经验者。对于"富翁"和"穷人"，"美女"和"丑八怪"而言，"人"是它们的共性，而"贫"、"富"与"美"、"丑"等不同的属性值，则是它们的个性。

总的来说，HowNet 描述了下列 16 种关系：

（1）上下位关系（由概念的主要特征体现）。

（2）同义关系（可通过《同义、反义以及对义组的形成》获得）。

（3）反义关系（可通过《同义、反义以及对义组的形成》获得）。

（4）对义关系（可通过《同义、反义以及对义组的形成》获得）。

（5）部件-整体关系（由在整体前标注 % 体现，如"心"、"CPU"等）。

（6）属性-宿主关系（由在宿主前标注 & 体现，如"颜色"、"速度"等）。

（7）材料-成品关系（由在成品前标注 ? 体现，如"布"，"面粉"等）。

（8）施事/经验者/关系主体-事件关系（由在事件前标注*体现，如"医生"、"雇主"等）。

（9）受事/内容/领属物等-事件关系（由在事件前标注 $ 体现，如"患者"、"雇员"等）。

（10）工具-事件关系（由在事件前标注 * 体现，如"手表"、"计算机"等）。

（11）场所-事件关系（由在事件前标注 @ 体现，如"银行"、"医院"等）。

（12）时间-事件关系（由在事件前标注 @ 体现，如"假日"、"孕期"等）。

（13）值-属性关系（直接标注无须借助标识符，如"蓝"、"慢"等）。

（14）实体-值关系（直接标注无须借助标识符，如"矮子"、"傻瓜"等）。

（15）事件-角色关系（由加角色名体现，如"购物"、"盗墓"等）。

（16）相关关系（由在相关概念前标注 # 体现，如"谷物"、"煤田"等）。

知识词典是 HowNet 系统中最重要的组成文件。知识词典中每一个词语的概念及其描述形成一条记录，每一条记录主要包括 4 项内容，其中的每一项都由两部分组成，中间以"="分隔。"="的左侧是数据的域名，右侧是数据的值。排列方式如下：

W_X= 词语

E_X= 词语例子

G_X= 词语词性

DEF= 概念定义

我们主要提供那些具有多个义项的词语的例子，旨在为消除歧义提供可靠的依据。这里以词语“打”的两个义项为例，一个义项是“buy|买”，另一个是“weave|辫编”。

NO.=000001
W_C=打
G_C=V
E_C=~酱油，~张票，~饭，去~瓶酒，醋~来了
W_E=buy
G_E=V
E_E=
DEF=buy|买

NO.=015492
W_C=打
G_C=V
E_C=~毛衣，~毛裤，~双毛袜子，~草鞋，~一条围巾，~麻绳，~条辫子
W_E=knit
G_E=V
E_E=
DEF=weave|辫编

由此可见，同一个词语的不同义项在 HowNet 中的描述形式具有很大差异。

HowNet 的这种概念描述形式为语义级的研究工作提供了极大的便利和基础资源。本书就是从语义级文本查错的角度出发，充分利用 HowNet 对词语义项的义原描述的特点构建了一个反映动词和名词之间语义搭配关系的语义知识库。

2. WordNet

WordNet[164]是由 Princeton 大学的心理学家、语言学家和计算机工程师联合设计的一种基于认知语言学的英语语义词典，是一个覆盖范围宽广的英语词汇语义网。名词、动词、形容词和副词各自被组织成一个同义词的网络，每个同义词集合都代表一个基本的语义概念，而这些集合之间由各种关系连接。蕴含关系的层次（上位/

下位关系）是名词网络的主干，而这个蕴含关系占据了关系中的将近 80%。层次中的最顶层是 11 个抽象概念，被称为基本类别始点，例如实体等。名词层次中最深的层次是 16 个节点。在 WordNet 中，动词被分为 15 类，这个分类几乎能够满足所有动词的分类要求。而动词只有类属关系，不像名词一样存在组合的层次关系，且分类层级不超过 4 层。在动词分类层级体系中，动词下降一层，该层上的动词所能搭配的名词（潜在论元）的多样性也就相应的下降，即约束越强。

3. 《现代汉语语义词典》

《现代汉语语义词典》[166]（Semantic Knowledge-base of Contemporary Chinese，SKCC）是一部面向自然语言信息处理的语义知识库。它以数据库文件形式收录了 6.6 万余条汉语实词。《现代汉语语义词典》以名词性成分为中心，对汉语名词、动词和形容词这三类实词进行了语义分类，同时采用配价理论来描述名词、动词和形容词间的搭配关系。

《现代汉语语义词典》采用 Microsoft Forxpro 6.0 数据库实现[167]，其中包含全部词语的总库 1 个，每类词语（实词）各一库，共计 11 个。每个库文件都详细刻画了词语及其语义属性的二维关系。其中总库中包括 8 个属性字段，名词库设 15 个属性字段，动词库设 16 个属性字段。所有的库都可以通过“词语”、“词类”、“同形”、“义项”这 4 个关键字段进行链接。

但该词典语义分类的标准及分类深度没有考虑语义类上下层之间的关系，仅仅局限于为语法分析服务，同时语义类之间也缺乏横向关联。另外，《现代汉语语义词典》以配价语义理论为理论基础。从语义层面看仅限制主体、客体、邻体 3 种成分。从语法上看，只对动宾、主谓、形名、名名这几种搭配关系进行限制。因此《现代汉语语义词典》是一种缺乏层次语义间联系而局限于有限消歧的语义词典，它不能满足本书语义分析的需要。

在后面我们将讨论语义级的自动查错，由于语义级错误包罗万象，本书中我们只研究语义搭配错误，即不符合语义逻辑的两个词语的搭配错误。本书针对中文文本语义错误，提出了一种基于语义搭配知识库的语义错误侦测模型。讨论了三层语义搭配知识库的构建以及基于该知识库的语义错误侦测算法。三层语义搭配知识库的构建主要分为两步：①根据《现代汉语实词搭配词典》中的实词搭配框架构建词语搭配规则集，从训练语料中抽取词语搭配，并利用互信息和共现频次进行筛选，构建词语搭配知识库；②利用 HowNet 抽取词语的义原信息，生成词语-义原和义原-义原搭配知识库，并利用离散度进行二次筛选。在三层语义搭配知识库的基础上，设计并实现了中文文本中语义错误自动侦测模型和算法。同时，还介绍了一种基于 HowNet 和依存句法树的语义搭配关系的查错方法。本书中我们只是对 HowNet 在语义级查错方面的应用作了初步探讨，进一步的研究更待日后不断努力。

8.2　基于语义搭配知识库的语义侦测算法

8.2.1　语义搭配知识库体系结构的设计

在中文文本语义查错时，将词语级搭配通过语义泛化为语义级搭配，可以弥补语料库较小这一缺陷。然而泛化后所涉及搭配的范围势必大于或者等于原本纯字词级搭配的范围，如果不加限制的将所有提取的词语级搭配全部直接泛化为语义级搭配，将会有许多未证实搭配的存在，从而出现本来不应转化的搭配而被转化为相应的语义级搭配的情况。为了解决这一问题，本书提出构建三层语义搭配知识库的体系结构并以限散度来确定可以泛化为语义级搭配的词语范围。

1. 义原类构建

HowNet 是一个被广泛应用于中文信息处理的词汇语义知识库，它提出将义项的义原定义为最基本的、不能再分割的意义上的最小单位，所有的概念都可以表示为各种各样的义原，即用有限的义原集合来描述概念与概念以及概念的属性之间的关系[163]。同时，《现代汉语语义词典》也是一部面向中文信息处理的词汇语义知识库，《现代汉语语义词典》中描述了每一个词语所属的语义类[168]。

义原和语义类虽从属于不同的词典，但是它们在表述词语语义方面有许多相似之处。首先，它们都描述了词语的详细语义信息。其次，两者结构清晰并且类似，其中语义类体系是标准的树状结构；而义原为稍微复杂的网状结构，可以近似地看成树状结构，两者都准确地描述了不同词语的语义归属，不同词语分布于以语义类或者义原所形成的语义树上。因此，本书将义原与语义类结合，构建了一个义原类属性。

义原类主要由义原和语义类组成。对于义原部分，动词和形容词只取其词语概念即义项中的主义原，而名词取其义项中的主义原和常见的五个辅助义原：PartPosition、whole、domain、modifier 和 host 义原；语义类部分为从《现代汉语语义词典》提取的语义类属性。由此构建的义原类表如图 8.2 所示。

word	meaning
掂斤播两 v	计算 其他行为
掂斤簸两 v	计算 -
掂量 v	测量 心理活动
掂算 v	评估 -
滇 n	地方 - - - 专 - -
滇红 n	饮品 - - - - - 食物
滇剧 n	表演物 - - - - - ...
颠 n	部件 头 物质 - -...
颠 v	跌倒 -
颠簸 v	颤动 其他行为
颠倒 a	反向 -
颠倒 v	颠倒 变化

图 8.2　义原类表

其中，如动词“掂斤播两”的义原类，由义项中的主义原“计算”和语义类“其他行为”组成；名词“滇红”由其主义原和 5 个辅助义原加语义类构成，其中若义项中没有我们选取的辅助义原或该词语在《现代汉语语义词典》中没有对应的语义类，则以“-”替代。

2. 限散度的定义

很多研究者越来越认识到搭配对自然语言处理的作用，而搭配的语义知识存储是对搭配的最有效存储。然而，是不是所有词都适合转换为相应的语义知识呢？答案显然是否定的。比如“戴+帽子”这个搭配，转化为相应的义原类为：“穿戴身体活动+衣物-头-人-衣物”，然而“佩带”、“披挂”等词也可以转化为“穿戴身体活动”，而它们显然不能与帽子搭配，由此可见，如果不加任何限制地将词语搭配转化为其语义级搭配，将会出现很多错误搭配被误判为正常搭配的情况，导致召回率较低。

定义 8.1　与词语 j 搭配且与词语 i 具有相同义原的词语个数，同与词语 i 具有相同义原的所有词语个数的比值，称为限散度，记为 W，限散度公式如公式（8.1）和公式（8.2）所示：

$$W=\frac{\sum_{i=1}^{n}F_{ij}}{SUM_i}\ \text{其中}i\text{为被转化词；}j\text{为}i\text{的搭配词} \tag{8.1}$$

$$F_{ij}=\begin{cases}1, & \text{以}j\text{为搭配词，且义原类与}i\text{相同}\\0, & \text{其他情况}\end{cases} \tag{8.2}$$

其中，W 为限散度，SUM_i 为训练语料《人民日报》语料中与 i 义原类相同的词语的总数；$\sum_{i=1}^{n}F_{ij}$ 为《人民日报》中，所有与 j 搭配且义原类与 i 的义原类相同的搭配的总数。若 W=1，则证明所有与 i 的义原类相同的词都可以与 j 搭配；W 值越接近 1，则表示用该语义搭配代替词语搭配的准确率越高；反之，则表示与该词语 i 同义原的词语大部分不能与 j 搭配。

3. 知识库设计

根据以上分析，利用义原类和定义的限散度的概念，设计了三层语义搭配知识库，该知识库包括词语级搭配知识库、半语义级搭配知识库和语义级搭配知识库三层，其层级结构如图 8.3 所示。

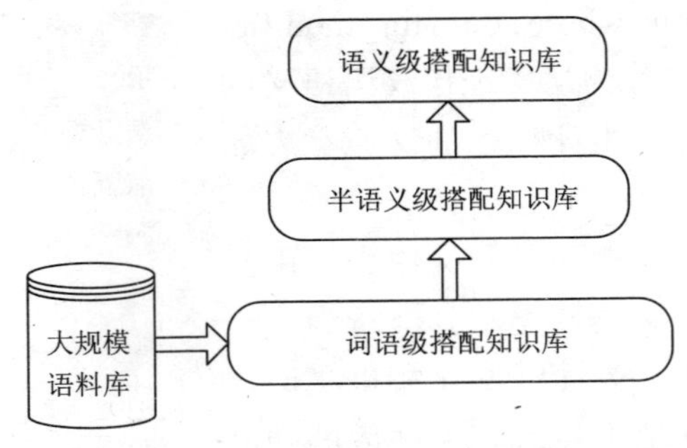

图 8.3　知识库体系结构

其中，词语级搭配知识库位于知识库最底层（第一层），其利用词语搭配提取规则通过大规模语料库提取，为中间层（半语义级搭配知识库）和最高层（语义级搭配知识库）提供基础数据。

半语义级搭配知识库以词语级搭配知识库为基础，通过词语拆分，分步实现义原类的转化，转化词语范围通过限散度过滤。

语义级搭配知识库以半义原级搭配知识库为基础，将半义原搭配知识库中未转化的词语进行转化，同样通过限散度限制泛化范围。

通过分级泛化，一方面解决了由于语料库规模限制而引起的数据稀疏问题，同时，以离散度加以过滤筛选，防止了由于过度泛化造成的泛化后搭配覆盖范围过大的问题。

8.2.2　词语搭配自动抽取算法的设计与实现

目前，对于词语搭配的自动提取方面的研究主要分为三个方面：①采用规则的方法；②采用统计学的相关方法；③采用规则与统计学相结合的方法。目前的大部分研究都是以统计学的相关方法为主，并结合语法、句法规则或语义等语言学的相关知识，对抽取的搭配进行过滤。

国外最早开始搭配的计算机定量分析的是 Choueka 等[195]（1983），他们从《纽约时代周刊》（*New York Times*）约 1100 万词的文本中提取了数以千计的英语常用的搭配，如 fried chicken，home run，Magic Johnson 等。Smadja[100]（1993）的 Xtract 系统是迄今为止关于搭配定量分析的最新最完整的工作。在一个规模为一千万词的股票市场新闻报告语料库上运行 Xtract 所得到的结果显示，搭配提取的准确率达到了 80%（如果不诉诸词性自动标注技术，准确率约为 40%）。至于国内方面，孙茂松教授[202]等（1997）提出的包过强度、离散度及尖峰三项指标在内的搭配定量评估体系，以一个约 710 万词的新华社语料库为工作平台，达到了约为 33.94%的准确率，是最早最全面的词语搭配提取工作。曲维光教授[203]等（2004）提出了一种基于框架的词语搭配抽取方法，应用大规模分词和词性标注语料，引入相对词序比的方法进行筛选，抽取的平均准确率达到了 84.73%，在准确率上有了很大的提高。研究现有中文词语搭配抽取方法，发现有以下方面有待改进：

（1）实验所用的语料，大多只经过分词处理，没有经过词性标注，缺失了词语搭配要利用的重要语言信息，并且没有充分利用大规模语料库资源；

（2）抽取搭配词汇的同时，没有充分考虑搭配的结构信息；

（3）搭配抽取窗口的单纯定义，缺乏理论依据，尚待实践，且候选集过大增加算法复杂度；

（4）搭配抽取方案中没有充分利用语言学知识。

（5）国内对词语搭配的研究多属于一些方法性研究，很多有很好试验结果的方法只适用某些特定词类之间，缺乏进一步扩展全面适用的工作，不利于下一步构建搭配知识库。

本书针对目前中文词语搭配自动抽取方法中存在的问题，做出了相应的改进，提出了一个新的词语搭配提取模型。通过在大规模语料上的实验，验证了该模型的有效性。

1. 词语搭配抽取思想

词语搭配主要有三个特点：①任意性；②重复性；③结构性。针对这三个特性进行提取就能最准确、最全面的提取搭配。本书提出的模型和算法以互信息体现词语搭配的任意性和重复性，利用典型句型体现词语搭配的结构性。同时搭配主要在实词间进行，本书以名词，动词，形容词为中心词，形成主干构建模型，对大规模真实语料库中的搭配进行初选，基本覆盖了全部的搭配类型。充分利用词语搭配的语言学知识以及共现频次、互信息等数学度量进行多层次多方面的筛选，准确全面地提取搭配。

2. 词语搭配的语言学知识引入

对于词语搭配来讲，可以通过引入相关语言学知识来进一步筛选各搭配中符合语言学规律的词语。由于本书用到的训练语料经过分词和词性标注，因此可以将词语搭配中词性的组合性限定规则用于词语搭配的自动抽取，利用语言学知识规范词语搭配自动抽取规则。

词语搭配主要在实词间进行，本书选取名词（用 N 表示）、动词（用 V 表示）、形容词（用 A 表示）三类作为中心词构建模型。通过语言知识，我们知道一个实词能够与哪些实词搭配，具有突出的选择特征。在汉语中很少有搭配能力完全相同的实词，因此研究汉语实词搭配的最佳方法是逐词具体描写。我们将现有的语言学资源《现代汉语搭配词典》和《现代汉语实词搭配词典》中的词语搭配的相关知识和规则进行整理，经人工筛选后用于后续的词语搭配中。

在《现代汉语实词搭配词典》中采用下列的搭配框架描写现代汉语实词搭配的状貌。

1）名词搭配框架

名词 míngcí
<名> 释义
[主]①~+动：②~+形：
[宾]动+~：
[中]①名+~：②动+~：③形+~：④数量+~：
[定]~+名：

2）动词搭配框架

动词 dòngcí

<动> 释义

[主]①~+动：②~+形：

[谓]①名+~：②动+~：③形+~：④~+名：⑤~+形（宾）：⑥~+形（补）：⑦~+数量：⑧能愿+~：

[宾]动+~：

[中]①名+~：②动+~：③形+~：

[定]~+名：

[状]~+动：

3）形容词搭配框架

形容词 xíngróngcí

<形> 释义

[谓]①名+~：②动+~：③~+形：④~+数：⑤能愿+~：

[宾]动+~：

[补]动+~：

[中]形+~：

[定]~+名：

[状]~+动：

但本模型不需要用到语法关系，对以上的搭配框架进行整合补充得到了本书的基于典型句型的词语搭配模型初选模型。

3. 基于典型句型的词语搭配初选模型

词语搭配具有结构性，表现在组合关系上，就是词与词之间存在相对固定的结构和位置。在孙茂松教授[202]等（1997）提出的搭配定量评估体系中利用离散度及尖峰两项指标衡量词语搭配的结构性，取得了一定的效果，但离散度和尖峰要在强度信息不足以做出裁决的时候才能突出作用。也就是说结构信息是从属于强度信息之下的，而这和词语搭配的定义要求不符。同时对于一些高强度但结构信息不明显的词语搭配无效。

整合利用《现代汉语实词搭配词典》中的搭配框架，抽取以名词、动词和形容词为中心词的语义搭配属性对：

以名词为中心词的搭配词的词性有：名词、动词、形容词、量词。

以动词为中心词的搭配词的词性有：副词、动词。

以形容词为中心词的搭配词的词性有：副词、形容词。

以名词为中心词的词语搭配知识表示：

S->N+N|V+A+N|A+N|Q+A+N|N+V|N+Q

A->NULL|A|A+D|A+A

以动词为中心词的词语搭配知识表示：

S->V+V|F+V

以形容词为中心词的词语搭配知识表示：

S->A+A|F+A

其中，S 表示词语搭配，N 表示名词，V 表示动词，A 表示形容词，Q 表示量词，F 表示副词，D 表示“的”。对于名词和形容词以及名词和动词的搭配在以名词为中心词的搭配中已提取，后面就不再重复提取。本模型对一些复杂搭配以及现代汉语中变化的语法现象不做讨论，例如涉及成语的搭配或者副词修饰名词的搭配等语法现象。通过该模型抽取搭配候选集，再通过以下的统计学模型进行筛选，得到最终的搭配。

4. 共现词频和互信息的引入

如果两个词经常在一起出现，那么最起码证明它们由于特殊的原因互相吸引，经常共同出现。但共现词频能提供的信息有限，在任意性和重复性的体现上意义不大，只能起到初步的筛选，主要的数学度量是互信息。

本书将统计学信息从属于结构信息。在基于典型句型进行的第一步筛选的基础上，再利用共现词频及互信息进一步筛选。

互信息定义如下所示：

$$MI(x,y)=\log_2\frac{P(x,y)}{P(x)\times P(y)} \tag{8.3}$$

其中，$P(x,y)$表示词语 x 和词语 y 在语料中的共现频率，$P(x)$，$P(y)$分别表示词语 x，y 在语料中各自出现的频率。针对 Benson 教授对词语搭配的定义中的两个特性，对互信息和共现频次分析如下。

重复性：x，y 共现次数越多，$P(x,y)$越大，$MI(x,y)$亦随之越大，表明重复性越强。反之，则情况相反。

任意性：x，y 受约束程度越深，意味着 x，y 与其他词的共现机会越少，即 $P(x)$，$P(y)$的值在 $P(x,y)$值不变的情况下减少，会使 $MI(x,y)$的值变大，表明 x，y 的任意性加强。反之，则表明任意性减弱。

本书在实验的过程中，通过反复试验，选取 $P(x,y)$=4，$MI(x,y)$=4 为阈值，大于该阈值的候选集确定为正确的词语搭配。例如中心词为“能力/n”的互信息最大的前十个搭配如表 8.1 所示。

表 8.1　中心词为“能力/n”的互信息最大的前十个搭配

搭配	搭配词性	中心词	中心词词性	互信息
养家	vn	能力	N	11.6749112434186
放空	Vi	能力	N	11.5463114030111

续表

搭配	搭配词性	中心词	中心词词性	互信息
抗寒	V	能力	N	11.5463114030111
绸缎	N	能力	N	11.5463114030111
信贷资金	N	能力	N	11.5143327240386
抗病	Vn	能力	N	11.5143327240386
应变	Vn	能力	N	11.1924046291512
偿债	Vn	能力	N	11.0992952247598
作战	Vn	能力	N	10.8135952818462
模拟	Vn	能力	N	10.7133853912332

5. 词语搭配自动抽取算法

本书提出了全新的词语级搭配提取算法：基于典型句型的词语搭配提取算法。通过以上分析可得，本算法结合了语言学知识，基于典型句型的词语搭配框架进行初选，再利用共现频次和互信息等统计学信息进行进一步筛选。该算法将统计学信息从属于结构信息。假设典型句型的规则集为 S（在 8.2.2 中有详细介绍），具体算法过程描述如下。

算法 8.1　基于典型句型模型的词语搭配提取算法

Step1　输入待提取文本，采用北京大学计算语言学研究所研制的 2600 多万字《人民日报》基本标注语料库，对文本进行按分词存储预处理；

Step2　输入文档中的当前句，如果为空则跳入 Step8，否则加上上一句的未完结句子 shangju 中字符串进入下一步；

Step3　判断句尾是否为断句符号："！"、"。"、"，"，不是的话将该行最后一个断句符号以后的字符串删除，存入 shangju 中；

Step4　判断该句当前词，是名词转入 Step5，是动词转入 Step6，是形容词转入 Step7，其余的转入 Step8；

Step5　对照规则集 S，有名词+名词、名词+形容词、名词+量词、名词+动词搭配，则将相关信息存入 mylist 中，转入 Step8；

Step6　对照规则集 S，有动词+动词、动词+名词、动词+副词，则将相关信息存入 mylist 中，转入 Step8；

Step7　对照规则集 S，有形容词+形容词、形容词+副词，则将相关信息存入 mylist 中，转入 Step8；

Step8　扫描当前句的下一个词，如果为"/0"转入 Step9，否则转入 Step4。

Step9　扫描 mylist，共现频次少于 4 的删除；

Step10　扫描 mylist，计算各搭配的互信息，少于 4 的删除；

Step11　结束。

8.2.3 语义搭配知识库构建算法的设计及实现

以 8.5 节提取的字词级搭配为基础，通过限散度控制泛化范围，以三层语义知识库体系结构为模型，最终构建了语义搭配知识库。

1. 语义搭配知识库的层次结构

本搭配知识库分为三层，共 12 个子库。

第一层为字词级搭配库，该层搭配由 8.5 节的提取规则提取而来，它由名动（NV）、动名（VN）、形名（AN）3 个子库构成；

第二层为半语义级搭配库，由名动转义动词（即将动词转化为相对应的义原类然后与原名词组合，下同）（NV_V）、名动转义名词（N_NV）、动名转义动词（V_VN）、动名转义名词（VN_N）、形名转义形容词（A_AN）和形名转义名词（AN_N）6 个子库构成；

第三层为全语义级搭配库，由名动全语义（N_NV_V）、动名全语义（V_VN_N）和形名全语义（A_AN_N）3 个子库构成。

该搭配知识库的体系结构如图 8.4 所示。

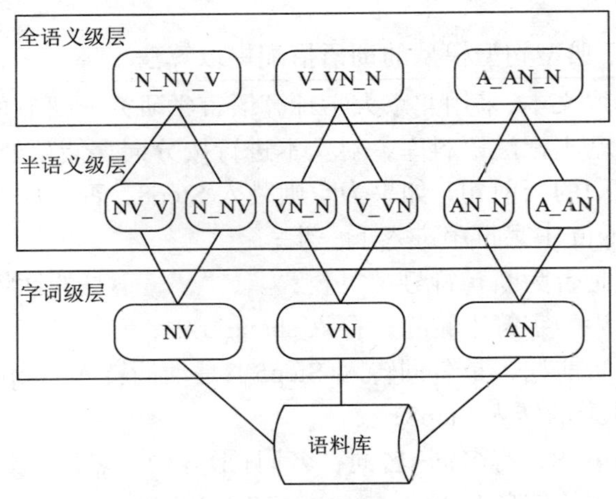

图 8.4　知识库体系结构

2. 搭配提取结果与分析

1）词语级搭配知识库的构建

词语级搭配知识库由 NV、VN、AN 三个子库构成，根据 8.5 节的搭配提取算法，提取结果如图 8.5 所示。

其中，Adjective 表示形容词词语，Noun 表示名词词语，Verb 表示动词词语，MutualInfo 表示互信息值。

	Adjective	Noun	MutualInfo
1	爱国	传统	10.7253662578956
2	爱国	奉献	18.0570980087123
3	爱国	工程	12.2755425560867
4	爱国	激情	18.0570980087123
5	爱国	精神	12.8770923750274
6	爱国	力量	12.4571243315408
7	爱国	侨胞	18.0570980087123
8	爱国	青年	14.5127404628035
9	爱国	情怀	16.5265756510452
10	爱国	情结	18.0570980087123
11	爱国	行动	13.0721326041672
12	爱国	拥军	18.0570980087123
13	爱国	运动	16.1095654286064
14	爱国	宗教	15.329165651854

	Noun	Verb	MutualInfo
34	案件	汲取	14.2877123795494
35	案件	监督	10.4125698468052
36	案件	减少	11.1761731491075
37	案件	解决	8.3264294871223
38	案件	近	10.5137275959524
39	案件	纠正	14.3200953848611
40	案件	开展	7.91288933622996
41	案件	来看	11.5507467853832
42	案件	起诉	14.1357092861044
43	案件	涉及	12.7681843247769
44	案件	审理	14.4278366034585
45	案件	实行	9.28771237954945
46	案件	受理	12.6501542136751
47	案件	拖	14.2351915255161

	Verb	Noun	MutualInfo
1	哀悼	家属	17.8062601074387
2	哀悼	亲属	19.5905304011529
3	爱	病毒	14.7791550509154
4	爱	厂	12.5837879545023
5	爱	传统	12.8876014245087
6	爱	党	10.9476369379518
7	爱	岛	16.3027460082219
8	爱	歌	12.8107724413447
9	爱	国家	9.13442632022093
10	爱	孩子	11.9218409370745
11	爱	活动	9.48784003382305
12	爱	家庭	11.9715435539508
13	爱	教育	10.5622424242211
14	爱	精神	9.48381577726426

图 8.5　词语级搭配知识库

2）半语义级搭配知识库的构建

半语义级搭配库由词语级搭配知识库转化而来，转化方法以“动名搭配”为例进行说明：先以动词为转化词，名词为搭配词进行半语义级的转化，根据限散度公式计算只转化动词时的限散值，需要说明的是，由于语料库规模问题，抽取的搭配只是所有词语搭配很小的一部分，导致限散值较小，因此本书选取 0.1 为阈值，大于 0.1 的搭配，将其转化为动名转义动词（V_VN）的半语义搭配存入半语义搭配知识库，其他词语保持词语级搭配不变。之后再将动词作为搭配词、名词为转化词，重复以上过程，提取动名转义名词（VN_N）的半语义级知识库。

提取的半语义级搭配库如图 8.6 所示。

	A_A	Noun	A_Strength
1	安 境况	保护	0.2
2	安 境况	保卫	0.2
3	安 境况	保障	0.2
4	安 境况	保证	0.2
5	安 境况	标准	0.2
6	安 境况	财产	0.2
7	安 境况	草案	0.2
8	安 境况	产品	0.2
9	安 境况	常识	0.2
10	安 境况	村	0.2
11	安 境况	措施	0.2
12	安 境况	大道	0.2
13	安 境况	道路	0.2
14	安 境况	地带	0.2

	Adjective	N_N	N_Strength
1	爱国	力量----实体 物性	0.166666666666667
2	爱国	人---青年-个人	0.142857142857143
3	爱国	人---外国-个人	0.25
4	爱国	生命----生物 意识	1
5	爱国	事情--体育--抽象事物	0.125
6	爱国	团体--宗教--领域	0.2
7	爱国	正宗性----群体 抽象事物	1
8	暧昧	举止----动物 意识	1
9	安定	部件-实体---抽象事物	0.333333333333333
10	安定	情况----实体 抽象事物	1
11	安定	群体-----领域	1
12	安定	事务--政--领域	0.5
13	安静	情况----实体 抽象事物	1
14	安宁	生活状况----人 事件	0.333333333333333

	V_V	Noun	Strength
1	爱惜 心理活动	生命	0.15
2	爱惜 心理活动其他行为	干部	1
3	爱惜 心理活动其他行为	环境	1
4	爱惜 心理活动其他行为	家园	1
5	爱惜 心理活动其他行为	人	1
6	爱惜 心理活动其他行为	人...	1
7	爱惜 心理活动其他行为	设施	1
8	安排 其他行为	贷款	0.2
9	安排 其他行为	地区	0.2
10	安排 其他行为	方面	0.2
11	安排 其他行为	干部	0.4
12	安排 其他行为	岗位	0.2
13	安排 其他行为	工作	0.4
14	安排 其他行为	会议	0.2

	N_N	Verb	N_Strength
1	安危--警-地方 抽象事物	处罚	1
2	安危--警-地方 抽象事物	防	1
3	安危--警-地方 抽象事物	防范	1
4	安危--警-地方 抽象事物	拘留	1
5	安危--警-地方 抽象事物	稳定	1
6	安危--警-地方 抽象事物	巡逻	1
7	安危--警-地方 抽象事物	整顿	1
8	安危--警-地方 抽象事物	整治	1
9	安危--警-地方 抽象事物	综合	1
10	比率----地方 量化属性	下降	1
11	比率----货币 物性	调整	1
12	比率----货币 物性	改革	1
13	比率----货币 物性	高于	1
14	比率----货币 物性	计算	1

	Verb	N_N	N_Strength
1	爱	场所--经济--机构	0.2
2	爱	场所--医--机构	0.125
3	爱	地方-----机构	0.25
4	爱	地方--政--抽象事物	0.2
5	爱	地方--政--空间	0.25
6	爱	家庭-----团体	0.5
7	爱	精神-----身体构件	0.5
8	爱	境况----实体 处所	0.5
9	爱	境况----实体 心理特征	1
10	爱	举止----人 人	1
11	爱	距离----物质 自然物	1
12	爱	内容---主 语文 抽象事物	0.333333333333333
13	爱	生命----生物 意识	1
14	爱	正宗性----群体 抽象事物	1

	Noun	V_V	V_Strength
1	艾滋病	存在 变化	0.125
2	艾滋病	医治 社会活动	0.5
3	艾滋病毒	传染 变化	1
4	爱心	表现 领属转移	1
5	爱心	陪衬 身体活动	0.333333333333333
6	安排	表示 创造	0.142857142857143
7	安置率	总计 静态关系	0.111111111111111
8	案件	表示 静态关系	0.5
9	案件	表示情感 领...	1
10	案件	不存在 静态...	0.5
11	案件	裁定 其他行为	0.2
12	案件	处理 其他行为	0.105263157894737
13	案件	调查 社会活动	0.142857142857143
14	案件	发表 变化	1

图 8.6　半语义级词语搭配知识库

其中，Adjective 表示形容词词语，Noun 表示名词词语，Verb 表示动词词语，A_A 表示形容词对应的义原类，V_V 表示动词对应的义原类，N_N 表示名词对应的义原类，X_Strength 表示对应的限散度值。

3）语义级搭配知识库的构建

语义级搭配知识库以半语义级搭配知识库为基础，利用限散度公式确定转化范围。同样以“动名搭配”为例说明转化方法：由于半语义级搭配知识库中已经将其中一个词转化为义原类，所以语义级搭配只需要转化另一半即可，即将已转化为义原类的词看作搭配词，未转化的词作为转化词，利用限散度公式计算限散值，同样选取 0.1 为阈值，得到语义级搭配知识库（N_NV_V）。需要说明的是，语义级搭配库是由两个半语义级搭配库先分别转化，然后融合得到。

提取的语义级搭配库如图 8.7 所示。

	V_V	N_N	Strength
1	爱惜 心理活动	生命----生物 物性	0.5
2	爱惜 心理活动其他行为	举止----人人	1
3	爱惜 心理活动其他行为	情况----实体 抽象事物	1
4	安排 其他行为	部件-实体---模糊属性	1
5	安排 其他行为	场所--经济--机构	0.2
6	安排 其他行为	迟早----事件 时间领域	1
7	安排 其他行为	规划-----创作物	0.25
8	安排 其他行为	规划----事件 事件	1
9	安排 其他行为	货币--金融--人工物	0.25
10	安排 其他行为	劫难-----创作物	1
11	安排 其他行为	举止----人人	1
12	安排 其他行为	内容----实体 信息	1
13	安排 其他行为	能力----运送 抽象事物	1
14	安排 其他行为	人---外国-身份	0.11111111111111

	N_N	V_V	Strength
1	爱惜 心理活动其他行为	举止----人人	1
2	安排 其他行为	场所--教育--机构	0.125
3	安排 其他行为	场所--经济--机构	0.2
4	安排 其他行为	场所--经济--团体	0.5
5	安排 其他行为	迟早----事件 时间领域	1
6	安排 其他行为	单位----量度 机构	1
7	安排 其他行为	地方---另-处所	0.2
8	安排 其他行为	地方--政--抽象事物	0.2
9	安排 其他行为	归属地方-----空间	1
10	安排 其他行为	规划-----创作物	0.25
11	安排 其他行为	规划----事件 事件	1
12	安排 其他行为	规划--金融--人工物	1
13	安排 其他行为	规矩-----模糊属性	0.166...
14	安排 其他行为	货币-----抽象事物	0.25

	A_A	N_N	Strength
1	安 境况	标准----实体 动机	1
2	安 境况	标准----实体 物性	0.25
3	安 境况	部件-机构---机构	0.25
4	安 境况	部件-实体---抽象事物	0.333...
5	安 境况	部件-实体---领域	1
6	安 境况	部件-实体---模糊属性	1
7	安 境况	部件 骨 生物---抽象...	1
8	安 境况	部件 骨 实体---抽象...	1
9	安 境况	部件 脏 禽---构件	1
10	安 境况	场所--矿--矿物处所	1
11	安 境况	次序----事件 抽象事物	0.5
12	安 境况	道路-----处所	0.133...
13	安 境况	地方-----人群	0.333...
14	安 境况	地方--政--抽象事物	0.2

图 8.7　语义级搭配知识库

其中，A_A 表示形容词对应的义原类，V_V 表示动词对应的义原类，N_N 表示名词对应的义原类，Strength 表示限散度值。

4）三层语义搭配知识库的构建

根据中文文本语义查错算法的需要，为了降低算法的重复率，在实验的过程中将已转化为语义级和半语义级的搭配分别从半语义级搭配知识库和词语级搭配知识库中删除，得到最终的语义搭配知识库，知识库结果如表 8.2 所示。

表 8.2　语义搭配提取结果

	名动搭配	动名搭配	形名搭配	总计
字词级搭配库	27912	35990	9716	73618
半义原类搭配库	29551	39719	12817	82087
义原类搭配库	16968	21854	8138	46960

其中，半义原类搭配库中 V_VN 有 20 587 条记录、VN_N 有 19 132 条记录、N_NV 有 14 753 条记录、NV_V 有 14 798 条记录、A_AN 有 7707 条记录、AN_N 有 5110 条记录。

8.2.4　基于语义搭配知识库的语义侦测算法的设计及实现

根据以上分析，在三层语义搭配知识库的基础上，设计语义错误自动查错算法如算法 8.2 所示。

算法 8.2　语义错误侦测算法

Step1　利用中国科学院计算技术研究所的分词模块将实际测试语料进行标注；

Step2　按照名动、动名、形名的提取规则，文本逐句扫描，提取搭配对；

Step3　将提取的搭配转化为义原类搭配，查找语义库中的语义级搭配知识库，如找到该搭配，则此搭配正确，否则，转入 Step4；

Step4　将搭配分别转化为半义原类搭配 1（前词转化）和半义原类搭配 2（后词转化），查找语义库中的半语义级搭配知识库，如找到，则该搭配正确，否则，转入 Step5；

Step5　查找语义库中的词语级搭配知识库，如找到，则该搭配正确，否则，该搭配错误，加入错误列表 wronglist；

Step6　判断是否为最后一句，如果是则转入 Step7；否则，转入 Step2；

Step7　将 wronglist 依次读出并标红，转入 Step8；

Step8　结束。

8.3　基于语义依存搭配知识库的语义查错方法

在语义的研究中一般要解决两个中心问题：一个问题是语义现象包括哪些以及如何表示它们；另一个问题是如何从句子中提取语义信息。正确地界定语义现象以及合理地表达它们，对于更高层次的校对处理有着重要影响。

如何很好地解决以上两个问题是目前研究的重点，本书利用依存句法与HowNet 相结合的方法来对语言中的语义信息进行提取，找出文本中可能的语义搭配关系，在此理论基础上进行基于依存树库语义搭配关系的中文语义级错误自动查错算法的设计和实现。

8.3.1　依存树库的构建及搭配关系的提取

1. 依存树库的构建

进行语义级查错的第一步是如何获得句子各成分间的依存关系信息，找出依存搭配对。首先，我们采用了哈尔滨工业大学所作的依存句法分析器，对主要来自于《人民日报》的语料进行句法分析，构建出大规模的依存树库，树库语料共计约 3100 万字。目前该句法分析器分析的准确率可达到 86%以上，树库标注的信息包括词性信息、依存关系类型等。词性采用的是 863 标准词性集，依存关系共有 24 种。

现举例说明树库中句子的标注结果，例如“这位饱经风霜的老人将出现在体育场。”一句，其依存分析结果用依存文法弧线图来表示，如图 8.8 所示。

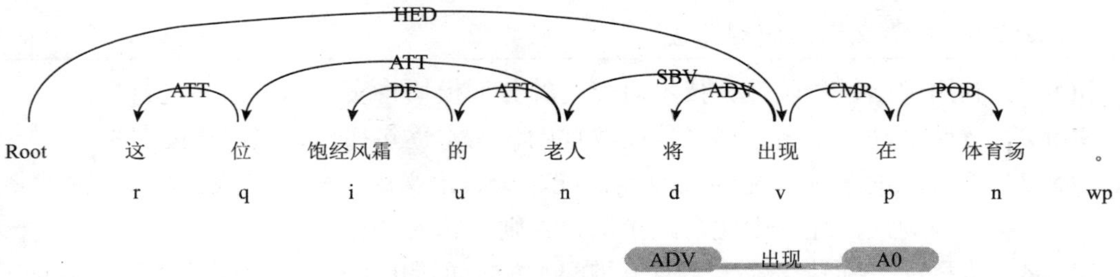

图 8.8　“这位饱经风霜的老人将出现在体育场。”的依存分析结果

依存分析结果用三元组表示为($A_i \leftarrow A_j$)，其中 A_i和 A_j是依存关系中的两个词，符号“←”表示关系类型，箭头指向依存关系中的核心词 i 。其中 A_i 是支配成分，A_j是受支配成分，直接依存于 A_i。

语料库中的标注结果描述如下：

1）词性及位置标注

[1]这/r [2]位/q [3]饱经风霜/I [4]的/u [5]老人/n [6]将/d [7]出现/v [8]在/p [9]体育场/n [10]。/wp

2）依存关系分析结果

Root→出现（HED）　　[1]这←[2]位（ATT）

[2]位←[5]老人（ATT）　　[3]饱经风霜←[4]的（DE）

[4]的←[5]老人（DE）　　[5]老人←[7]出现（SBV）

[6]将←[7]出现（ADV）　　[7]出现→[8]在（CMP）

[8]在→[9]体育场（POB）

其中：

①HED（head）：核心；

②DE："的"字结构；

③ATT（attribute）：定中关系；

④SBV（subject-verb）：主谓关系；

⑤ADV（adverbial）：状中结构；

⑥CMP（complement）：动补结构；

⑦POB（preposition-object）：介宾关系。

依存树库详细描述了句子中所包含的依存搭配关系，为下一步依存搭配对的提取，以及语义级自动查错算法设计提供了基础数据信息。

2. 依存搭配关系的提取

采用依存句法分析器，对主要来自于《人民日报》的语料进行句法分析，形成大规模的依存树库，该依存树库以 XML 的形式存储，其格式如下所示。

例句：二〇〇〇年到来的钟声，就要鸣响在我们这个星球的寥廓上空。


```
<para id="6">
<sent id="0" cont="二〇〇〇年到来的钟声，就要鸣响在我们这个星球的寥廓上空。">
    <word id="0" cont="二〇〇〇年" pos="nt" parent="1" relate="ADV" />
    <word id="1" cont="到来" pos="v" parent="2" relate="DE" />
    <word id="2" cont="的" pos="u" parent="3" relate="ATT" />
    <word id="3" cont="钟声" pos="n" parent="6" relate="SBV" />
    <word id="4" cont="，" pos="wp" parent="–2" relate="PUN" />
    <word id="5" cont="就要" pos="d" parent="6" relate="ADV" />
    <word id="6" cont="鸣响" pos="v" parent="12" relate="SBV" />
    <word id="7" cont="在" pos="p" parent="11" relate="DE" />
    <word id="8" cont="我们" pos="r" parent="7" relate="POB" />
    <word id="9" cont="这个" pos="r" parent="10" relate="ATT" />
    <word id="10" cont="星球" pos="n" parent="7" relate="POB" />
```

```
    <word id="11" cont="的" pos="u" parent="12" relate="ATT" />
    <word id="12" cont="寥廓" pos="a" parent="13" relate="ATT" />
    <word id="13" cont="上空" pos="nl" parent="-1" relate="HED" />
    <word id="14" cont="。" pos="wp" parent="-2" relate="PUN" />
</sent>
```

在该句中，每个词后面都表明了其父节点的 id，如“二〇〇〇年”的“parent="1"”，即 id= “1” 的 “到来”，从而判断词对 “二〇〇〇年” 和 “到来” 存在依存关系。

以该树库为知识源，我们找出句子中的所有的依存搭配对，构建了依存搭配知识库，为下一步语义依存搭配知识库的构建做准备。依存搭配知识库的存储格式如表 8.3 所示。

表 8.3　依存搭配知识库格式

ID	前搭配词	后搭配词	搭配频次
…	…	…	…

依存搭配知识库的部分记录如图 8.9 所示。

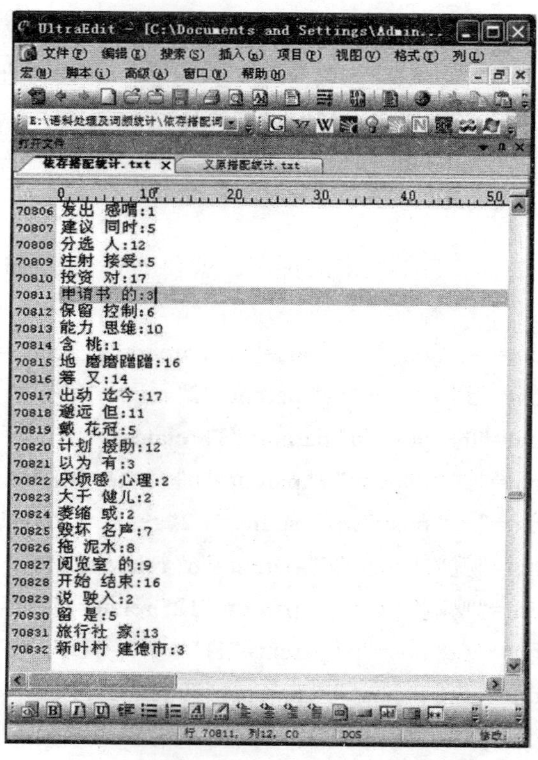

图 8.9　依存搭配知识库

3. 基于HowNet和依存句法的语义依存搭配知识库的构建

由于依存文法指出了句子中各个词语在句法上的搭配关系，而且这种搭配关系是和语义相关联，并且不受距离的限制。HowNet 可以利用义原对语言中包含的高层次语义信息进行提取，找出文本中可能的语义搭配关系，这样便可运用所得到的语义信息设计算法进行语义级的自动查错。

如下面两个句子，第二个句子中，因缺少“的活动”使句子语义不通。对这两个句子进行依存句法分析，得到如图 8.10 和图 8.11 所示的两个依存树。

正确例句：学校开展了学雷锋的活动。

错误例句：学校开展了学雷锋。

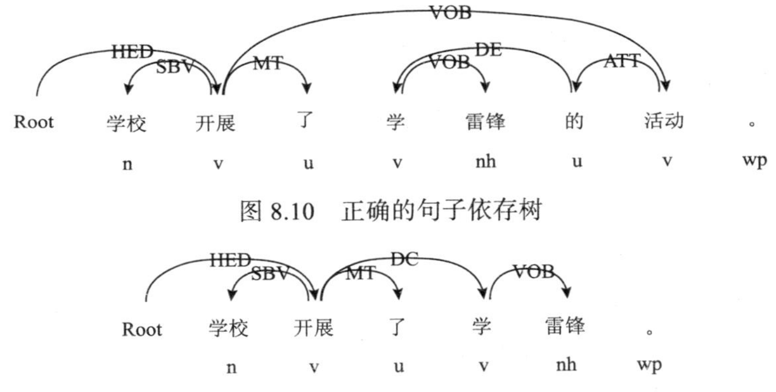

图 8.10　正确的句子依存树

图 8.11　错误的句子依存树

从正确句子的分析结果，得到“开展”的依存搭配对：

（学校←开展）　（开展→了）　（开展→活动）

从错误句子的分析结果，得到“开展”的依存搭配对：

（学校←开展）　（开展→了）　（开展→学）

HowNet 中对收集的每个中文词汇进行了词性标注及定义，如表 8.4 所示。根据 HowNet 词典的定义，每个词的第一个特征（也就是主要特征）实际上是该词所属的领域，通常情况下主要特征可用来描述词汇的意义，而对于一些范畴较大的领域，需要用附加特征进一步缩小该领域。例如“machine|机器”就是“车床”的主要特征，而“industrial|工”，“produce|制造”，“cut|切削”即为附加特征。

表 8.4　HowNet 中三个不同的词语

C.Word [a]	E.Word [a]	词性	词义
车床	lathe	Noun	machine|机器，industrial|工，produce|制造，cut|切削
耿直	honest and frank	ADJ	honest|诚实
通知	inform	Verb	tell|告诉

其中，C.Word 表示汉语字词，E.Word 表示英语字词。

根据 HowNet 中词汇的收集方式可以看到，词汇的主要特征，即主义原可以用来描述词汇的意义。很多词语都包含有多个不同的词性，而词性不同，对应的主义原也是不同的。所以根据该词语在句中的词性对应到 HowNet 中，可以找出对应的主义原，从而得到依存搭配所对应的义原搭配，以上例子中对应的义原搭配如下所示：

（场所←成长）　（成长→功能词）　（成长→事情）

（场所←成长）　（成长→功能词）　（成长→模仿）

在以上几个义原搭配关系中，可以根据义原搭配的规律，判定（成长→模仿）属于不合理的搭配，进而找出文本中的语义级错误。

根据以上思想，我们针对 HowNet 义原集合及对概念的表示方式和依存文法理论，构建了语义依存搭配知识库。上一节中，我们采用统计的方法从大规模依存树库中抽取了所有的二元依存组合搭配对，作为构建语义依存知识库的基础数据。下面利用 HowNet 对词语的义原描述，将依存搭配知识库中两个词语之间的依存搭配组合转变为义原组合，这样一来，就丰富了知识库所涵盖的语义信息[204]。以下语义级自动查错算法也是在此基础上进行的。

本系统通过统计计算所有义原搭配对的共现频次$R(A_i,A_j)$和互信息$MI(A_i,A_j)$来构建语义依存搭配知识库。共现频次和互信息这两个参数从两方面反映了句子语义共现的合理性，可判断句子中语义搭配是否合理。互信息的定义参考 2.3.1 节中的相关介绍。

语义依存搭配知识库的存储格式如表 8.5 所示。

表 8.5　义原搭配库格式

ID	前搭配义原	后搭配义原	搭配频次	搭配互信息
…	…	…	…	…

下面给出语义依存搭配知识库中的部分记录，如图 8.12 所示。

8.3.2　基于语义依存搭配知识库的语义级查错方法

在语义依存搭配知识库的基础上，可以较好地实现中文文本语义级自动查错。需要说明的是，本校对系统中并不要求对语义框架进行正确无误的分析，而只是检查两个语义（相邻或非相邻）之间的搭配是否合理。应用所获得的语义依存搭配信息，查找语义级错误的算法 8.3 描述如下。

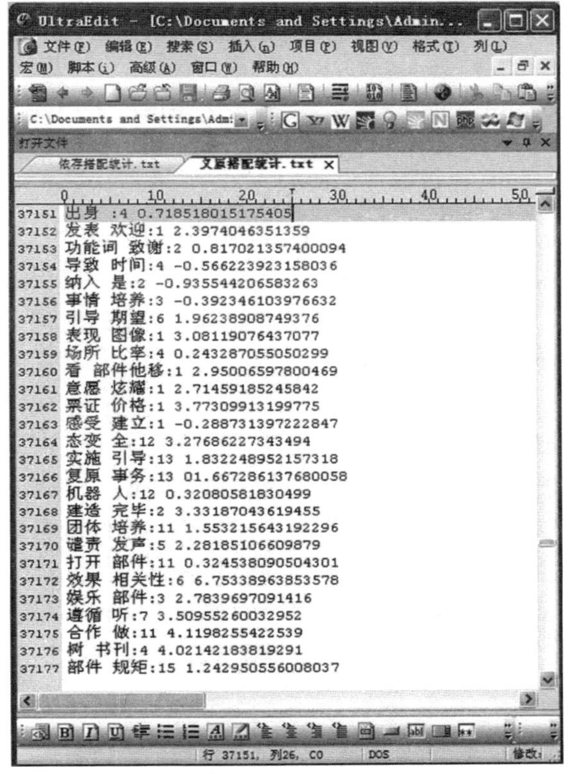

图 8.12　义原搭配库

算法 8.3　基于语义依存搭配知识库的语义级查错算法

Step1　读取义原搭配词知识库和 HowNet 信息，分别保存到哈希表中；

Step2　逐句扫描待校对文本，调用依存句法分析器进行句法分析，生成 test.xml 文件；

Step3　逐句读取 test.xml 文件，提取出所有依存搭配词对并对应到 HowNet 中，找到义原搭配对“sem1+ sem2”；

Step4　在语义依存搭配知识库中查找是否存在义原搭配对“sem1+ sem2”，并根据该义原搭配对的频次$R(A_i, A_j)$和互信息$MI(A_i, A_j)$来判断该搭配是否出错。设搭配出现的频次为 n，互信息为 m，如果 n=0，则该搭配有错误，置错误系数$K=1$，转 Step5，如果$n<3$，并且$m<2$，则该搭配可能有错，置错误系数为$K=0.5$，否则$K=0$，转 Step6；

Step5　调用错误标示模块进行错误标示及说明；

Step6　结束。

8.4　本章小结

本章通过对语义学知识的分析，结合语言学知识，采用规则与统计相结合的方法，提出了基于语义搭配知识库的语义查错算法和基于语义依存搭配知识库的语义查错算法。

对于基于语义搭配知识库的语义查错算法，我们讨论了三层语义搭配知识库的构建以及基于该知识库和证据理论的语义错误侦测算法。三层语义搭配知识库的构建主要分为两步：①根据《现代汉语实词搭配词典》中的实词搭配框架构建词语搭配规则集，从训练语料中抽取词语搭配，并利用互信息和共现频次进行筛选，构建词语搭配知识库；②利用 HowNet 抽取词语的义原信息，生成半语义搭配知识库，并利用本文提出的限散度的概念进行二次筛选，进一步生成语义搭配知识库。在三层语义搭配知识库的基础上，设计了基于语义搭配知识库的语义查错算法。

对于基于语义依存搭配知识库的语义查错算法，我们依据依存文法理论，利用依存句法分析器，对来自于《人民日报》的语料进行句法分析，形成大规模的依存树库，然后利用 HowNet 义原集合及对概念的表示方式，构建了语义依存搭配知识库。在三层语义搭配知识库的基础上，设计了基于语义依存搭配知识库的语义查错算法。

第九章　面向专业领域的中文文本错误的自动侦测方法

9.1　面向特定领域的专业词汇抽取方法概述

国内从 20 世纪 90 年代初开始，一些科研机构、院校以及公司运用自然语言处理技术，通过计算机实现的针对中文文本自动校对的研究，取得了一定的成绩，并且有部分成果已投入市场，接受用户的检验，比如金山 WPS2000 校对系统、方正校对系统等[134]。中文文本自动校对的研究初衷是为了改变电子出版印刷业和文稿录入行业需要多次人工校对而浪费精力和劳力的状况，进而提高工作的效率。

但是，由于各行各业都需要进行各自领域文本的校对工作，出版社待校对的文本内容也来自于不同的领域，所以文本自动校对系统不能仅依靠面向非受限领域的单一通用词库做出判断和执行操作。因此，为提高中文文本自动校对系统对于专业领域文本校对的准确率，构建出基于特定领域的专业词库和词语搭配关系知识库并将此作为校对系统的领域知识库，这是目前迫切需要解决的问题。

从另一角度讲，因为本课题是中文信息处理领域的一项基础性课题，因此利用本书提出的算法构建的知识库不仅能服务于中文文本自动校对领域，还可以作为其他领域研究的组成部分，从而提高该领域研究的效果。具体来说，对于专业词汇的抽取，就所在领域本身而言，由于专业词汇集中体现了其所在领域的核心知识，因此研究不同时期抽取的专业词汇的变化，可以了解该学科领域的发展历程。而就其他具体应用而言，其在构建领域本体、中文分词、信息抽取、词典编纂、信息检索、机器翻译、文本分类、自动文摘等领域都有重要的应用；对于词语搭配关系的挖掘，不仅同专业词汇的抽取一样可以为信息检索、机器翻译、词义消歧等领域提供重要支撑，还能帮助进一步优化现有针对中文句法分析的不足。

对于专业词汇的抽取，国内外有较多学者对此加以研究，但还没有一种公认有效的方法，目前各研究者采用各自的策略或自己创建的公式。对于特定领域词语搭配关系的挖掘也是如此，而且部分研究者仍停留在浅层的研究范畴，还未达到深层次的程度。因此本课题仍具有一定学术研究价值，还需要进一步深入研究和探索。

9.1.1　国外研究现状分析

国外针对英文专业词汇抽取的研究主要从基于规则、基于统计、基于规则和统计相结合这几个方向进行。

基于规则构建专业词库的方法如其他领域基于规则的研究一样，绝大部分依赖于语言学专家的语言知识。通过对大量训练语料的观察和分析，根据专业词汇的构词特征制定出一系列的规则模板，并以此作为抽取标准。该方法有明显的缺陷，即难以用少量规则覆盖复杂的专业词汇构成规律，以及当规则数达到一定数量时产生的相互冲突问题。因而目前单纯使用规则的方法很少。采用该方法的有 Dagan and Church（1994）[169]、Justeson and Katz（1995）[170]、Kyo Kageura and Bin Umino（1996）等。

基于统计的方法是利用概率论和信息论的知识从领域文本中统计出专业词汇出现时的特征。统计策略主要有频次、互信息[171]、log-likelihood[172]、TF-IDF、C-Value、mi_f[173]、关联范数估计式等。例如，Uchimoto，et al（2000）与 Fukushige and Noguchi（2000）认为专业词汇只有在该领域内使用，在其他领域内很少被使用，因而通过计算 TF-IDF 筛选出专业词语；Katerina T.Frantzi & Sophia Ananiadou,et.al 认为频次和词语长度可以作为判断一个词语是否为专业词语的标准，同时考虑专业词语嵌套的问题，认为如果当前抽取的专业词语嵌套在已抽取的更长专业词语中的次数越多，证明其越具有独立性，即成为专业词语的可能性越大，作者以此思想构造出 C-value 公式[174]。在进一步考虑专业词语上下文环境（只考虑名词、动词和形容词）的规律性的基础上，又进一步改进了 C-value 公式，给予上下文信息 20%权重，构建出 NC-value 公式。这种评价标准先后被很多研究者采纳，但是其正确率仍较低；Keh-Yih Su,et.al（1994）利用字符串的相对频率，即字符串的出现频次与语料中所有长度相同字符串的平均频次的比值来判断词语为专业词语的可能性[175]；Church and Hanks（1990）、ANA 系统和 Sproat R. and Shih C.L.（1993）均采用互信息的方式提取专业词汇；Chien（1997）与 Zhang,etal（2000）通过计算上下文依附信息来判断专业词汇及其边界；Shimohata,etal（1997）采用熵的概念抽取专业词语。

基于规则和统计相结合的方法则可以取长补短，是目前广泛采用的方法。结合的方式通常有两种，即先规则后统计和先统计后规则，采用何种方式需要根据具体应用和算法效果而决定。规则主要涉及语言学知识，最常见的是专业词语的词法构成规则。采用这类方法抽取专业词语的研究者很多，比如上文提及的 Katerina T.Frantzi & Sophia Ananiadou,et.al 在构建 NEURAL 系统时，在运用 C-value 统计策略之前加入词性规则和词缀特征规则进行初步筛选；Daille 针对复合名词类型的专业词汇进行研究，于 1994 年建立 ACABIT 系统[176]，其实现思想是先根据给定的句法模式从语料中抽取候选词，再利用 log-likelihood ratio 通过计算复合名词间的结合紧密度来进行筛选。

此外还有使用遗传算法、决策树机器学习方法和朴素贝叶斯技术抽取专业词语或复合专业词语的方法。

9.1.2 国内研究现状分析

针对中文的研究与针对英文的研究有很大区别，第一是因为英文文本中的单词各自自然地按照空格间隔，可直接获取文本中的词集合，而中文没有这样的特点，需要事先进行分词处理，而且不能保证 100%准确率，还会将错误延续到下一步的抽取环节；第二是大部分单个的英文单词都有一个特定、较完整的含义，且具有形态的变化，而中文以词语为单位来表达基本含义，很多时候表达一个概念需要多个字或词语，且没有形态的变化；第三是由于中文中很多词属于兼类以及具有多种词性、句法成分，使得词语与词性或句法成分之间没有简单的映射关系。综上所述，相较于英文，针对中文的研究增加了很多难度。

国内针对中文专业词汇抽取的研究主要从基于词典资源、基于统计和基于规则与统计相结合这几个方向进行。

基于词典资源构建专业词库方法的思想很简单，即按照专业词语词典的分类体系分别抽取词语纳入相应的专业词库中，比如《汉语主题词表》，其是一部大型综合检索工具书，增订本收录正式主题词 99 379 条。采用此方法存在明显的缺点，主要表现在：①由于词典的更新速度慢导致大量专业新词不能被收录；②各类专业词典的分类规则不同，相互之间不能完全统一，使得当进行词典融合时由于有些词语分别在不同的领域分类中，因而还需进一步人工处理，并且任何一部词典也不能保证 100%的正确率。

统计机器学习的方法分为有监督的学习方法和非监督的学习方法两种方式。基于有监督的专业词汇抽取方法的思想是根据专业词汇在训练语料中的分析结果来确定模型的特征集，进而以此为抽取标准对新文本的抽取结果做出判断，因而此方法事先需要构造加以特定标注的训练语料，由抽取的对象确定标注的是语料中所有出现的专业词汇，并且一般按专业词汇的起始位置、中间部分和结束位置进行分别标注。目前采用此类方法的主要有基于条件随机场的专业词语抽取方法[177]和基于支持向量机的专业词语抽取方法。

基于非监督的专业词语抽取方法的思想是利用各种统计策略从文本中挖掘出可能的专业词汇进而用训练时根据实验效果设定的阈值进行筛选。统计策略主要有频次、互信息[178,179]、接续指数、左右熵[180]、log-likelihood、TF-IDF、C-Value[181]、mi_f、关联范数估计式[182]、词汇活跃度等。采用此类方法的主要有：梁颖红、张文静和张有承[183]将互信息和 C-Value 方法的思想相结合，提出一种基于 C-MI 方法的专业词汇抽取算法；杜波和田怀凤[184]在 Pantel 研究的基础上，对生语料利用互信息和 log-likelihood ratio 方法抽取出长度为 2 的专业词，进而将其向左右进行扩充从而抽取出多字词，最后使用阈值筛选得到专业词语集；王强军[185]利用接续指数度量专业词汇的成词度从而生成候选专业词语集，利用 TF-IDF 与领域相减度量专业词汇的领域度从而筛选出结果，并提出了流通度的概念；陈文亮、朱靖波等[186]基于 Bootstrapping 进行领域词的抽取，并利用生语料和特定领域的种子词集进行自动学习，生成的候选词集通过评价和选择策略后确定出领域词集；李专[187]将分词后产生的非登录词作为单词型专业词语候选，然后将候选词与前后词分别搭配作为短语性专业词语候选，采用候选词在取词语料中的累积次数和其在专业词库中的平均字频作为筛选条件；吕美香等[188]采用 n-gram 模型分别切分出 2 至 6 元多字词，去除停用词后根据统计词频和 GF/GL 权重值筛选出领域新词，同时总结专业词汇经过 ICTCLAS 分词后表现的规律性，制定出相关规则进行进一步筛选；古俊等[189]先通过 ICTCLAS 分词，过滤其中一些词类或词性后将长度不大于 5 的词串作为候选词，将出现频率（大于 1 小于 6）和长度递减规则作为筛选条件，再通过 TF-IDF 权重计算进一步筛选出最终的结果。

同时，由于中文词语具有由多个单字组成的特点，有些研究者还根据词语本身的构词特点制定出相应筛选条件，比如独立成词概率、位置成词概率和双子耦合度，这些筛选条件都是根据词语（包括专业词汇和普通中文词汇）在大量文本中的统计结果得到的。以上所提及的统计策略各有优缺点和适用对象，没有一个方法能独立使用即可抽取出各种类型的专业词语并达到良好的效果，因此还需继续探索。

同国外的研究趋势相同，大部分研究者采用的也是基于规则和统计的方法。目前，规则的制定主要都是从专业词语本身所具有的特征和专业词语所在文本中的特定位置两个方面考虑，前者包括专业词语的词性特征、最大长度限制等，后者主要指少部分专业词语出现在文本中的固定位置处，例如当“专业词语(Term in English)”这样的情形出现时，提取括号之前的词语即为专业词语。采用此类方法的主要有：周浪[190]从构词结构的完整性、领域相关性和词语搭配三个方面进行研究，并首次考虑非名词性结构的专业词汇，提出词汇活跃度和词汇间黏合度的概念，分析词语间搭配特征进而判断短语性专业词汇，同时还提出一种基于分布变化特征的领域相关度计算方法，从而解决低频术语的问题；惠志方[191,192]从现有的专业词库中通过机器学习的方法提炼出 122 条词语结构规则，同时结合前后缀、上下文等特征，采用最长短语机制和χ^2检验方法抽取出科技专业词语；张榕[193]先基于匹配模板确定候选专业词语的起始位置，然后分别抽取出长度不大于 6 的所有词语序列作为候选集，进而针对这些长度不同的候选词语分别计算其与左右词语的信息熵值，取熵值最大的词语序列为进一步的候选对象，最后利用词性序列集进行过滤；程斌、张水茂[194]采用先规则后统计的方法，先抽取出长度在 2 到 8 之间的词语序列，同时基于词性信息进行过滤，然后建立后缀树，筛选出频次大于 2 的词语序列加入候选词语集，最后基于 SCP 和 C-value 进行统计筛选，从而确定出专业词语集合。

9.2　专业领域词汇及搭配关系的相关概念和理论知识

全面了解和分析研究对象的界定范畴和特点是做好本研究的基础，本章节主要概述基于特定领域的专业词汇和词语搭配关系的相关概念和常用研究方法。

9.2.1　专业词汇的定义

1. 专业词汇的一般界定

专业词汇（也称专业词语），顾名思义，是指在某一特定领域中频繁使用、用于表达该领域中某项基本概念的语言单元。简而言之，其是所在领域中的专门用语。

专业词汇可以是一个词，也可以是一个短语，只要其可以表达该领域中的一个完整概念即可。同时，专业词汇不仅只能是中文，一些英文缩略语也可以归类于专业词汇，因为其在中文专业文本中同样经常出现，也为大家所熟知，比如 DNA、RAM 等。

由于特定领域专业词汇的数量不是一成不变，而是随着学科领域的发展而不断更新扩大的，因此在特定时间轴上可以将专业词汇分为专业新词和常用专业词汇。正是由于这一特点，研究从大量文本中抽取专业词汇的方法就具有一定的研究意义，因为其可以避免基于词典的方法不能获取专业新词的局限性（因为词典的编纂和修订均具有一定的时间周期性）。

2. 专业词汇与术语

目前为止，关于术语抽取的研究较多，但关于术语与专业词语到底有何区别至今几乎没有研究者加以判定和讨论，其中有部分研究者将术语等同于专业词语看待。对此，笔者的看法是这样的：在《现代汉语词典》中，将术语解释为某门学科中的专门用语，可见两者并无本质性差异，但同时，两者可能存在细微的差别，术语具有更为严格的定义，每一个术语表达一个严格规定的意义，是对特定领域中某一特定概念的统一业内称谓。而本书抽取的专业词汇没有如此严格的规定，它是通过统计大量文本从而获取人们经常使用的专业词语，因而抽取出的专业词语的准确性主要取决于这些训练语料的用词准确性。但从另一方面来讲，从目前的研究来看，几乎所有研究者也均采用统计的策略抽取术语，因此本书抽取专业词汇的方法可以借鉴于术语抽取的方法。

9.2.2　专业词汇的分类

从专业词汇的构成结构来看，可以将专业词汇分为单词型专业词汇和词组型专业词汇。

单词型专业词汇（也称为简单专业词汇）是指该专业词汇不能再划分为更小的语义单元。例如“二进制”、“宽带”、“校验和”是不能再分的基本概念。通常，此类专业词汇基本上均为名词类词语，因此可以通过词性来过滤掉非单词型专业词汇。

词组型专业词汇（也称为复杂专业词汇）是指该专业词汇可以再划分为更小的语义单元。例如“数据结构”可以划分为“数据”和“结构”，“高速缓冲存储器”

可以划分为“高速”、“缓冲”和“存储器”。词组型专业词汇表达的意义是通过其中各个组成单元的概念累加获得的。当词组型专业词汇的某个子单元还多次出现在其他词组型专业词汇中时，那么该子单元具有一定的独立性，可以纳入为单词型专业词汇，比如“存储器”均出现在“高速缓冲存储器”、“动态随机存储器”和“同步动态存储器”词组型专业词汇中，表明其具有独立的表达意义，因而也是单词型专业词汇。另外，毕竟专业词汇的个数是有限的，因此可以通过统计分析词组型专业词汇中各组成单元间的语法关系来过滤掉非词组型专业词汇，如词性组合特征。

9.2.3　专业词汇的特性

1. 专业词汇的可度量特性

专业词汇具有结构性和领域性两大特点。结构性代表专业词汇本身的特性，主要包括专业词汇的长度特征、专业词汇内部的语法结构特征和专业词汇内部的紧密结合程度。领域性代表专业词汇隶属于某特定领域概念范畴的特性，这是专业词汇与一般词汇的最大区别。一般而言，专业词汇只隶属于一个或少数几个领域的概念范畴，并且只在该领域中高度流通，而在其他领域中很少出现。

专业词汇具有的两个可度量特性即分别对应于以上的两类特性，即词语度对应于结构性和领域度对应于领域性。

词语度（也称为单元性）是从构词角度考察专业词汇是否表达了一个完整的概念以及是否是一个稳定的结构。前者可以通过考察前后边界来判断；后者则主要考察词组型专业词汇，可以通过利用统计方法计算其内部各组成单元的紧密结合程度来衡量，最常用的计算两者之间紧密结合程度的统计方法是互信息。

领域度（也称为领域性）是从归属角度考察专业词汇的分布性。不难想象，理想的情况下，一般词汇在各个领域分布均匀，趋近于一个常数，而专业词汇只在所属领域的分布值达到尖峰，而在其余领域的分布值趋近于一个很小的数。能表达这一特性最常用的统计方法是相对频比（RFR）参数和 TF-IDF 指数。

2. 专业词汇的内部特征与外部特征

内部特征类似于上文提到的结构特征，主要是指专业词汇内部的语法模式、搭配模式。

外部特征主要是指专业词汇与上下文环境相邻的边界的特征。按照边界特性，可以将专业词汇分为以下三类。

（1）有明显前后边界标志的专业词汇：比如科技文献中的关键字处在“；”之间。这类专业词语可以利用规则从文本中抽取出来，简单可行，但其在文本中较少出现，单纯依靠它来抽取专业词汇并非现实。

（2）有前界或后界标志的专业词汇：比如“是指”、“可定义为”前面的词语或

“也称为”后面的词语很有可能是专业词汇。这类专业词语较前者出现的频次略高，抽取时可以确定一边的边界，而另一边是抽取一个词语还是多个词语则还需要利用算法进一步判断。

（3）无前后边界标志的专业词汇：文本中绝大部分专业词汇均属于此类。由于没有明显的标志帮助判断词语的边界，因此只有通过算法来确定边界，或者通过统计大量专业词汇的边界信息从而发现规律，挖掘出可利用的知识来进行辅助判断。

9.2.4 专业词语搭配关系的定义

对于搭配的定义，目前为止还没有一个统一的标准，但基本上可以概括为：词语搭配是指具有无固定数量、重复出现频率较高、习惯性、不能运用简单规则进行归纳的特点并且满足一定语法关系的词语组合。同时，词语搭配也是与领域有关的，不同领域有各自专业性、习惯性但在通用领域中不常出现的词语搭配。因而一般而言，将词语搭配再细分为一般搭配、修辞性搭配、专业性搭配和惯例性搭配这四种类型[218]。对于专业性搭配，王乃兴[218]认为其是指在专业文本中那些以大于偶然的概率同现于同一语法结构内并具有一定专业意义的词语组合序列。可见，专业性词语搭配与普通领域词语搭配均具有统计特征和语法结构特征，区别在于研究的语域不同和表达的概念是否同属于某个特定领域涵盖的概念。

9.2.5 通用的统计方法

无论是抽取专业词汇还是挖掘专业词语搭配关系，都可以运用统计的策略，这是因为两者都是通过统计的方法以期获得稳定的结构，只不过结构的形式不同，前者是当两个或多个相邻词语达到一定的稳定状态，从而可以构成一个完整的专业词语（针对词组型专业词语），而后者不仅要考察相邻词语间的稳定程度，当不相邻的两个词语彼此间达到一定稳定状态，也可以算作是一种词语搭配关系。因此，研究两者的核心思想是相同的，只不过是具体操作的方法不同。

1. 词频统计

词频统计是几种常用统计方法中最简单的一种。它的思想很简单，就是当某个词语或相邻的两个词语（甚至更多）在特定领域的训练语料中出现的频次大于一定阈值时，则认为它的出现并非偶然，将其看作是专业词汇，或者当两个词语（无论相邻还是不相邻）在特定领域的训练语料中的共现频次大于一定阈值时，则将其看作是一个词语搭配。虽然统计的形式可以变换，但若单独采用此方法则存在很大的缺陷，一方面是导致计算量巨大，比如就抽取专业词汇举例说明，其要遍历整个文本，逐一的进行统计，而且从每一个词语开始要向后截取[1，最长专业词语长度-1]，这样不同个数的词语分别进行统计，因而无论是从时间复杂度还是从空间复杂度考虑，其都不是一种理想的方法；另一方面是抽取出的高频率词项很有可能不具有任何意义，因为没有加入任何语法层面的筛选，得到的只是文本中的表象特征。

但是，若将此方法作为整个算法流程中的其中一个环节，则是可以起到事半功倍的作用，即将会大大减少计算量。比如，本书中在进行复杂的抽取之前，先进行词频统计，然后只对频次大于一定阈值的词项进行下一步操作，则可以大大减少运算量，将损失降为最小。

2. 互信息与三次互信息

互信息（Mutual Information，MI）是衡量两个元素（可以以字为单位或以词为单位，视具体方法而定）间的依赖程度或稳定程度最简单易行的方法。互信息的定义参考 8.2.2 节中的相关介绍。利用最大似然估计公式将公式（8.3）进一步改写为

$$MI(x,y)=\log_2\frac{N\times R(x,y)}{R(x)\times R(y)} \tag{9.1}$$

其中，将之前的概率展开，则 $R(x,y)$表示文本中 x 和 y 同现的频次，$R(x)$、$R(y)$分别表示文本中 x 和 y 单独出现的频次，N 表示当前文本中的总词数。

此方法有一个明显的弊端，即当数据稀疏时，计算的结果与实际偏差较大，容易做出误判。这是因为，若当两元素间完全相互依赖时，两元素共同出现的频次可以由其中一个元素的出现频率替代，因而上述公式可转变为

$$MI(x,y)=\log_2\frac{N}{R(y)} \tag{9.2}$$

可见，当两者出现次数较少时，反而互信息的值越大，这显然不符合公式表达的本意。为此，有人提出了一个改进的互信息计算公式，即三次互信息公式，如下所示：

$$MI(x,y)=\log_2\frac{N\times R(x,y)^3}{R(x)\times R(y)} \tag{9.3}$$

公式（9.3）中的各参数的意义与公式（9.1）相同，区别在于将两者共同出现的频次取其三次方，这样做的目的是扩大了两元素共同出现频次的重要性，拉开了高频事件与低频事件结果值的差距，避免了上述公式当数据稀疏时赋予较高结果值的情况，因为即使两者绝对相互依赖时，计算的结果也正比于其出现的次数，不会再出现上述的情况。

尽管经过修订有效避免了其缺陷，但当计算两个以上元素间的依赖程度时，互信息仍不是一个好的办法，因为从它的推广公式可以看出，其计算量很大。试想若当处理一篇文本时，其时间复杂度与其他方法相比，将是一个明显的弱势。

3. 信息熵

熵是信息论中的基本概念，用来描述一个随机变量的不确定性的大小，其定义可参考公式（2.29）所示。

信息熵不仅可以应用于专业词语抽取上，还可以用于词语搭配的抽取上，只不过侧重点不同。对于前者，可以利用其来衡量专业词语的词语度，即用来判断词语的边界，若熵值越大，则说明当前位置是词语的一个边界，详细的方法见下一章节。对于后者，可以利用其来描述搭配的结构分布特征，即搭配词在中心词左右窗口范围内的分布特征。因为搭配词不是等概率分布在中心词左右的各个位置上，因此可以通过熵值的计算归纳出搭配词通常与中心词在位置上的分布关系。此时用最大似然估计描述熵的公式，如公式（9.4）所示。若熵值越小，则表明它的结构更稳定，可以被当做是一个搭配。

$$H(w_i) = -\sum_{j=1}^{n} \frac{R_j(w_i)}{R(w_i)} \log_2 \frac{R_j(w_i)}{R(w_i)} \tag{9.4}$$

其中，将搭配词出现的各个位置看作一个离散的随机变量，w_i 表示某一个搭配词，$R(w_i)$表示搭配词 w_i 出现的次数，j（j=1,⋯,n）代表搭配词在左或右方向上与中心词的相对距离，一般研究者将最大值设为 6，则 $R_j(w_i)$表示搭配词 w_i 在位置 j 出现的次数。

值得注意的是，这个方法只是从词语搭配的分布性进行考察，不能仅依靠它来做出最终的判断，核心的挖掘方法还是考察相互依赖关系的统计方法（也称为相关性度量方法），因此应将上述方法作为相关性度量方法的辅助方法，从而起到一个增强的作用。

4. 对数似然比检验

此方法是假设检验的一种。假设检验方法的思想是事先提出两个对立的假设 H_0 和 H_1，然后选择一种假设检验方法进行计算，最后根据结果值来判断出当前的事件符合哪一个假设。假设检验方法主要包括χ^2检验、Z 值检验、t 检验和 u 检验等。而其中的对数似然比检验（由 Ted Dunning 提出）被认为是这些检验方法中最具有统计效力和解释性的一种方法。该方法的描述如下：

假设 w_i 和 w_j 是两个相邻的（或间隔一定距离，需将公式微调，详见后面章节介绍）词语（或单字，依具体方法而定），为判断两者是相互依赖存在还是相互独立存在，分别提出以下假设后进行对数似然比检验。

假设 H_0：

$$P(w_j|w_i) = p = P(w_j|\neg w_i) \tag{9.5}$$

假设 H_1：

$$P(w_j|w_i) = p_1 \neq p_2 = P(w_j|\neg w_i) \tag{9.6}$$

显然，假设 H_0 是独立性假设，H_1 是非独立性假设。接下来利用最大似然估计计算各假设情况下的概率值，在此先做如下约定：C_i、C_j 和 C_{ij} 分别代表在语料中 w_i 单独出现、w_j 单独出现和 w_i 与 w_j 同时出现的次数，N 代表当前研究对象的总数（针对相邻和不相邻的情况，N 值不同）。则各概率的计算公式如下。

当假设 H_0 为真时，概率 p 的计算公式为

$$P(w_j|w_i) = P(w_j|\neg w_i) = p = \frac{C_j}{N} \tag{9.7}$$

当假设 H_1 为真时，概率 p_1 和 p_2 的计算公式分别为

$$P(w_j|w_i) = p_1 = \frac{C_{ij}}{C_i} \tag{9.8}$$

$$P(w_j|\neg w_i) = p_2 = \frac{C_j - C_{ij}}{N - C_i} \tag{9.9}$$

对数似然比检验方法与其他检验方法最大的区别是其采用了基于二项式分布的统计检验方法，主要原因是其他检验方法假设的正态分布或χ^2分布对小概率事件不能做出较好的评判，然而事实上，数据稀疏在数据抽取任务中是不得不解决的关键问题，基于二项式分布可以有效解决以上问题。二项式分布假设的原始计算公式如下：

$$b(k;n,p) = \binom{n}{k} p^k (1-p)^{n-k} \tag{9.10}$$

其中，n 代表总数，k 代表满足概率 p 的个数，p 和 $1-p$ 代表两个相斥事件的概率。

那么，基于二项式分布的假设 H_0 和 H_1 的似然值分别为如下：

$$L(H_0) = b(c_{ij}; c_i, p) b(c_j - c_{ij}; N - c_i, p) \tag{9.11}$$

$$L(H_1) = b(c_{ij}; c_i, p_1) b(c_j - c_{ij}; N - c_i, p_2) \tag{9.12}$$

对数似然比即是将上述两个二项式分布相比后取对数，如公式（9.13）所示：

$$\begin{aligned} \log_2 \lambda &= \log_2 \frac{L(H_0)}{L(H_1)} = \log_2 \frac{b(c_{ij}; c_i, p) b(c_j - c_{ij}; N - c_i, p)}{b(c_{ij}; c_i, p_1) b(c_j - c_{ij}; N - c_i, p_2)} \\ &= \log_2 L(c_{ij}, c_i, p) + \log_2 L(c_j - c_{ij}, N - c_i, p) \\ &\quad - \log_2 L(c_{ij}, c_i, p_1) - \log_2 L(c_j - c_{ij}, N - c_i, p_2) \end{aligned} \tag{9.13}$$

其中，$L(k,n,p)=p^k(1-p)^{n-k}$。

接下来将上述公式进行改进，使其在数据量足够大时逼近于χ^2分布，这样既同其他分布一样满足于χ^2分布，又能有效避免原先数据稀疏的问题。改进的方法很简单，将公式（9.13）乘以–2 即可，如公式（9.14）所示：

$$\begin{aligned}-2\log_2\lambda &= -2\log_2\frac{L(H_0)}{L(H_1)} = -2\log_2\frac{b(c_{ij};c_i,p)b(c_j-c_{ij};N-c_i,p)}{b(c_{ij};c_i,p_1)b(c_j-c_{ij};N-c_i,p_2)} \\ &= 2\log_2 L(c_{ij},c_i,p)+2\log_2 L(c_j-c_{ij},N-c_i,p) \\ &\quad -2\log_2 L(c_{ij},c_i,p_1)-2\log_2 L(c_j-c_{ij},N-c_i,p_2)\end{aligned} \tag{9.14}$$

对于评判到底符合哪一个假设的标准，一般假设能容忍的犯错误概率为 a=0.5%，则$p\left(|-2\times\log_2\lambda|\geqslant u a_{/2}\right)=0.5\%$，结果为$u a_{/2}=7.88$，这表示若当对数似然比的值大于 7.88，则可以以 99.5%的可靠度证实满足假设 H_1，反之若小于，则证实满足假设 H_0。

此方法既适用于专业词语抽取，也可适用于词语搭配关系抽取，最大的优势是解决了低频的问题。

9.3　基于统计与规则相结合的专业词汇抽取算法

9.3.1　专业词汇抽取算法的流程

本书提出了一个运用语言规则和统计策略相结合的中文专业词语抽取方案，实现了利用计算机对给定语料进行专业词语的自动抽取。整个抽取算法的流程如图 9.1 所示。

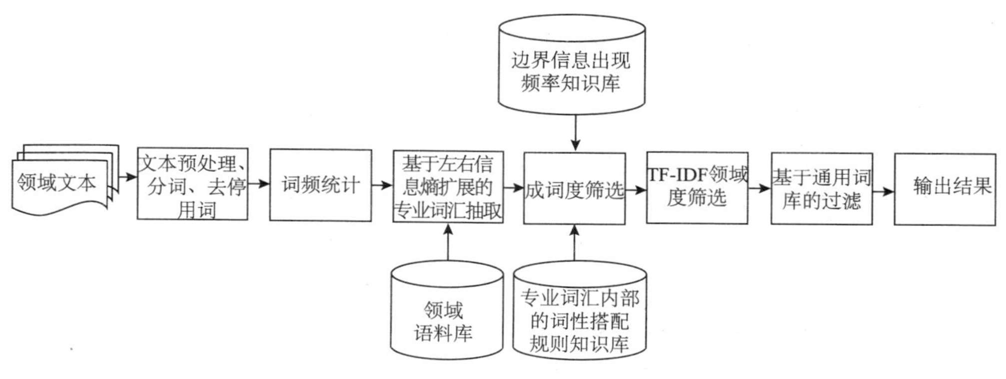

图 9.1　专业词语抽取算法流程

从图 9.1 可知，给定一篇领域文本，经过文本预处理、分词、去停用词、词频统计、基于左右信息熵扩展的候选专业词汇抽取、基于词性搭配规则知识库和边界信息出现概率知识库的成词度筛选、基于 TF-IDF 的领域度筛选和基于通用词库的过滤这些步骤后，得到该领域的专业词库。其中，候选专业词汇的抽取、成词度筛选和 TF-IDF 领域度筛选是整个算法的核心步骤，也是本章重点介绍的内容。

1. 文本预处理、分词处理、去停用词处理

1）文本预处理

文本预处理是所有研究任务的前提，处理结果的好坏将直接影响后续环节的质量，因此从这一步开始，应尽可能避免将错误带进后续环节中。针对不同的语料类型，文本预处理的任务不尽相同，但最终的目的都是使所有文本的格式统一、规整，便于后期的抽取操作。对于专业文献类的语料，需要将文献开头的来源、出版信息、文献的题目、作者、中英文关键词、中英文摘要、中图法分类号和文献末尾的作者姓名及学历信息、E-mail 信息、参考文献、收稿和修改稿的时间等信息移除，只保留文献的正文核心内容。另外，对于正文中许多无意义的空行，以及较大块的公式，也需将它们去除，因为这些内容中不会包括中文专业词汇，而只会增加后续操作的计算量。对于网页类的语料，同样需要去掉首尾无用项、空行和大篇幅的非中文段落。

以上预处理的操作均采用程序的方式自动处理，处理的方法是先观察每一项需移除的内容在文本中出现的位置、上下文环境等基本特征，归纳出具有一定规律的特征，进而编写程序实现。

2）分词处理

分词采用现有分词系统中效果较好的 NLPIR 汉语分词系统[219]，并将其以动态链接库的方式加入本系统中。对于专业文本的分词，由于分词系统的词库并不足够全面，因而出现许多专业词语经过分词后被错分为散串或其中部分成分与上下文结合成词语的情况，因此在接下来的抽取时还需要特定的算法来规避分词的错误。

3）去停用词处理

去停用词的处理可以避免在分词后统计出无意义的高频率字或词语，进而避免抽取出带有停用词的专业词语，同时在一定程度上减少了后续操作的工作量。具体的做法是根据之前构造的停用词表对文本中出现的停用词做“^”标记。

本章节所指的停用词不仅包含一般研究课题中使用的常见虚词类型的停用词，还包括一些撰写特定类型文章时惯用的词汇，即几乎在每篇语料中均会出现的常用表达用语，例如：提出、研究、又称为、所谓、包括、资助、主要、一定、得到、采用、提供、要求，等等。

构建停用词表的方法如算法 9.1 所示。

算法 9.1　停用词表的构建算法

Step1　定义一个 Dictionary<string,List<int>>泛型集合，键-存储词语，值-存储词语所在语料编号；

Step2　For 每篇文本语料 ti in 领域语料库

For each word in 当前文本语料 ti
　　将当前词语出现在的语料编号记录在 dictionary[word]中；
Step3　将 dictionary 内的信息导入 hashtable 中，键——存储词语，值——存储词语出现在领域文本语料中的数目，即 dictionary 的值（即列表）的长度；
Step4　将 hashtable 按值排序；
For each dictionaryEntry in hashtable
　　if（当前词语出现在领域语料中的数目/领域语料库中语料的总数>0.85）
　　　　将当前词语加入到停用词列表中；
Step5　结束。

可见，抽取的停用词是在语料库中具有很高分布率的词语。最终，本书利用上述算法构造了一个含有 1291 个字或词语的停用词表。

2. 词频统计

此步骤具体的操作如下：对上一步处理的结果，从带词性标注和不带词性标注两个角度分别进行词频统计，将统计结果存入相应的 Dictionary 泛型集合中，键存储词语，值存储一个 wordInfo 类的对象，其中包括一个存储频次的变量和一个记录索引位置的动态数组。另外，为避免抽取的专业词汇跨越两个自然段导致错误率提高，将“\r\n”回车换行符也加入集合中。

之所以在核心抽取算法之前先进行词频统计，主要基于两点考虑：①由于利用统计算法进行信息抽取主要是以真实文本中的大量出现为理论依据的，因此如果先进行词频统计，则可以直接定位到候选专业词语的大致位置，进而进行一系列的操作和判定；②计算词频的同时，分别记录每个词语在文本中出现的各个位置，这样在后续操作中不用再遍历文本，简化了步骤。

本书设定词频大于 3 的字或词作为待扩展的中心词。由于语料中文本的长度均较短，大部分篇幅在 2000 字左右，因此词频统计的阈值设定得较低。从另一角度讲，这样做也可以在一定程度上避免过多低频专业词汇抽取不到的问题。

3. 基于左右信息熵扩展的候选专业词汇抽取

对词频大于一定阈值的字或词，以其为中心，先向左然后再向右不断扩展计算信息熵，直至熵值小于阈值为止，返回的字符串加入候选专业词语集。若中心词为单字，则不记录候选词语中各组成部分的词性特征；若中心词为词语，则记录候选词语中各组成部分的词性特征。

4. 成词度筛选

从候选词语的边界信息和候选词语的组成部分间的词性搭配两个层面进行成词

度的筛选，对不满足条件的候选词汇移除候选集。

5. 领域度筛选

将上一步系统抽取的候选专业词汇加入到 NLPIR 分词系统的用户词典中，选取与所研究领域对立的领域语料库，对其进行同样的预处理操作，然后对候选集中的每个候选专业词语计算 TF-IDF 值，对小于阈值的候选专业词语移除候选集。

6. 通用词库过滤

由于本书构建的专业词语有特定的应用对象,即服务于中文文本自动校对系统，而针对特定领域，利用本书的方法抽取出的候选专业词语集中存在一些人们熟知的专业词语，如“硬盘”、“拷贝”等，这些词语已过渡为通用词语，并被自动校对系统中已有的通用词库中包含。因此从应用角度出发，为减少专业词库的存储空间，需要过滤掉通用词库中包含的专业词语。

下面将详细介绍以上的 3、4、5、6 这四个模块的设计思想与实现过程。

9.3.2　基于左右信息熵扩展的候选专业词汇抽取

基于 9.2.5 节对信息熵概念的介绍，可知信息熵用来描述一个随机变量的不确定性程度，可以用其来衡量一个结构的稳定程度。因此，借助信息熵的概念，可以帮助确定专业词语的边界位置。大致的设计思想为：以高频字或词语为中心，计算其与左侧或右侧（先左后右）所有出现过的词语共现情况下的信息熵，通过熵值感知当前中心项与左右侧词语的稳定程度，若熵值小于一定阈值，则中心项与左侧或右侧中最稳定的字或词语合并，再同样计算其与左侧或右侧所有出现过的词语共现情况下的信息熵，直至熵值大于给定的阈值则结束扩展，从而得到候选专业词语并确定出左右边界。具体的算法如下详细介绍。

1. 关键抽取算法的设计思想

设当前中心项（候选专业词语的中间结果）为字符串 s，计算其与左侧所有出现词语共现时稳定程度的公式如式（9.15）所示，计算其与右侧所有出现词语共现时稳定程度的公式如式（9.16）所示：

$$Entropy_l(s) = -\sum_{l \in L} P(ls|s) \log_2 P(ls|s) \tag{9.15}$$

$$Entropy_r(s) = -\sum_{r \in R} P(sr|s) \log_2 P(sr|s) \tag{9.16}$$

其中，L 表示字符串 s 左侧出现的所有词语的集合，ls 表示 s 左侧出现的词语 l 与 s 共现时的字符串组合，右侧情况同理，则上式分别计算出字符串 s 左侧或右侧的信息熵。对于其中包含的条件概率计算公式如公式（9.17）所示：

$$P(ls|s)=\frac{N(ls)}{N(s)},P(sr|s)=\frac{N(sr)}{N(s)} \tag{9.17}$$

上式采用极大似然估计计算，$P(ls|s)$表示当字符串 s 出现时，l 作为其左侧邻接词语的条件概率，右侧情况同理。

对于式（9.15）和式（9.16）结果值的分析，$Entropy_l(s)$的值越小，说明字符串 s 左侧出现的词语越稳定，则其邻接词语越可能是专业词语的组成部分，同理 $Entropy_r(s)$值则说明右侧的情况。因此，设定一个阈值 $Emax$，若 $Entropy_l(s)< Emax$，则判断 s 内部串的首词不能作为其左侧边界；同理 $Entropy_r(s)< Emax$，则判断 s 内部串的尾词不能作为其右侧边界。那么接下来，存在这样一个问题，若左侧或右侧多个字或词语与当前中心项组合达到一定稳定程度，选择哪一个合并后继续计算。确定的方法如公式（9.18）和公式（9.19）所示：

$$IRCT_l=\{ls|P(ls|s)\}=max_{l\in L}\{P(ls|s)\} \tag{9.18}$$

$$IRCT_r=\{sr|P(sr|s)\}=max_{r\in R}\{P(sr|s)\} \tag{9.19}$$

其中，IRCT（Intermidiate Result of Candidate Word 的缩写）表示候选专业词语的中间结果，因为该词语组合是否已具备词语完备性还需要下一轮的计算。从公式可以看出，与字符串 s 组合的词语是与字符串 s 共现，并计算得到最大条件概率的词语。

对于式（9.15）至式（9.16）可以满足一次边界的试探，但若判断为非边界需下一轮熵值计算时，上述公式中式（9.17）需要进行改进，以满足每次扩展的需要，其余公式仍然适用。改进的公式如式（9.20）所示：

$$P(ls|s)=\frac{N(ls[first])}{N(s[first])},P(sr|s)=\frac{N(sr[last])}{N(s[last])} \tag{9.20}$$

其中，$s[first]$表示当前的候选专业词语中间结果（其以词语组合的方式体现）中包含的第一个组成部分（为字或词语），$s[last]$则表示当前的候选专业词语中间结果中包含的最后一个组成部分。不难发现，上式与式（9.17）主要的区别在于分母在不断变化，这样随着不断向外扩展计算时，能准确计算外围边界的稳定性。

2. 完整抽取算法描述

综合上述设计思想，基于左右熵扩展的候选专业词汇抽取的完整算法如图 9.2 所示。

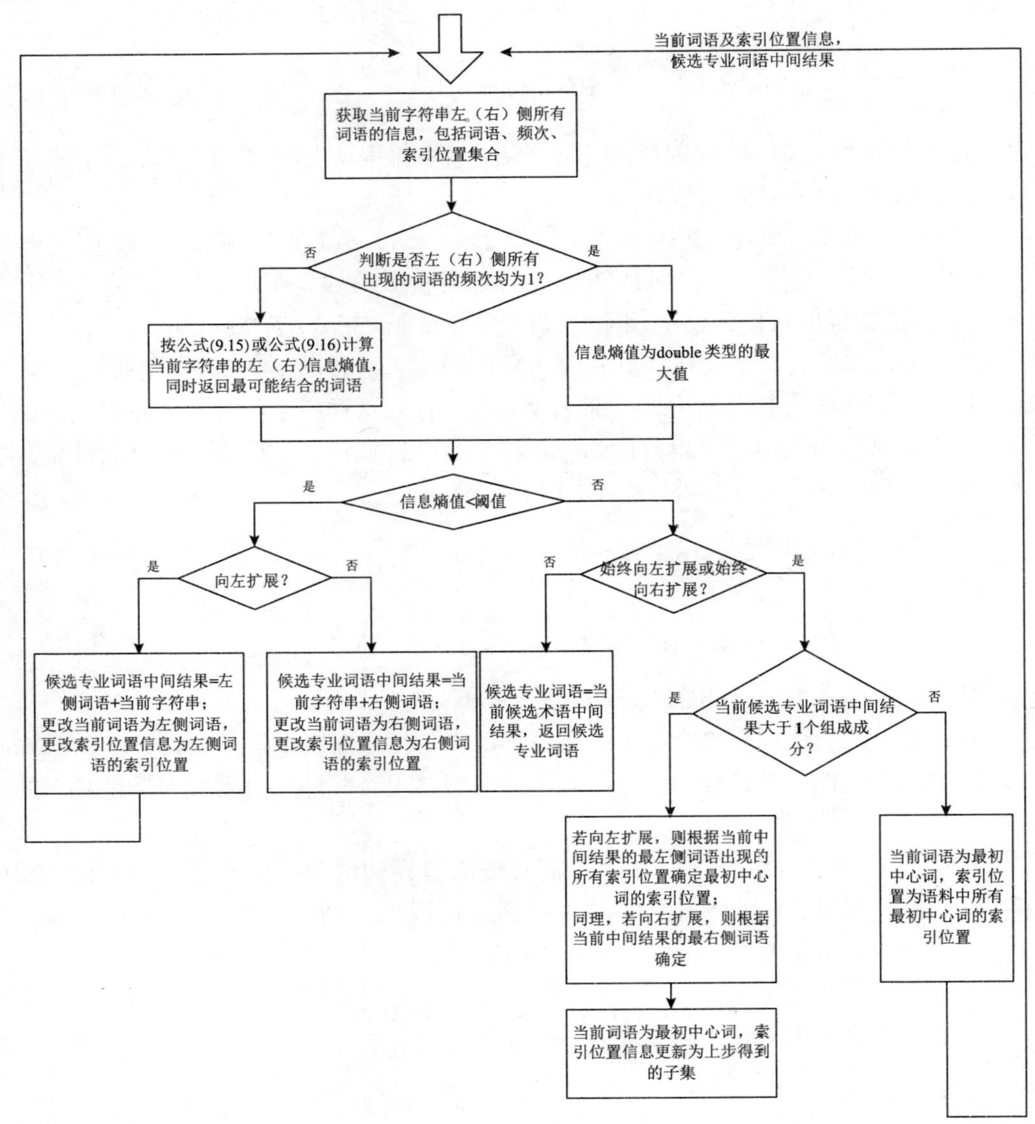

图 9.2　基于左右熵扩展的候选专业词汇抽取的完整算法

算法的输入：当前词语及索引位置信息、候选专业词语的中间结果。

算法的输出：最终候选专业词语。

算法采用递归的方式，输入的当前词语及其索引位置信息随候选专业词语中间结果的扩展而不断更新，从而保证信息熵值计算的准确性，每次传递候选专业词语中间结果能时刻存储算法的当前结果。当判断条件均不符合时，跳出递归，输出此时的字符串组合并将其作为最终候选专业词语。

9.3.3 基于成词度的专业词汇筛选

利用上节获取的候选专业词语是对语料中词语间共现规律的统计结果，并不能一定保证抽取出的专业词语满足汉语的构词规则。一方面是因为常用表达用语经常搭配出现，而计算机自动抽取时对这些搭配并没有识别能力；另一方面是因为专业词语有固定的几个专用搭配词语或由于作者表达的单一性，最终使得扩展范围过大，将候选专业词语边界外侧的表达用语也合并进来。

对于前者，可以通过分析特定领域专业词语的构词方式，制定相应的词语搭配规则，将无关搭配过滤掉；对于后者我们可以通过统计方法来分析特定领域专业词语的首尾字和首尾词的出现特征，构造边界信息出现概率知识库，从而确定专业词语的真正边界。

1. 词性搭配规则的获取

特定领域专业词语的数量在一定时期内是可数的，因而从构词角度是可以挖掘出一定规律的。每个研究者制定的规则不尽相同，大部分研究者抽取长度在 2~6 个字范围内的专业词语。由于本书采取先统计抽取后用规则筛选的方法，并且按照笔者的统计表明有 12.57%的专业词语长度是大于 6 的，可见较长长度的词语在专业领域文本中还是较普遍存在的，这也符合人们的预知。因此本书遵从算法统计的结果，为获取更多的专业词语而不限定专业词语的长度。同时，本书突破部分研究者认为专业词语为名词性成分的限制，按照训练语料的统计结果接纳更多词性的专业词语。

本书以 2000 篇计算机领域文献的关键词以及搜狗计算机领域专业词库（包含 7648 个词语）为训练语料，将其分词后按词语数目分类统计和分析词性搭配规律，并分别设定阈值，最终确定出专业词语内部的词性搭配规则，如表 9.1 所示。

表 9.1　专业词语内部的词性搭配规则

组成部分数	专业词语内部的词性搭配规则
一元	词性标注为 n、v、vn、vi、a、l 之一
二元	词性标注搭配为 n+n、n+v、n+vn、v+n、vn+n、b+n、v+v、a+n、n+vi、a+vn、b+vn、n+ng、vn+ng、vn+vn、n+an、m+n、vi+v、v+vn、vi+n、a+v、v+ng 之一
三元	三个词性中至少包含 n、v、vn、a、b、ng、d 中的一个词性成分
四元及以上	首词不为介词/p，量词/q，连词/c，助词/u，后缀/k
	尾词为动词、名词或名动性成分：n/v/vn/ng/vi/qv/vg
	组成部分的词性不包含：代词/r(人称代词/rr,指示代词/rz,疑问代词/ry,代词性语素/rg)、语气词/y、助词/u（除了“的”）、叹词/e、拟声词/0、处所词/s、状态词/z、方位词/f、字符串（非语素字/xx、网址 URL/xu）、时间词/t(时间词性语素/tg)

2. 边界信息出现概率知识库的构建

经过上步利用词性搭配规则进行筛选后，一些无效字符串可以被过滤，但仍有一些非专业词语存在，这些词语的含义并非全部与领域无关。通过分析发现，出现如此问题的原因，一方面是因为之前为平衡抽取的效果，使得上步制定的词语搭配规则并没有特别严格，而且任何形式的规则也不可能 100%过滤掉错误项，另一方面，发现很多错误出于它们的边界位置，而一般专业词语首部或尾部的字或词不会出现与领域专业性毫无关系的通用表达类型的词语，如 “注册表/n 填/v” 中的“填”、“小于/v TCommBP/x” 中的 “小于”、“每个/r 工作/vn 域/n” 中的 “每个”。因此，我们利用候选专业词语的首尾信息进一步筛选。

具体的做法是：本书以《人民日报》2000 年全年标注语料中词语长度大于 4 的词语、2000 篇计算机领域文献的关键词，以及搜狗计算机领域专业词库（包含 7648 个词语）为训练语料，分别计算词语的首字、尾字、首词、尾词的出现概率，然后将三部分结果进行融合，其中相同字或词项按最高概率值存储，最终构建出由四部分组成的边界信息出现概率知识库。之所以统计《人民日报》中较长长度的词语，是因为想从普通领域具有较高使用频率的词语角度来了解汉语表达中较长词语的首尾部特征，而且毕竟专业词语也属于现代汉语词语的范畴，因此利用其也可以进一步过滤掉那些包含基本上不会在首尾部出现的字或词的候选专业词语。

利用上述方法，最终构建出四个不同类型的边界信息出现概率知识库，知识库的表示分别如图 9.3 和图 9.4 所示。

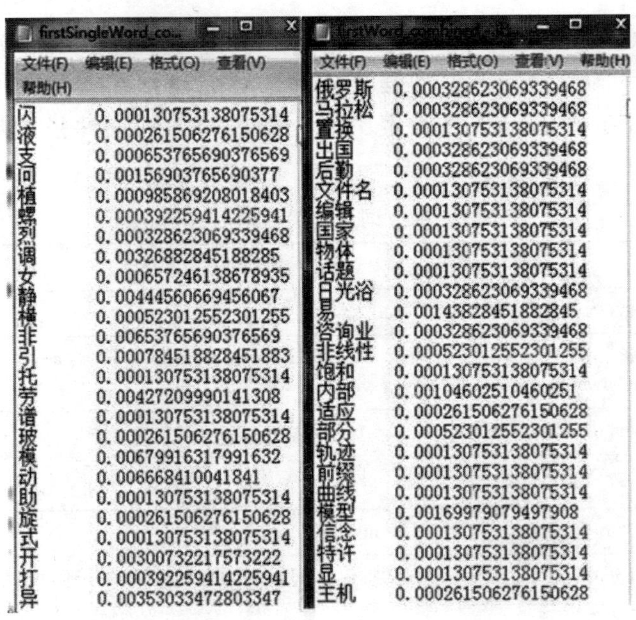

图 9.3　首字和首词出现概率知识库的表示形式

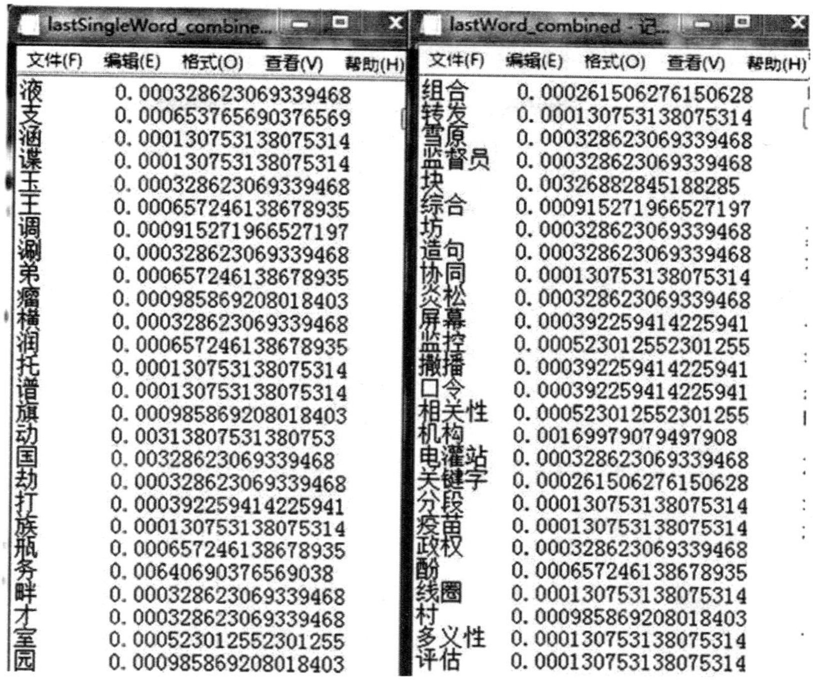

lastSingleWord_combine...

文件(F)　编辑(E)　格式(O)　查看(V)　帮助(H)

字	概率
液	0.000328623069339468
支	0.000653765690376569
涵	0.000130753138075314
谍	0.000130753138075314
玉	0.000328623069339468
王	0.000657246138678935
调	0.000915271966527197
涮	0.000328623069339468
弟	0.000657246138678935
瘤	0.000985869208018403
横	0.000328623069339468
润	0.000657246138678935
托	0.000130753138075314
谱	0.000130753138075314
旗	0.000985869208018403
动	0.00313807531380753
国	0.00328623069339468
劫	0.000328623069339468
打	0.000392259414225941
族	0.000130753138075314
瓶	0.000657246138678935
务	0.00640690376569038
畔	0.000328623069339468
才	0.000328623069339468
室	0.000523012552301255
园	0.000985869208018403

lastWord_combined - 记...

文件(F)　编辑(E)　格式(O)　查看(V)　帮助(H)

词	概率
组合	0.000261506276150628
转发	0.000130753138075314
雪原	0.000328623069339468
监督员	0.000328623069339468
块	0.00326882845188285
综合	0.000915271966527197
坊	0.000328623069339468
造句	0.000328623069339468
协同	0.000130753138075314
炎松	0.000328623069339468
屏幕	0.000392259414225941
监控	0.000523012552301255
撤播	0.000392259414225941
口令	0.000392259414225941
相关性	0.000523012552301255
机构	0.00169979079497908
电灌站	0.000328623069339468
关键字	0.000261506276150628
分段	0.000130753138075314
疫苗	0.000130753138075314
政权	0.000328623069339468
酚	0.000657246138678935
线圈	0.000130753138075314
村	0.000985869208018403
多义性	0.000130753138075314
评估	0.000130753138075314

图 9.4　尾字和尾词出现概率知识库的表示方式

以上的统计是基于分词系统的分词结果，虽然在统计之前的分词存在部分错误，但当语料足够大时对结果不会产生太大影响，而且专业词语抽取时的分词效果同当前统计的效果。知识库中记录的统计值是按出现概率计算的。

利用边界信息出现概率知识库过滤以词语为中心扩展的候选专业词语的算法如算法 9.2 所示。

算法 9.2　针对以词语为中心扩展的候选词语的过滤算法

Step1　加载首字和尾字出现概率知识库，以及首词和尾词出现概率知识库；

Step2　For 每个候选专业词语 in 候选专业词语集合

　　定义一个布尔类型标记 flag，初始为 false；

　　if（候选专业词语的首词在首词出现概率库中的概率值<阈值）

　　　if（候选专业词语的首字在首字出现概率库中的概率值<阈值）

　　　　过滤掉当前候选专业词语；

　　　　标记 flag=true；

　　if（flag==false&&候选专业词语为词组型）

　　　if（候选专业词语的尾词在尾词出现概率库中的概率值<阈值）

　　　　if（候选专业词语的尾字在尾字出现概率库中的概率值<阈值）

　　　　　过滤掉当前候选专业词语；

Step3　结束。

针对以单字为中心扩展的候选词语的过滤算法与算法 9.2 类似，区别在于由于以单字为中心扩展的候选词语在分词时含有未登录词，从而导致其组成部分中含有不成词的单字成分，因此只利用首字和尾字出现概率库进行过滤，如算法 9.3 所示。

算法 9.3　针对以单字为中心扩展的候选词语的过滤算法

Step1　加载首字和尾字出现概率知识库；
Step2　For 每个候选专业词语 in 候选专业词语集合
　　定义一个布尔类型标记 flag，初始为 false；
　　if（候选专业词语的首字在首字出现概率库中的概率值<阈值）
　　　过滤掉当前候选专业词语；
　　　标记 flag=true；
　　if（flag==false&&候选专业词语为词组型）
　　　if（候选专业词语的尾字在尾字出现概率库中的概率值<阈值）
　　　　过滤掉当前候选专业词语；
Step3　结束。

针对基于单字为中心扩展的候选专业词汇进行边界信息检测时利用首字出现概率知识库和尾字出现概率知识库，筛选时阈值均设定为 0.000131。针对基于词语为中心扩展的候选专业词汇进行边界位置检测时还利用了首词出现概率知识库和尾词出现概率知识库，筛选时阈值均设定为 0.00011。

9.3.4　基于 TF-IDF 领域度的专业词汇筛选

上节只是针对专业词语的成词度进行筛选，然而事实上仍有一部分词语虽然具备语言完备性的要求，却不隶属于当前研究领域中的相关概念，因此必须还从领域度的角度出发进一步筛选出领域概念范围内的专业词语，因为领域性是专业词汇最显著的特征。为解决领域性的问题，我们首先想到这是一个分布的问题，筛选算法应该能够实现将具有只在少数甚至一个领域的文本中频繁出现，而在其余领域中几乎不出现这样特性的候选专业词语保留，而将在各个领域文本中均匀分布的候选专业词语移除候选集。基于以上的分析，本书采用非常经典的 TF-IDF 算法。此算法的计算公式如公式（9.21）所示。

$$TF-IDF(i)=\sum_{j=1}^{N}\frac{TF(w_i,d_j)}{|d_j|}\times\log_2\frac{N}{DF(w_i)} \tag{9.21}$$

其中，前半部分是在特定专业领域（即前景领域）中计算，后半部分在背景领域中计算，本书选取经济、环境和能源三个对立领域的文献资源作为背景领域的语料。$TF(w_i ,d_j)$表示候选专业词语 w_i 在第 d_j 篇语料中出现的频次。由于每篇文本的长度不一致，导致计算结果可能具有随机性，因此本书进行归一化处理，即将频次信息与当前语料长度相除。N 表示背景语料的文本数，$DF(w_i)$表示候选专业词语 w_i 在背景语料库中出现的文本数。可见，公式表明候选专业词语在前景领域库中出现的次数越多、在背景语料库中出现的文本数越少，则其越可能是专业词语。

在运用 TF-IDF 算法进行领域度筛选之前，有一点非常重要，那就是应该想到考察候选专业词语在对立领域的分布情况时所使用的分词系统对这些专业词语仍然不能准确切分。因此为准确统计分布值，需要在调用 TF-IDF 算法前先将之前抽取的候选专业词语加入到分词系统的用户词典中。

最后还有一点值得注意，那就是加载用户词典的方式。NLPIR 汉语分词系统提供两种加载用户词典的方法，虽然两者均可实现功能，但最终效果是不同。具体的区别如表 9.2 所示。

表 9.2 NLPIR 汉语分词系统中两种加载用户词典的区别

种类编号	调用加载用户词典的函数声明	作用范围	简述加载方法

1	static extern int NLPIR_AddUserWord (String sWord);	从调用加载函数至整个算法流程的结束时间	逐个添加
			if(NLPIR 初始化失败)
			输出初始化失败提示；
			加载方法返回值 int flag=0;
			foreach(string 每个词语 in 候选专业词语列表) {
			flag=NLPIR_AddUserWord(每个词语+ "\t"+ "词性");
			if(flag!=1)
			输出加载当前词语失败提示；
			}

2	public static extern int NLPIR_ImportUserDict (String sFilename);	一旦将候选专业词语加载到分词系统的用户词典之后，则其将永久存在于系统的用户词典中	整个词表添加
			if(NLPIR 初始化失败)
			输出初始化失败提示；
			加载方法返回值 int flag=0;
			flag=NLPIR_ImportUserDict(候选专业词语集所在路径位置);
			if(flag==0)
			输出加载当前词表失败提示；

可见，以上两种方法对抽取算法影响的主要区别在于作用范围的不同。由于当前加载的候选专业词语均是成词度筛选后的初步结果，在此节领域度筛选环节后还将会有部分候选专业词语被淘汰，因此以上两种方法中应该采用第 1 种。

9.3.5 基于通用词库的筛选

前面已经提到为减少专业词库的存储空间，以便在中文文本自动校对系统运行时最小限度地加载知识库，提高系统的性能，我们在获取到经过统计抽取和几轮筛选之后得到的最终候选专业词语集合之后，还需将其与文本自动校对系统中的通用词库做差集运算（{候选专业词语集合}−{通用词语集合}），删除那些在通用词表中已经存在的专业词语。过滤前的候选专业词语集与通用词库如图 9.5 所示。

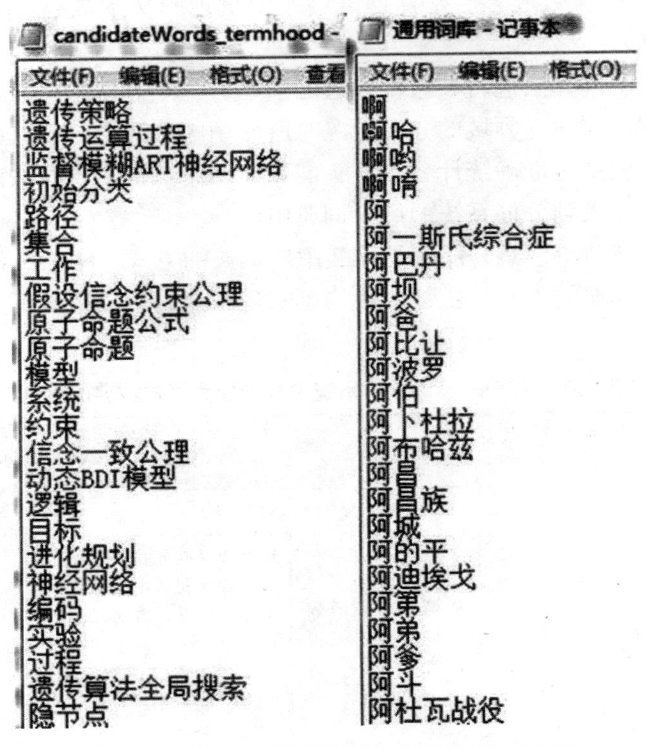

图 9.5 过滤前的候选专业词语集与通用词库

上图中，过滤前的候选专业词语集中包含一些通用词库中已存在的专业词语，包括“路径”、“集合”、“工作”、“模型”、“系统”、“约束”、“逻辑”、“目标”、“编码”、“实现”和“过程”，经过此环节的过滤之后，这些已存在的专业词语将被移除出候选专业词语集。可以发现，这些过滤掉的专业词语均是日常接触过或听说过的词语，留下来的词语则具有较强的专业特性，除非是专业领域文章，很少出现在普通的文本中。

9.4 基于特定领域的词语搭配挖掘算法

每个领域都有各自的概念体系，概念与概念之间还具有一定的关系，这样构成了所在领域大致的知识体系。对一个新的领域的深入了解，不仅要学习它的基本概念，还要学习其中包含的潜在知识，就如同学习英语时，光记住单词而不学习表达中常用的词语搭配是没有用的，因为这样并不能真正掌握语言如何应用。从对特定领域的中文文本自动校对具体应用来说，对专业词语的校对和对词语间搭配的校对是校对系统最主要的任务，也是绝大多数错误产生的主要原因。

本章节主要介绍词语搭配关系挖掘的算法，从常用词语搭配和动宾搭配这两个层面着想，分别提出不同类型的基于特定领域的词语搭配关系挖掘算法。

9.4.1　基于统计的常用词语搭配关系挖掘

本书对词语搭配关系的挖掘依靠的是统计的方法，因为没有现成的基于特定领域的词语搭配词典，也不可能在不了解当前领域的情况下制定出搭配规则，唯有通过统计有关特定领域的大量真实语料来总结出被高频使用的词语搭配，这种方法虽然受到语料内容的限制而不能挖掘出所有的词语搭配关系，但是已经抽取出来的都是真实语料的反映，具有一定的利用价值。本书通过分析词语搭配在专业领域文本中出现的特征和综合考虑各种统计方法的优点、缺点及适用范围，提出了基于三次互信息以及基于相对熵和对数似然比检验相结合的词语搭配关系挖掘算法。

1. 基于三次互信息的词语搭配关系挖掘

在 9.2.5 节已经介绍过三次互信息的概念和计算方法，知道其与互信息的不同在于有效解决了对低频事件赋予较高值的问题。将三次互信息应用在词语搭配关系挖掘上时，根据参数的定义及计算，公式的表示形式如公式（9.22）所示：

$$MI(x,y)=\log_2\frac{N^2\times R(x,y)^3}{N'\times R(x)R(y)} \tag{9.22}$$

其中，x 代表左搭配词，y 代表右搭配词，N 代表文本中包含的词语数，N'代表当前设定的窗口范围内文本中搭配的总数，其计算公式如公式（9.23）所示：

$$N'=WS\times(N-1)-\frac{N\times(N-1)}{2} \tag{9.23}$$

其中，WS 代表当前设定的窗口大小，N 与式（9.22）中的一致。当 WS=1 时，即计算相邻两者间的搭配，此时 N'=N–1，即除了文本中最后一个字或词语右侧没有相邻项外，其余均有，因此搭配的总数为 N–1。当 WS>1 时，式（9.23）中减去的部分是文本末尾处不能满足当前窗口范围内搭配的组合数。

利用本节的公式，通过人工的设定可以抽取出一定窗口范围内的词语搭配。这其中，相邻词语搭配是最主要，也是最有意义的统计，这些统计的结果可以为中文文本的自动校对提供排错依据和纠错建议。本书基于三次互信息的词语搭配关系挖掘算法如算法 9.4 所示。

算法 9.4　基于三次互信息的词语搭配关系挖掘算法

Step1　加载停用词集合并存储于 fieldStop_Word 哈希表中；

Step2　定义两个分别存储词语搭配及频次和左搭配词及频次的哈希表，即 allCollocations 和 allLeftWords；

Step3　分词，将分词的结果按行划分（由于文本的特点，每行句子的信息完整，不会转入下一行继续）存入一个 sentences 数组中；

Step4　调用 getAllCollocations_withoutPos(sentences，true，out allLeftWords，out totalNum)函数获取当前窗口设定范围内所有词语搭配及频次、左搭配词语及频次、文本词语数，分别存入 allCollocations、allLeftWords 和 totalNum 中；

Step5　利用 Linq 将 allCollocations 按值倒序排列；

```
For 每一项 item in 排序后的哈希结构
    if（当前项 item 的值大于 2）//只计算出现次数大于一定阈值的搭配
        将当前项 item 的键（即左搭配和右搭配）拆分开存储于数组；
        调用 calculateMI()函数计算当前词语搭配的三次互信息值；
        if（三次互信息值>阈值 8.0）
            if（fieldStop_Word 中既不包含左搭配也不包含右搭配）
                if（左右搭配均不是标点符号）
                    将此搭配及值存入结果哈希表中；
```

Step6　将结果哈希表按值倒序排序后写入本地文本书件中；

Step7　结束。

利用上述算法可以抽取出满足三次互信息抽取条件的词语搭配关系，同时利用停用词集合删除部分肯定不属于特定领域的词语搭配关系，并考虑将含有标点的搭配关系移除。

2. 基于相对熵和对数似然比检验相结合的词语搭配关系挖掘

提出基于相对熵和对数似然比检验相结合的方式，主要从两方面考虑，一方面是相对熵能考察两个词语间是否相互依赖，主要是依靠语料中两词语的高频出现（无论是同时同现还是单独出现），但是对于低频的情况则无能为力，而恰恰对数似然比检验可以弥补它的缺陷，因此想到将两者结合起来抽取词语搭配；另一方面是为将此方法与上节基于三次互信息的方法相比较，考察哪一种方法能挖掘出更多的词语搭配关系。下面对这两种方法分别介绍。

1）基于相对熵的词语搭配关系挖掘方法

相对熵（relative entropy，又称 Kullback-Leibler 差异）的定义：是衡量相同时

间空间里两个概率分布相对差距的测度[220]。若其中的两个概率分布分别为 $p(x)$和 $q(x)$，则计算这两个概率分布的相对熵的公式如公式（9.24）所示：

$$D(p||q)=\sum_{x\in X}p(x)\log_2\frac{p(x)}{q(x)} \tag{9.24}$$

其中，约定$0\log_2(^0/_q)=0$，$p\log_2(^p/_0)=\infty$。通过分析公式，可以发现，当两个概率分布完全相同时，即 $p(x)=q(x)$，$D(p||q)$的值为 0，表示两者之间没有差异。而 $D(p||q)$的值越大，表示两个概率分布之间的差异越大。

因此，我们可以利用相对熵的概念来考察一定窗口范围内两词语间相互依赖与相互独立的差异程度，从而判定是否能构成一种搭配关系。假设 $p(x)$代表两词语间相互依赖的概率分布情况，$q(x)$代表搭配词的概率分布情况，则两个概率分布的计算公式如公式（9.25）所示：

$$p(x)=\frac{C(w_i,w_j)}{C(w_i)},q(x)=p(w_j)=\frac{C(w_j)}{N} \tag{9.25}$$

上式中，w_i、w_j 分别代表两个词语，可以是相邻，也可以是相隔一定距离，在此将 w_i 称为词语，将 w_j 称为搭配词。$C(w_i)$代表词语 w_i 在文本中出现的次数，$C(w_j)$代表词语 w_j 在文本中出现的次数，$C(w_i,w_j)$表示词语 w_i w_j 在文本中同时出现的次数，N 代表文本的词数。将上式代入式（9.24）中，转换成式（9.26）：

$$D(p||q)=\sum_{x\in X}\frac{C(w_i,w_j)}{C(w_i)}\log_2\frac{C(w_i,w_j)\times N}{C(w_i)C(w_j)} \tag{9.26}$$

上式表明，当两个概率 p 和 q 的分布完全相同时，即 $p(w_j|w_i)=p(w_j)$，此时相对熵值最小。而这个等式代表 w_i 是否出现与 w_j 的出现概率无关，即两者是相互独立的，因此可知，当式（9.26）的计算值越大时表明两词语间越相互依赖，反之则越独立。通过上式，我们可以抽取出语料中的一部分词语搭配，为了进一步抽取出低频的词语搭配，采用下面的方法。

2）基于对数似然比检验的词语搭配关系挖掘方法

在 9.2.5 节已经介绍过对数似然比检验的相关概念和计算方法，采用最终改进的公式既可以使其在数据量足够大时趋近于χ^2分布，又能有效解决数据稀疏的问题，使得统计的效果强于χ^2检验。在将对数似然比检验的方法应用于词语搭配关系抽取时，根据特定的任务，其中涉及的参数的计算公式不变，但值与原先稍有变化。下面将变化的部分一一介绍。

当假设 H_0 为真时，概率 p 的计算公式不变，即

$$P(w_j|w_i)=P(w_j|\neg w_i)=p=\frac{C_j}{N} \tag{9.27}$$

当假设 H_1 为真时，概率 p_1 和 p_2 的计算公式分别为

$$P(w_j|w_i) = p_1 = \frac{C_{ij}}{C_i \times WS} \tag{9.28}$$

$$P(w_j|\neg w_i) = p_2 = \frac{C_j \times WS - C_{ij}}{N' - C_i \times WS} \tag{9.29}$$

其中，WS 同样表示当前设定的窗口大小，WS=1 代表只计算相邻搭配的情况。N'的定义与式（9.22）相同。之所以上式做如此的修改，是因为当设定最大窗口的值大于 2 时，式（9.28）中 c_{ij} 代表的是当前窗口范围内搭配出现的次数，例如窗口设为[−2,+2]，只要两个词语在相隔的范围内（包括相隔的情况）出现，则 c_{ij} 的值就加 1，因此概率公式的基数需要随之扩大，与分子的统计思想相对应。式（9.29）所做修改的思想同上。

基于以上对各参数和概率的解释，可以将其代入对数似然比检验公式中计算出似然值。对数似然比检验公式也按上述的思想对二项式分布的上下界做相应的修改，如公式（9.30）所示：

$$\begin{aligned}-2\log_2 \lambda &= -2\log_2 \frac{L(H_0)}{L(H_1)} \\ &= -2\log_2 \frac{b(c_{ij}; c_i \times WS, p)\,b(c_j \times WS - c_{ij}; N' - c_i \times WS, p)}{b(c_{ij}; c_i \times WS, p_1)\,b(c_j \times WS - c_{ij}; N' - c_i \times WS, p_2)} \end{aligned} \tag{9.30}$$

$$= 2\log_2 L(c_{ij}, c_i \times WS, p) + 2\log_2 L(c_j \times WS - c_{ij}, N' - c_i \times WS, p)$$

$$-2\log_2 L(c_{ij}, c_i \times WS, p_1) - 2\log_2 L(c_j \times WS - c_{ij}, N' - c_i \times WS, p_2)$$

经过以上分别对相对熵和对数似然比检验两种统计方法的介绍，下面本书将引出基于相对熵和对数似然比检验相结合的词语搭配关系挖掘算法，如算法 9.5 所示。

利用算法 9.5 可以抽取出满足于相对熵和对数似然比检验抽取条件的词语搭配关系，并且同算法 9.4 一样，利用停用词集合删除部分肯定不属于特定领域的词语搭配关系，并考虑将含有标点的搭配关系移除。

算法 9.5 基于相对熵和对数似然比检验相结合的词语搭配关系挖掘算法

Step1 加载停用词集合并存储于 fieldStop_Word 哈希表中；

Step2 定义两个分别存储搭配和左搭配词及其个数的哈希表，即 allCollocations 和 allLeftWords；

Step3 分词，将分词的结果按行划分（由于文本的特点，每行句子的信息完整，不会转入下一行继续）存入一个 sentences 数组中；

Step4 调用 getAllCollocations_withoutPos()函数获取当前窗口设定范围内所有

```
        词语搭配及个数、左搭配词语及个数、文本词语数，分别存入allCollocations、allLeftWords 和 totalNum 中；
Step5   利用 Linq 将 allCollocations 按值倒序排列；
         For 每一项 item in 排序后的哈希结构
           if（当前项 item 的值大于 2）//只计算出现次数大于一定阈值的搭配
             将当前项 item 的键（即左搭配和右搭配）拆分开存储于数组；
             调用 calculateRCE()函数计算当前词语搭配的相对熵值；
             调用 calculateLLR()函数计算当前词语搭配的对数似然比值；
             if（相对熵值>阈值 0.034 && 对数似然比值>阈值 11.2）
                 if（fieldStop_Word 中既不包含左搭配也不包含右搭配）
                     if（左右搭配均不是标点符号）
                          将此搭配及值存入结果哈希表中；
Step6   将结果哈希表按值倒序排序后写入本地文本书件中；
Step7   结束。
```

9.4.2 基于依存句法分析和《同义词词林》的动宾搭配关系挖掘

上一节主要是从位置角度，根据大量特定领域真实语料的统计，抽取出具有一定规律性、普遍性的词语搭配关系，这种统计的结果对中文文本自动校对方法的研究是有一定价值的，因为校对系统中对文本错误的侦测依据的就是事先对大量语料进行统计后得到的经验。然而仅仅有这些是不足够的，句法成分间的词语搭配关系在词语搭配关系中也占据非常重要的地位。如果说上一节中抽取的词语搭配关系是词语级搭配关系，那么这一节中按句子成分间搭配抽取的动宾搭配关系是语法级搭配关系，最后利用《同义词词林》对动宾搭配中的宾语进行有效扩充，在这一层面上又属于语义级搭配关系的范畴。

1. 依存语法句法分析的相关概念

依存语法最初是由法国著名语言学家 Tesniere.L 提出的[221]，他认为一个句子中的核心动词是一个句子的中心，由其来支配其他成分从而组成句子的主干和表达句子的核心意义，但是核心动词本身不受句子中其他任何成分的支配。

概括地说，依存语法描述一个句子中不同词语间的直接句法关系，这种句法关系表现为两个词语间的有向支配关系，即其中一个词语 a 支配另一个词语 b，另一个词语 b 则受词语 a 所支配，可见这种支配关系在句子中所表现的是单向的。另外，基于依存语法的句法分析与基于短语结构的句法分析相比，其中有一点不同的是依存语法描述的上述支配与被支配关系是与在句子中表达的语义相关的，不受相距距离的约束，而短语结构语法更注重描述词语间的组成结构。

下面总结一下依存语法的相关概念：

一个句子中包含的词语间的支配与被支配关系被称为依存语法关系。

具体表述这种依存语法关系：假设一个句子中有两个词语，分别为 w_1 和 w_2，其中词语 w_1 支配词语 w_2，则词语 w_1 是词语 w_2 的主词，词语 w_2 受词语 w_1 支配，则词语 w_2 是词语 w_1 的从词。若两词语间的依存关系记为 r，则 r 既称作词语 w_2 的向上依存关系，也称作词语 w_1 的向下依存关系。

一个句子中只有一个核心动词是独立不受其他词语支配的，其他词语均直接依存于唯一一个词语成分。

由（顶点-主词、顶点-从词、边-依存关系）这个集合可以构建出一个依存关系网络，其表现为一个带权的有向图，其中权值为某种依存关系，例如主谓关系、动宾关系、定中关系等。

2. 基于依存句法分析的动宾搭配关系挖掘

本书通过综合考虑，采用哈尔滨工业大学研究开发的依存语法句法分析器（以下简称为哈工大依存句法分析器）[222]，利用其抽取出动宾搭配依存关系，最终构建出动宾搭配依存知识库。

本书采用逐句分析获取依存句法分析结果的方式，获取给定语料中每一个句子的各种依存关系，然后编程实现动宾搭配相关知识的提取。获取依存关系的算法如算法 9.6 所示。

算法 9.6　利用哈工大依存句法分析器获取依存关系的算法描述

Step1　将语料按句子分割并以每行一个完整句子的形式存入文本书件中；

Step2　定义输入（该文本书件）输出（结果文件）流；

　　while(!文件按行读取完毕)

　　　　利用 CreateDOMFromTxt()函数创建文本书件 DOM 树；

　　　　调用分词和词性标注模块；

　　　　调用依存句法分析模块 GParser();

　　　　利用 GetWordsFromSentence()和 GetPOSsFromSentence ()函数获取当前句子的分词和词性标注的结果，并分别写入新的文本书件中；

　　　　利用 GetParsesFromSentence()函数获取依存分析结果；

　　　　拆分出依存分析结果中支配词语所处句子中的编号和依存关系，并分别写入新的文本书件中；

Step3　关闭输入输出流；

Step4　结束。

利用上述算法的思想，结果文件中依存句法分析的输出形式如图 9.6 所示。

text_parserResult - 记事本

文件(F)　编辑(E)　格式(O)　查看(V)　帮助(H)

届时	,	搜狐	企业	邮箱	各地	代理商	将	汇集	于	此	。
d	wp	n	n	n	r	n	d	v	p	r	wp
8	-2	3	4	6	6	8	8	-1	8	9	-2
ADV	WP	ATT	ATT	ATT	ATT	SBV	ADV	HED	CMP	POB	WP
提供	异步	选项	用以	提升	数据库	写入	速度				
v	b	n	d	v	n	v	n				
4	2	0	4	-1	6	7	4				
ADV	ATT	VOB	ADV	HED	SBV	ATT	VOB				
API	的	重心	转移	到	中小型	企业	客户	上	。		
ws	u	n	v	v	b	n	n	nd	wp		
1	2	3	-1	3	6	7	8	4	-2		
DE	ATT	SBV	HED	CMP	ATT	ATT	ATT	VOB	WP		
美国	云	计算	应用	,	开始	纵深	发展	。			
ns	n	v	v	wp	v	n	v	wp			
1	2	-1	2	-2	7	7	2	-2			
ATT	SBV	HED	VV	WP	ADV	ATT	VOB	WP			
信息	改变	财富	分配	方式	。						
n	v	n	v	n	wp						
1	-1	3	4	1	-2						
SBV	HED	ATT	ATT	VOB	WP						

图 9.6　依存句法分析结果的存储方式

基于以上的分析结果，进一步抽取出有关动宾搭配的相关搭配知识，包括搭配的词性组合、词语搭配间的相对距离和词语搭配实例。抽取的前两项为 9.4.3 节基于统计方法抽取动宾搭配提供知识,抽取的词语搭配实例用于构建动宾搭配知识库。抽取动宾搭配实例构建动宾搭配知识库的算法如 9.7 所示。

算法 9.7　抽取动宾搭配实例构建动宾搭配库的算法描述

Step1　定义哈希表 parser_collocations_VOB 存储动宾搭配及频次，定义行数计数器变量 lineNum，初始值为 0；

Step2　读入依存分析结果文件；

```
while(!文件按行读取完毕)
    行数计数器值加 1；
    if(lineNum%4==1) 记录词语行内容；
    if(lineNum%4==2) 记录词性行内容；
    if(lineNum%4==1) 记录支配词语索引位置行内容；
    if(lineNum%4==1) 记录依存关系行内容；
        将词语行内容按'\t'分割存储在数组 words 中；
        将支配词语索引位置行内容按'\t'分割存储在数组 parentIndexs;
        将依存关系行内容按'\t'分割存储在数组 parsers 中；
        For 每个依存关系 relation in 数组 parsers
          if(relation =="VOB"//即动宾搭配关系
              以 words[parentIndexs[relation 当前索引]]+ " "words[relation 当前索引]的方式获取当前搭配实例，并记录在
```

parser_collocations_VOB 中；

Step3　关闭输入流，将 parser_collocations_VOB 按值排序后写入输出文件；

Step4　结束。

利用上述算法构建的动宾搭配知识库如图 9.7 所示。

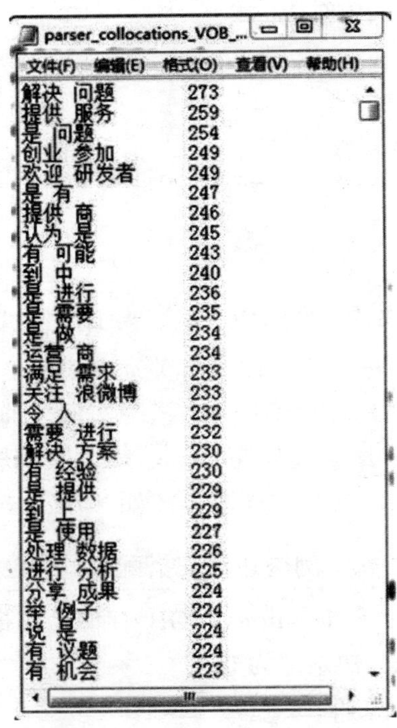

图 9.7　利用依存句法分析抽取的动宾搭配知识

3.《同义词词林》的概念体系介绍

《同义词词林》[223]将收录的所有词语按词义的含义与远近以树状的层次结构组织起来，最终构成大类、中类、小类、词群（或称为段落）和原子词群这五层结构。其中每一行中的词语词义相同或者词义相关。

哈尔滨工业大学构建的《同义词词林》扩展版扩充了原有词典的词汇规模，收录了 77 343 个词语，并将词典的编码从原有的三层编码扩展为五层编码，进一步方便了同义词或相关词的提取以及词义距离的计算。其采用的编码方式（前三层编码与原有词典编码相同）如表 9.3 所示。

表 9.3　《同义词词林》扩展版的编码形式

级别	第 1 级	第 2 级	第 3 级		第 4 级	第 5 级		
编码位	1	2	3	4	5	6	7	8

续表

级别	第1级	第2级	第3级		第4级	第5级		
编码所在层次结构	大类	中类	小类		词群	原子词群		
编码举例	A	d	0	3	C	0	1	=/#/@

其中，第8位的编码有三种表示方式，即上表中所示的“=”、“#”和“@”、“=”代表当前行内的词语间是同义的关系，“#”代表当前行内的词语间是同类的关系，即属于相关词语，而“@”代表当前行内的词语是独立词，既没有同义词，也没有相关词。

该词典以文本书件方式存储，其存储方式举例如下：

Ad03C01= 同乡 老乡 乡人 乡里 乡亲 邻里 乡党 父老乡亲 故乡人

Ae13B14# 理科生 文科生

Ae01B11@ 话务员

4. 基于《同义词词林》的动宾搭配关系的扩展挖掘

利用 9.4.2 节中的算法构建出的动宾搭配知识库的规模受语料的影响，为进一步扩充库的规模，可以采用扩大语料的方式，但是这种方式并不能保证快速并完整扩充已抽取动宾搭配中的宾语规模。从理论上讲，可以利用现有词典资源结合统计结果进一步扩充库容量。因此，本书利用《同义词词林》中的同义词和相关词的概念以及编码体系的特点，将动宾搭配中的宾语进一步扩充，从而扩展动宾搭配库的规模。

对于上节中已抽取的动宾搭配，首先可以想到将搭配中的宾语按《同义词词林》中的同义词扩充，比如已抽取动宾搭配“发表-看法”，在《同义词词林》中与宾语“看法”同义的词语有“见解”、“见识”、“意见”等，这些同义词都可以扩充到与动词“发表”搭配的宾语中。然后想到相关词的概念，因为相关词均属于同一类词，例如“核辐射”、“光辐射”和“电磁辐射”都属于辐射类，而属于同一类的词语一般均可与相同动词搭配，比如上述均可与“遭受”搭配。然而即使想到这两点，显然从数量上看也是不足够的，因此还可以借助于词典的编码结构。我们发现，在《同义词词林》中，编码非常相近（即语义距离小）的词语间词义差距不大或语义范围不变，例如“苹果”、“香蕉”和“菠萝”在词典中第五层编码值不同，但其都属于水果类，也均与同一动词搭配。还就“发表-看法”举例，在《同义词词林》中与宾语“看法”编码相近的词语有“灼见”、“远见”、“高见”等，这些词语均可以与动词“发表”相搭配。

基于以上的分析，我们利用《同义词词林》计算词语相似度的方法抽取出在已有动宾搭配中与宾语高度相似的词语，从而扩充动宾搭配库的规模。其中，相似度值为 1 表示抽取的是同义词，相似度小于 1 但大于一定阈值表示抽取的是高度相似词，根据阈值的设定调整词语的相似性。

利用《同义词词林》计算词语相似度方法的思想是通过计算两个词语所在树状结构中的语义距离来衡量词语的相似度，其中语义距离通过计算编码间的差异来获知。本书采用文献[224]中的方法，根据两个词语编码开始出现差异所在的层数，定义不同的系数值，代入公式计算相似度值。具体描述如下：

当两个词语的义项（各取一个义项）不在同一颗树上时，则$Sim(a,b)=0.1$。

当两个词语的义项（各取一个义项）在同一颗树上时，从第二层开始出现差异时，则$Sim(a,b)=1\times 0.65\times\cos(n\times\frac{\pi}{180})(\frac{n-k+1}{n})$。从第三层开始出现差异时，则$Sim(a,b)=1\times 1\times 0.8\times\cos(n\times\frac{\pi}{180})(\frac{n-k+1}{n})$。从第四层开始出现差异时，则$Sim(a,b)=1\times 1\times 1\times 0.9\times\cos(n\times\frac{\pi}{180})(\frac{n-k+1}{n})$。从第五层开始出现差异时，则$Sim(a,b)=1\times 1\times 1\times 1\times 0.96\times\cos(n\times\frac{\pi}{180})(\frac{n-k+1}{n})$。前五层没有出现差异时，末位编码为“=”时，则$Sim(a,b)=1$；末位编码为“#”时，则$Sim(a,b)=0.5$；末位编码位“@”时，则不计算相似度值。

上述各公式中 n 代表两编码开始出现差异处所在层的结点数，k 代表两编码开始出现差异处彼此之间的距离。基于以上的思想，本书对动宾搭配知识库中每一个动宾搭配中的宾语，利用《同义词词林》抽取出与其相似度大于一定阈值的词语进而扩充到知识库中。抽取与当前宾语相似度大于一定阈值的词语的方法如算法 9.8 所示。

算法 9.8　抽取与当前宾语相似度大于一定阈值的词语的算法描述

```
Step1  创建多线程加载资源至 word_code 和 synonymsDic 哈希表，前者键为
       词语，值为编码，后者键为编码，值为一列表用来记录同一编码所有
       的词语；
Step2  定义一个变量 code_given，初始为 empty，存储当前宾语对应编码；
       利用 word_code 获取当前宾语的编码；
       if(!包含多个编码)
          if(!编码以"@"结尾)
               将编码 word_code 记录在变量 code_given 中；
          else //包含多个编码
               将编码 word_code 按  "分割存入动态数组，并将末位编码为"@"
                  的编码移除；
               For 每个编码 code in 动态数组
                  从 synonymsDic 中获取当前编码 code 对应的所有词语；
```

```
        动态建立新的单选框 radioButton，值为上述所有词语；
        动态建立提交按钮和忽略按钮，当点击提交时将所选单选框对
        应的编码值赋给 code_given；
Step3 if(code_given!=null&& code_given!=" ")//有值
   定义一个字符串 code_compared 存储对比的编码值；
   定义一个 double 型变量 similarity 记录当前计算的相似度值；
   定义一个整型变量 distance 记录当前两个编码开始差异处的距离；
   定义一个整型变量 nodeNum_InGivenLevel 记录差异处的结点数；
   For 每一项 item in synonymsDic
     获取当前编码赋值给 code_compared；
     For 编码的每一位 index in code_given
       if(code_given 与 code_compared 在第 index 位开始出现差异)
         if(index!=0)
           计算差异处的结点数赋值于 nodeNum_InGivenLevel；
           if(index==0)
               similarity=0.0;
           else if(index==1)//第二层
              计算两编码开始差异处两者间的距离，赋值于 distance；
              按上述描述计算相似度赋值于 similarity
           else if (index==2||index==3)//第三层
              计算两编码开始差异处两者间的距离，赋值于 distance；
              按上述描述计算相似度赋值于 similarity；
           else if(index==4)//第四层
              计算两编码开始差异处两者间的距离，赋值于 distance；
              按上述描述计算相似度赋值于 similarity；
           else if(index==5||index==6)//第五层
              计算两编码开始差异处两者间的距离，赋值于 distance；
              按上述描述计算相似度赋值于 similarity；
           else if(index==7)//末位
              if(末位编码为"=") similarity=1;
              else if(末位编码为"#") similarity=0.5;
           跳出循环；
         if(similarity>0.9)
           synonymsDic 中获取当前编码对应的所有词语，整个词典遍
```

历完成后输出结果；

Step4　结束。

可见，上述算法中，当词语有多个义项时，由于每一个义项的编码在编码集中都可能抽取出两者相似度大于阈值的编码，然而当前搭配的宾语只有一个义项是正确的，因此需要借助人机交互的方式辅助选择正确的义项。基于算法 9.8 获取与宾语高度相似词语的方法，扩展动宾搭配知识库的方法如算法 9.9 所示。

算法 9.9　扩展动宾搭配知识库的算法描述

Step1　读取 9.4.2 节构建的动宾搭配库，将出现频次大于 3 的搭配加入哈希表 verb_object 的键中；

Step2　定义一个 Dictionary<string, ArrayList>泛型集合 verb_objects 存储结果，键为动词，值为一动态数组，存储与动词搭配的宾语（原有+扩展）；

Step3　For 每个动宾搭配 oneItem in verb_object

```
 调用算法 9.8 抽取当前搭配中宾语的同义词和高度相似词，结果返回至
 动态数组 objects 中；
  if(objects 中词语数目>0)//有同义词或高度相似词
      if(verb_objects 的键中不包含当前搭配中的动词)
         向 verb_objects 中加入一条记录,键为当前搭配中的动词,值为 objects;
      else
         向 verb_objects[当前搭配中动词]中逐个添加 objects 中的词；
  else
      if(verb_objects 的键中不包含当前搭配中的动词)
            新建一条记录，将当前动宾搭配加入 verb_objects 中；
      else
            向 verb_objects[当前搭配中动词]中加入当前搭配中宾语；
```

Step4　当 verb_objects 中的结果写入本地文本书件；

Step5　结束。

利用上述算法 9.9 对 9.4.2 节抽取的动宾搭配进行扩展，扩展后的结果如图 9.8 所示。

从图 9.8 中可以看到，有些动宾搭配的规模没有被扩充，原因主要有两点：①有些动宾搭配中的宾语虽然在《同义词词林》中被收录，但是其编码的末位为“@”，即表明该词语既没有同义词也没有同类词，因此利用算法 9.9 无法计算出与其高度相似的词语；②有些动宾搭配中的宾语属于新概念，还没有被《同义词词林》收录，因而无法对其进行扩展。

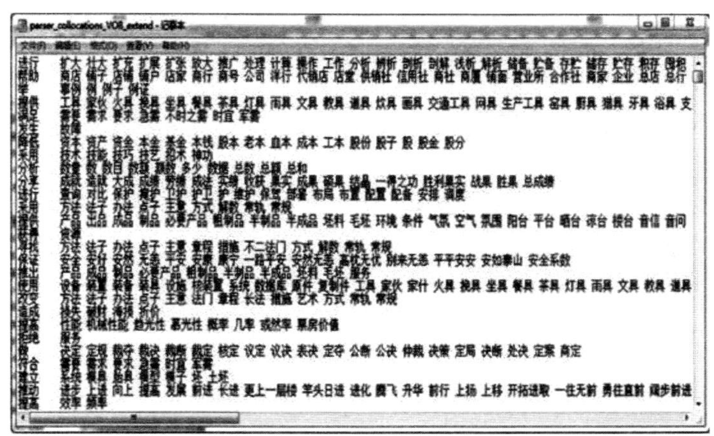

图 9.8　动宾搭配关系的扩展结果

9.4.3　基于依存分析结果的动宾搭配关系挖掘

上一节中本书利用现有依存语法句法分析工具获取语料中的依存关系信息并进一步抽取和构建动宾搭配知识库。这种方法虽然正确率较高，但却存在一个明显的缺陷，即抽取的速度较慢，当语料规模大时，该方法需要的时间更多。因此我们还是想通过统计的方法抽取出语料中包含的动宾搭配，提高抽取的效率。目前国内已有一些学者开始研究利用统计方法抽取动宾搭配，但效果仍不是很好，是因为汉语言在运用时具有多样性和灵活性的特点，导致单纯利用统计的方法不可能全都正确地抽取出具有一定语义层面的搭配。然而，如果在统计的同时加上一些有力的约束条件，则正确率将会在原有基础上提高一些。因此，本书尝试利用依存句法分析获取的知识来指导运用统计策略抽取动宾搭配的方法。

1. 知识的获取

9.4.2 节中，利用算法 9.6 可以获得依存关系的相关信息，其中包括依存关系对应的词语搭配、依存关系的词性搭配、依存关系在当前句子的索引位置。算法 9.7 只抽取出所有满足动宾关系的词语搭配，构建了动宾搭配知识库。事实上，这其中还有好多有价值的信息值得去挖掘。本书从依存分析结果中挖掘出两类知识，一类是动宾搭配对应的词性搭配，另一类是根据动宾搭配在当前句子中的位置计算出的动词与宾语的相对距离。这两类知识为统计方法抽取动宾搭配提供词性搭配规则和窗口大小限制两方面的约束特征。从而进一步缩小了抽取范围，提高了抽取效率。

获取有关动宾搭配的词性搭配和相对距离知识的算法如算法 9.10 所示。

算法 9.10　获取有关动宾搭配的词性搭配和相对距离知识的算法描述

Step1	定义哈希表 pos_collocations_VOB 存储词性搭配及频次；定义哈希表 windowSize_collocations_VOB 存储相对位置及频次；定义行数计数器变

```
        量 lineNum，初始值为 0；
Step2   读入依存分析结果文件；
         while(!文件按行读取完毕)
            行数计数器值加 1；
             if(lineNum%4==1) 记录词语行内容；
             if(lineNum%4==2) 记录词性行内容；
             if(lineNum%4==1) 记录支配词语索引位置行内容；
             if(lineNum%4==1) 记录依存关系行内容；
               将词语行内容按'\t'分割存储在数组 words 中；
               将词性行内容按'\t'分割存储在数组 parts_of_speech 中；
               将支配词语索引位置行内容按'\t'分割存储在数组 parentIndexs；
               将依存关系行内容按'\t'分割存储在数组 parsers 中；
               For 每个依存关系  relation in  数组 parsers
                 if(relation =="VOB")//即动宾关系
                     以 parts_of_speech [parentIndexs[relation 当前索引]]+
                     " "+parts_of_speech  [relation 当前索引]的方式获取当前词
                     性搭配，并记录在 pos_collocations_VOB 中；
                     if(relation当前搭配> parentIndexs[relation当前搭配])//只考
                        虑后置宾语以relation当前搭配-parentIndexs[relation当
                        前搭配]的方式获取相对距离，并记录在windowSize_
                        collocations_VOB中；
Step3   关闭输入流；将 pos_collocations_VOB 和 windowSize_collocations_VOB
        按值排序后写入输出文件；
Step4   结束。
```

对于获取的词性搭配和相对距离的知识，按照词频统计，选取其中大于一定阈值的词性搭配作为抽取动宾搭配的其中一个约束条件，即词性搭配规则；根据相对距离的统计，选取统计值较大对应的距离作为动宾搭配的另一个约束条件，即窗口右界的范围。因为在汉语书面语言中，宾语前置的动宾搭配占比较小，因此本书只考虑正常宾语后置的情况，因而只需界定右侧窗口的大小即可。

本书利用算法 9.10 统计学习 9.4.2 节中获取的依存分析结果，动宾搭配的词性搭配的部分结果如表 9.4 所示。

表 9.4　词性搭配知识的部分获取结果

词性搭配	统计频次	词性搭配	统计频次
v n	12324	v nh	99

续表

词性搭配	统计频次	词性搭配	统计频次
v　v	9494	v　p	49
v　a	781	v　b	42
v　r	496	v　ns	40
v　ws	380	v　nt	37
v　q	313	v　j	27
v　i	185	v　nz	25
v　nd	181	v　nl	25
v　m	163	d　n	23
p　n	106		

由表 9.4 统计的结果，本书选取前五个具有高频次值的搭配作为动宾搭配的词性搭配规则。此外，考虑到依存句法分析中采用的词性标注规范与本书所利用的分词工具的词性标注规范不一致，因此还需要进一步转换词性的标识。通过考察，对于前五个词性搭配中，除了第五个搭配中的词性 ws（即代表外来词语）在本书系统采用的分词标识集中不存在，其他四个均一致，因此最终我们选择前四个词性搭配作为词性搭配知识。

动宾搭配相对位置的部分分析结果如表 9.5 所示。

表 9.5　动宾搭配相对距离知识的部分获取结果

相对距离	统计频次	相对距离	统计频次
1	6244	11	397
2	4338	12	312
3	3301	13	256
4	2765	14	194
5	2044	15	147
6	1450	16	106
7	1041	17	98
8	787	18	94
9	602	20	60
10	494	19	58

从表 9.5 可以看出，与词性搭配相比，动宾搭配的相对距离的分布变化比较均匀，并随着相对位置的增加，动宾搭配的实例数越来越少。由以上统计的结果，文本设定动宾搭配的最大相对距离为 5，因此当进行动宾搭配挖掘时，只考虑当前动词右侧 5 个窗口内的词语。不设定较宽窗口范围的原因是由于目前利用统计方法抽取各种类型的动宾搭配关系仍比较困难，因此为提高抽取的准确率，将抽取窗口的范围设定得较小一些。

2. 基于三次互信息的动宾搭配关系挖掘

9.4.1 节本书利用三次互信息抽取出了一定窗口范围内非词性约束的词语搭配关系，本节将利用上节由依存分析结果获取的知识，并采用基于三次互信息的统计方法抽取出语料中的动宾搭配关系。

基于约束知识与三次互信息相结合的方法抽取动宾搭配所采用的思想是：将给定语料按句子划分，分别遍历每个句子，当遍历到动词时，在由相对距离知识为依据设定的窗口大小范围内，向后搜索符合词性搭配规则的词语组合，计算其三次互信息值，然后按所设阈值进行筛选，若大于阈值，则将其加入动宾搭配列表中。其中，若窗口范围内有多个词语组合符合条件时，则选取三次互信息值最大的词语组合进入筛选环节。具体的算法如算法 9.11 所示。

算法 9.11　基于三次互信息的动宾搭配挖掘算法

Step1　加载停用词集合并存储于 fieldStop_Word 哈希表中；

Step2　定义两个分别存储词语组合及频次和动词及频次的哈希表，即 allCollocations 和 allVerbs；

定义一个 Dictionary<string, List<string>>泛型集合 collocation_locationInfo，键为词语组合，值为记录所在位置的列表，形式为“行索引_动词索引”；

定义一个 Dictionary<string, List<string>>泛型集合 locationInfo_collocationList，键为位置信息，形式为“行索引_动词索引”，值为一列表，记录与位置所对应动词有关的所有词语组合；

Step3　分词，将分词的结果按行划分（由于文本的特点，每行句子的信息完整，不会转入下一行继续）存入一个 sentences 数组中；

Step4　调用 getAllCollocations(sentences,true,out allVerbs,out totalNum)函数获取窗口设定范围内所有符合词性搭配规则的词语组合及频次、动词及频次、文本词语数，分别存入 allCollocations、allVerbs 和 totalNum 中，并将各搭配及位置信息分别加入 collocation_locationInfo 和 locationInfo_collocationList 中；

Step5　利用 Linq 将 allCollocations 按值倒序排列；

```
For 每一项 item in 排序后的哈希结构
    if(当前项 item 的值大于 3)//只计算出现次数大于一定阈值的搭配
        定义字符串变量 collocation 记录互信息值最大对应词语组合；
        For 每个位置信息 oneLoc in collocation_locationInfo[item]
            定义 double 型变量 MIValue 记录当前值，初始为 0.0;
                For 每词语组合 oneColl in locationInfo_collocationList
                    调用 calculateMI()函数计算当前组合的三次互信息值；
                    if(当前组合三次互信息值>MIValue)
```

```
                MIValue=当前组合三次互信息值；
                collocation=当前组合；
            if(MIValue >阈值 7.0)
                if(fieldStop_Word 中既不包含动词也不包含抽取
                  的宾语)
                    if(动词和抽取的宾语中均不是标点)
                        将 collocation 及值存入结果哈希表中；
Step6  将结果哈希表按值倒序排序后写入本地文本书件中；
Step7  结束。
```

上述算法中利用了两个相互对立的 Dictionary<string, List<string>>类型的泛型集合，即分别记录“词语组合—行索引_动词索引”和“行索引_动词索引—与当前位置对应动词有关的所有词语组合”，使得对于一个高频动宾组合，可以获取到该动词右侧满足条件的所有词语，然后分别计算三次互信息值，选择最大值对应的词语进而进行过滤筛选，这样解决了一个动词多个符合条件候选宾语的选择问题。利用此算法抽取的结果如图 9.9 所示。

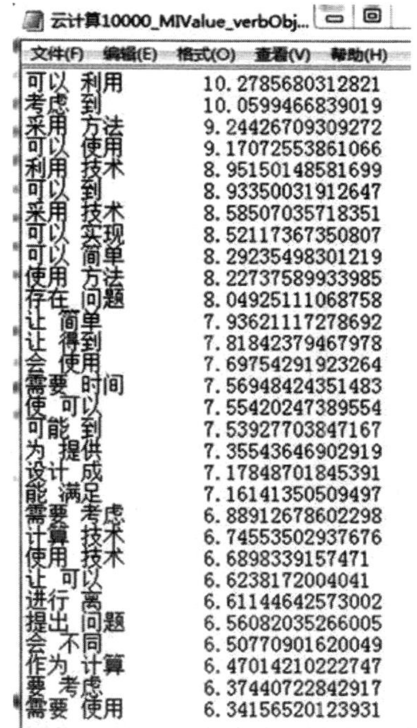

云计算10000_MIValue_verbObj...

文件(F) 编辑(E) 格式(O) 查看(V) 帮助(H)

可以 利用	10.2785680312821
考虑 到	10.0599466839019
采用 方法	9.24426709309272
可以 使用	9.17072553861066
利用 技术	8.95150148581699
可以 到	8.93350031912647
采用 技术	8.58507035718351
可以 实现	8.52117367350807
可以 简单	8.29235498301219
使用 方法	8.22737589933985
存在 问题	8.04925111068758
让 简单	7.93621117278692
让 得到	7.81842379467978
会 使用	7.69754291923264
需要 时间	7.56948424351483
使 可以	7.55420247389554
可能 到	7.53927703847167
为 提供	7.35543646902919
设计 成	7.17848701845391
能 满足	7.16141350509497
需要 考虑	6.88912678602298
计算 技术	6.74553502937676
使用 技术	6.6898339157471
让 可以	6.6238172004041
进行 离	6.61144642573002
提出 问题	6.56082035266005
会 不同	6.50770901620049
作为 计算	6.47014210222747
要 考虑	6.37440722842917
需要 使用	6.34156520123931

图 9.9　基于约束知识与三次互信息方法的抽取结果

从图 9.9 中可以看出，利用算法 9.11 可以抽取出一些动宾搭配，但是与预期相比，准确率不是很高。由于在算法中，当满足约束条件的宾语不止一个时，取统计值最大对应的词语作为宾语输出，因此主要问题仍是约束条件不够严格。可见，若要利用统计的方法抽取不限定动词类型的动宾搭配关系，还需要更多语言学的知识作为支撑。

9.5 专业词汇与搭配关系分析挖掘系统的设计与实现

9.5.1 系统的框架设计

本书主要研究面向文本校对的专业词汇与搭配关系的挖掘方法，抽取的结果均以知识库的形式存储，最终将基本功能操作、中文分词与词性标注、训练语料阶段中的关键环节、专业词汇的抽取、词语搭配关系的挖掘和词语聚合整合在一起，构建出了一个功能完整的系统。本系统的框架图如图 9.10 所示。

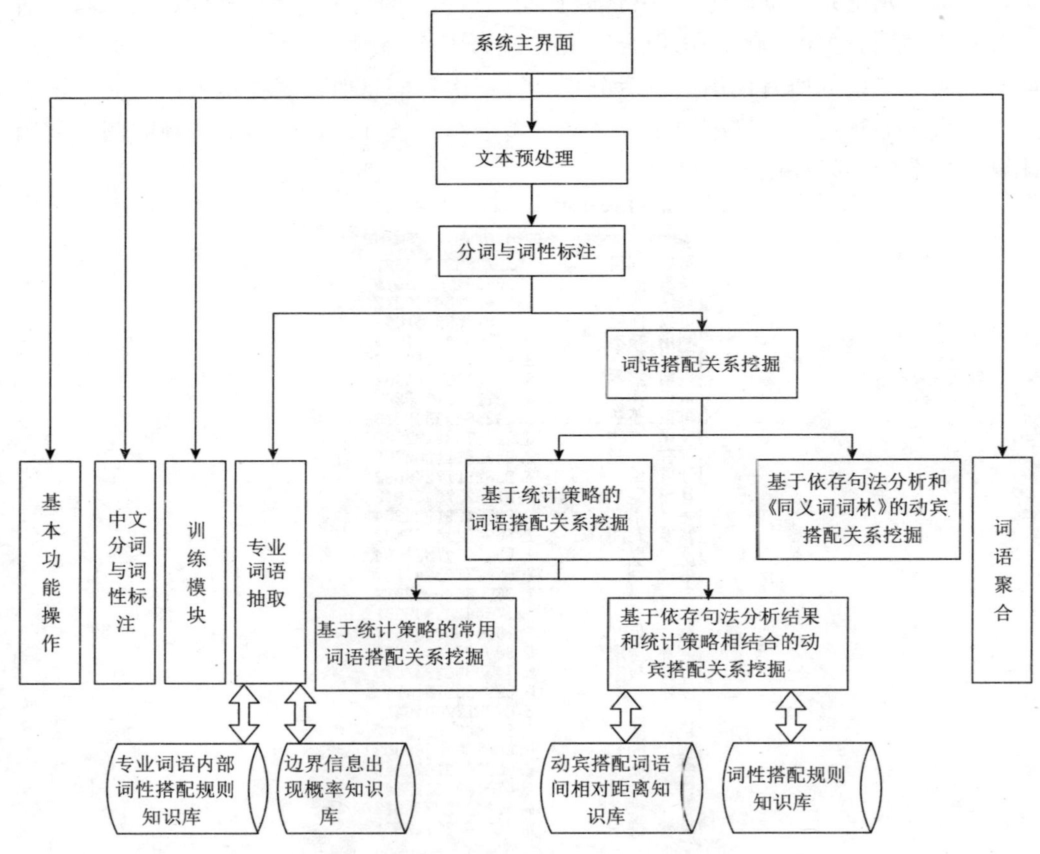

图 9.10 系统的框架图

其中，文本预处理主要是指针对选取的文献类语料和网页类语料的不同特点，分别处理语料，使其格式统一、规整且不含无用项。

中文分词与词性标注在系统中是一个独立的模块，用户可以直接进入系统查看给定文本的分词结果。

训练模块包括在训练语料获取知识阶段中的几项主要工作，即领域停用词表的获取、专业词语内部词性规则的获取、边界信息出现概率知识库的构建、依存搭配知识获取和二元文法模型训练语料获取。

词语聚合主要是指基于《同义词词林》计算与给定词语高度相似的词语，其也是系统中一个独立的模块，一方面可以使用户直接进入系统调用该模块，另一方面为方便观察算法效果和实验设定阈值。

9.5.2　系统的主要用途和技术特点

1. 系统的主要用途

本书构建的专业词汇与词语搭配关系分析挖掘系统的主要用途是利用系统提供的一套抽取专业词汇的算法流程为各领域文本抽取出其中包含的专业词汇，以及提供不同方式和采用不同策略挖掘出专业领域文本中包含的词语搭配关系，最终利用本系统构建的专业词库和词语搭配关系知识库直接服务于中文文本自动校对系统，为实现特定领域文本的侦错与纠错功能提供技术支持。

本系统主要由基本功能操作、中文分词与词性标注、训练语料、专业词汇抽取、专业词语搭配关系挖掘和词语聚合这几个模块组成。

2. 技术特点

本系统具有以下几个技术特点：

提供 Windows 图形用户界面操作，整个系统采用主菜单和下拉菜单的方式提供各功能的入口，与 Word 等常用软件的操作基本一致，从而符合用户的操作习惯。

系统将不同功能封装成模块，使得系统结构清晰，便于二次开发和后期维护。

系统提供了一个集训练阶段、专业词汇抽取和词语搭配关系挖掘为一体的实验开发平台，在此平台之上不仅可以为不同领域实现主要功能，还可以进行进一步的开发和实验。

针对词语搭配关系的挖掘，系统提供不同角度的挖掘方案供用户选择，部分参数可以由用户自行确定。

9.5.3　系统各功能模块简介

系统的运行主界面如图 9.11 所示。

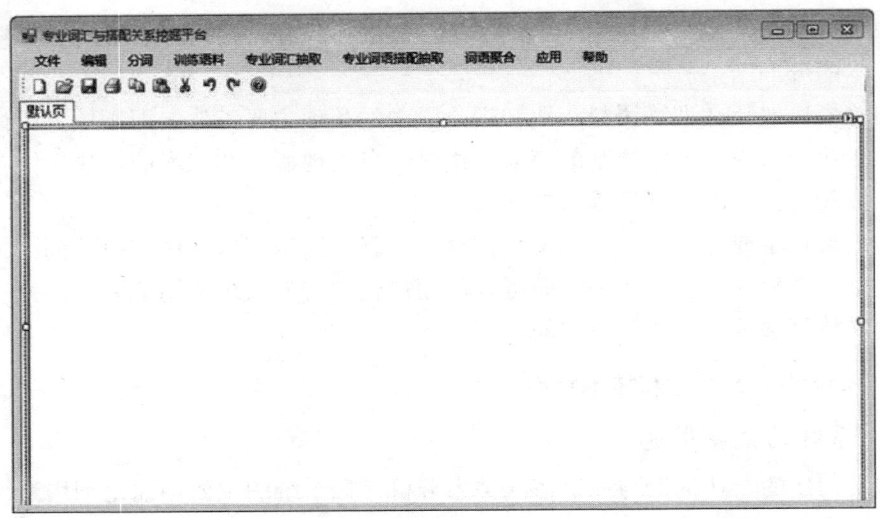

图 9.11　系统运行主界面

以下对系统各组成部分的功能分别介绍。

1. 基本功能操作

该模块主要提供文件操作功能和文本书件中常用的编辑功能，其中文件操作功能主要包括新建、打开、保存、另存为、打印和退出等功能，常用编辑功能主要包括撤销、剪切、复制、粘贴、删除、全选、重做、查找和替换等功能。另外，界面上还有常用的功能按键，如图 9.11 所示，这些功能虽然与相应菜单中的功能一致，但是有时可以为用户的操作提供很大的方便。例如编辑菜单中查找功能的结果如图 9.12 所示。

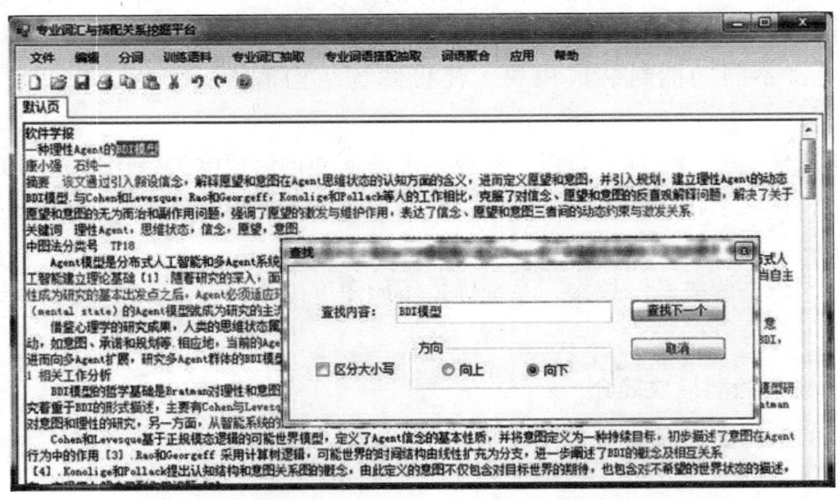

图 9.12　编辑菜单中查找功能的运行演示

2. 中文分词与词性标注

该模块主要提供中文文本自动分词和词性标注一体化的功能，便于用户分析不同类型文本分词后的特征。用户可打开本地的文本书件或通过在默认页（或新建页）中输入文本内容，然后进行分词，分词的结果将在新的选项页中显示，如图 9.13 所示。

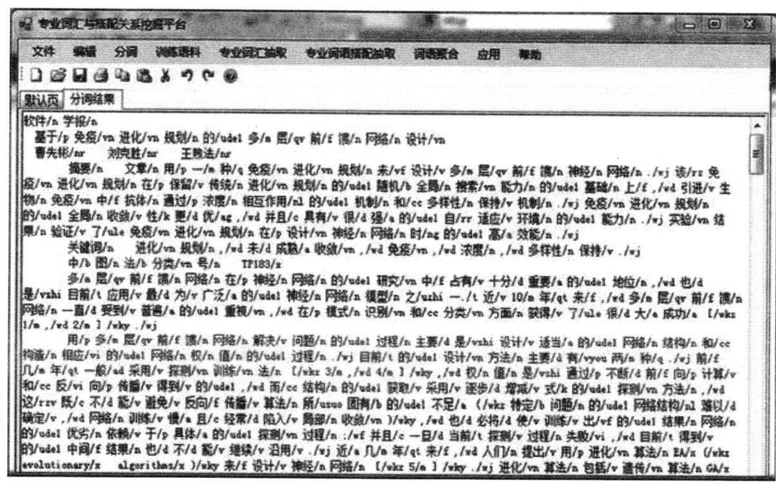

图 9.13　分词结果

3. 训练语料

该模块主要提供系统针对特定领域文本抽取专业词汇和挖掘词语搭配关系之前的训练阶段需要进行的操作，前者主要包括领域停用词表的获取、专业词语内部词性规则的获取和边界信息出现概率知识库的构建这几个操作，后者主要是指依存搭配知识获取这一操作。另外，系统在挖掘词语搭配关系的同时保留了部分中间统计结果，可为二元文法模型提供所需的训练数据，为今后的进一步研究提供支持。训练语料模块的菜单如图 9.14 所示。

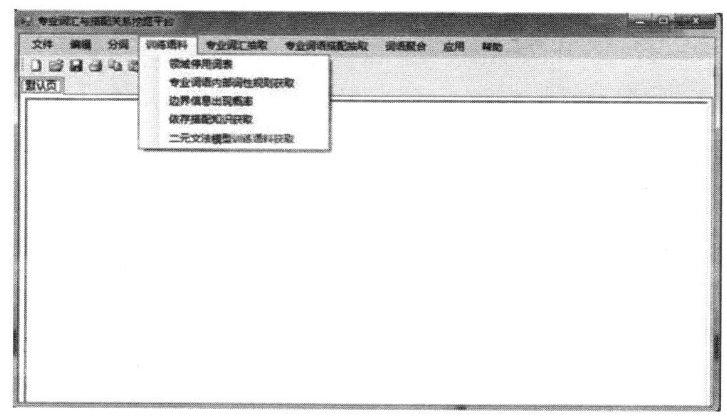

图 9.14　训练语料模块的菜单展示

4. 专业词语抽取

该模块主要提供针对特定领域文本的专业词汇抽取功能，并最终用文本自动校对系统中的通用词库进行过滤，从而保留专业领域特有的词汇。专业词汇抽取菜单中列举多个领域供用户选择，目前本系统完成了计算机领域语料的训练，获取了词性搭配规则和边界信息出现概率知识库，可以进行专业词汇的抽取。对于其他领域的专业词汇抽取，需要先在训练语料模块中完成相应操作，再点击此模块菜单下对应领域即可。专业词语抽取的结果也在新的选项页中呈现，并在页面中用不同颜色的字体显示抽取的结果，其中红色字体代表抽取出的专业词汇，蓝色字体代表原本经过词语度和领域度筛选后保留下来的候选专业词语，但其用通用词库过滤后被删除，因此为方便用户了解，也将这些词语进行标注。

以下分别介绍专业词汇的抽取流程。首先，点击专业词语抽取选项，选择相应领域后弹出的专业词汇抽取界面如图 9.15 所示。

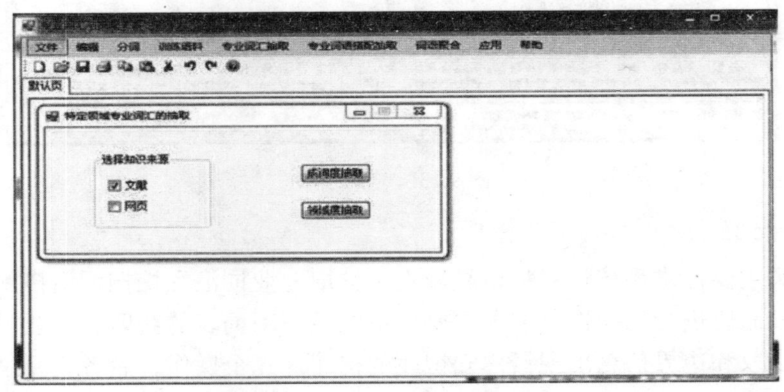

图 9.15　专业词汇抽取界面

成词度筛选过后，点击领域度筛选后，需要分别选择前景语料和背景语料，如图 9.16 和图 9.17 所示。

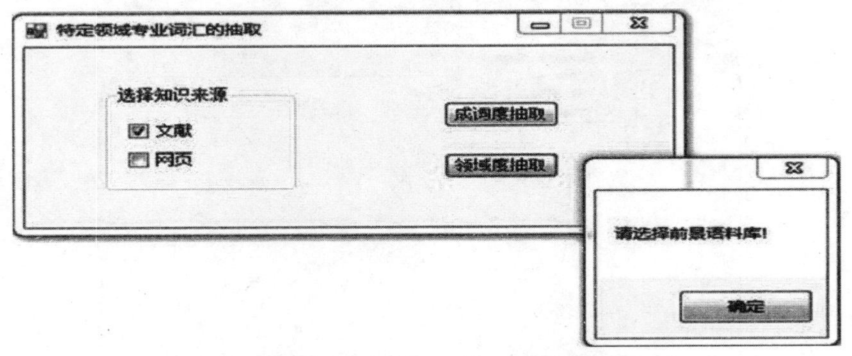

图 9.16　提示需要选择前景语料的界面

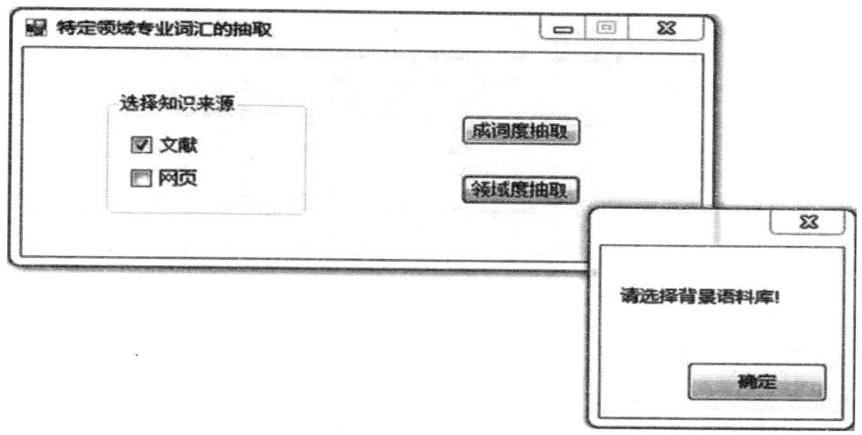

图 9.17　提示需要选择背景语料的界面

专业词语抽取的结果如图 9.18 所示。

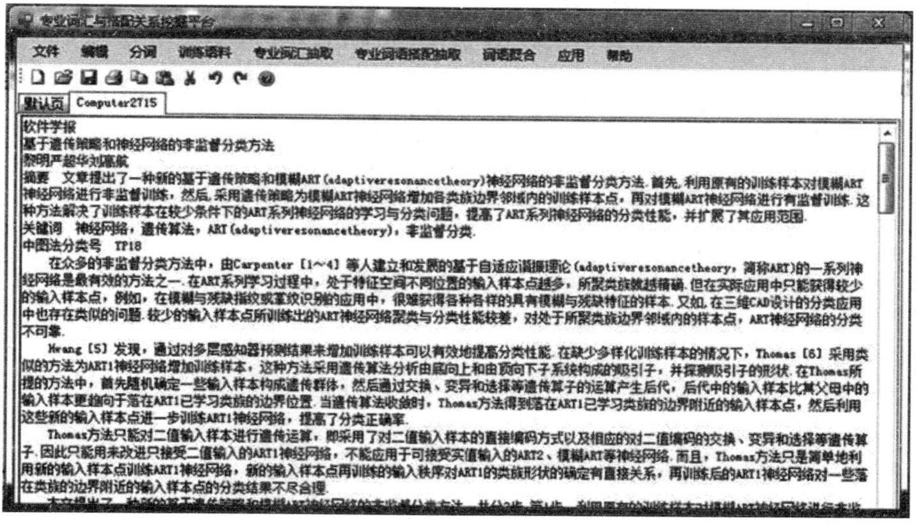

图 9.18　专业词汇抽取的结果

从图 9.18 中可见，最终抽取出的专业词汇以红色字体标示，而被通用词库过滤掉的普通专业词汇以蓝色字体标示。

5. 专业词语搭配关系挖掘

该模块主要从基于用户设定的窗口大小范围内的常用词语搭配关系、基于依存语法句法分析和《同义词词林》相结合的动宾搭配关系以及基于依存语法句法分析结果和统计策略相结合的动宾搭配关系这几个方面进行挖掘。专业词语搭配抽取菜单下同样列举多个领域，每个领域有下拉子菜单用于选择当前领域下细分的子领域，如图 9.19 所示。

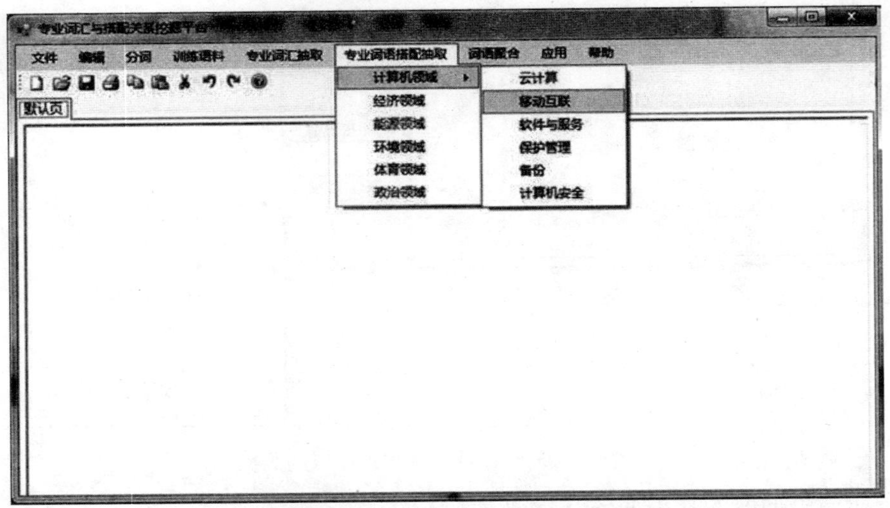

图 9.19　专业词语搭配关系抽取前的领域选择界面

挖掘的结果以文本书件的形式存储，也可以在结果产生后打开相应文件在系统中查看。点击相应领域的子领域后，系统先弹出提示窗口让用户选择语料，选择完成后弹出专业词语搭配挖掘界面，如图 9.20 所示。

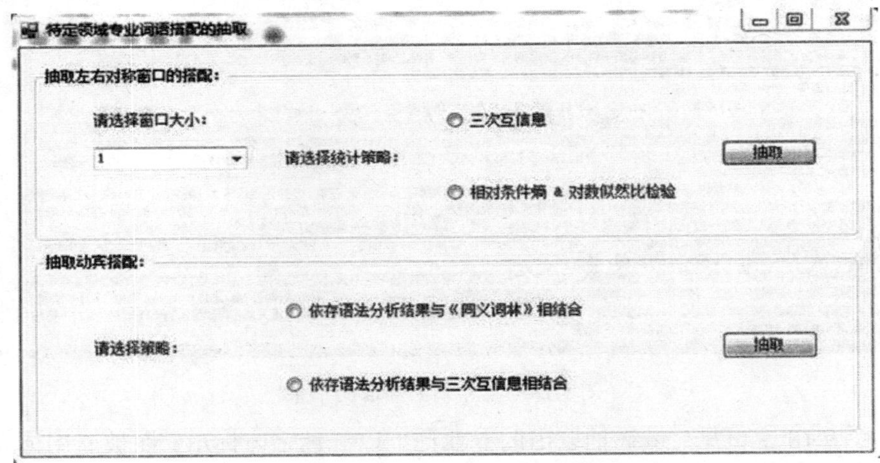

图 9.20　专业词语搭配挖掘界面

6. 词语聚合

该模块主要提供基于《同义词词林》计算与给定词语高度相似的词语这一功能，目的是为方便用户查看计算结果，以及方便实验设定阈值。点击“词语聚合”菜单下的“基于《同义词词林》的相似度计算”选项，弹出界面，实现相应功能。实现界面如图 9.21 所示。

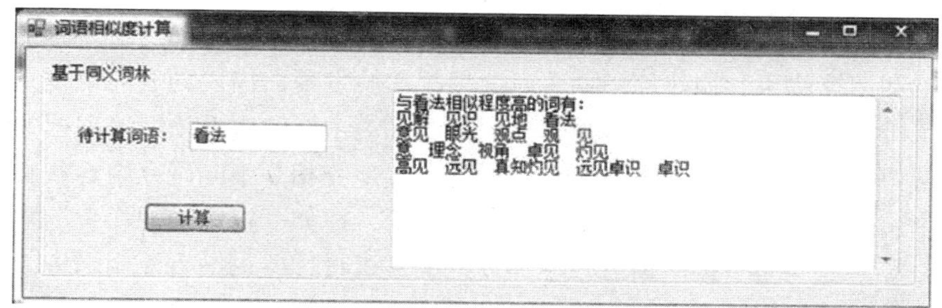

图 9.21　基于《同义词词林》计算与给定词语高度相似的词语的功能界面展示

7. 帮　助

该模块提供对本系统中各模块的介绍与使用说明。

9.5.4　实验结果与分析

1. 评价标准

评价专业词语抽取结果和词语搭配关系挖掘结果的标准均是准确率、召回率和 F-测度值，只不过各公式的分子分母代表不同的含义。

专业词语抽取的评价标准如公式（9.31）~公式（9.33）所示：

$$准确率：Precision = \frac{准确抽取的专业词汇数目}{系统抽取出来的专业词汇数目} \times 100\% \tag{9.31}$$

$$召回率：Recall = \frac{准确抽取的专业词汇数目}{测试语料中包含的专业词汇数目} \times 100\% \tag{9.32}$$

$$F-测度值：F-Score = \frac{2 \times Precision \times Recall}{Precision + Recall} \times 100\% \tag{9.33}$$

词语搭配关系挖掘的评价标准如式（9.34）~式（9.35）所示：

$$准确率：Precision = \frac{准确抽取的词语搭配关系数目}{系统抽取出来的词语搭配关系数目} \times 100\% \tag{9.34}$$

$$召回率：Recall = \frac{准确抽取的词语搭配关系数目}{测试语料中包含的词语搭配关系数目} \times 100\% \tag{9.35}$$

2. 专业词汇抽取模块的实验结果与分析

本书选择计算机领域作为研究对象，测试语料选自 200 篇计算机领域的文献，其中包括《软件学报》、《计算机应用工程》、《计算机应用研究》等期刊资源。背景语料选自 400 篇有关经济、环境和能源的文献。

1）停用词表的构建

本书利用算法 9.1 构建停用词表时，根据实验发现，停用词表的规模并不是越大越好。因为常用的虚词个数有限，停用词的规模主要取决于领域停用词的多少。增加领域停用词的初衷是由于虽然有些词语在大部分相互不同研究内容和研究对象的文献中出现，但其只是撰写论文时的常见用语，比如“资助”、“作者”、“利用”、“提出”等，因此为了提高抽取效率，理论上应该将这些词纳入停用词中。然而，这些词的数目并不是越多越好，还需要根据实验和人工进行筛选，比如“工作”经常在各文献中提到，是算法 9.1 抽取的结果之一，但有几篇文献专门论述“工作流”的概念，因此若将“工作”看作停用词，系统将抽取不到“工作流”这一专业词语。可见，领域停用词过多会直接影响抽取的效果，导致系统召回率的下降。

2）专业词语抽取的实验结果与分析

利用算法 9.2，即基于左右信息熵扩展的候选专业词汇抽取算法获得的部分结果如表 9.6 所示。

表 9.6　基于左右信息熵扩展的候选专业词汇抽取算法的部分结果

基于单字为中心扩展的候选术语	基于词语为中心扩展的候选术语
伪 静音	神经/n 网络/n
隐 节点	专家/n 系统/n
网络 权 值	非/b 监督/vn 分类/vn
Petri 网	数据链/n 路/n 层/qv
链 接 方式	后/f 继/vg 任务/n 调度/vn 模块/n
面向 对象 泛 型	动态/n 连接/v 库/n
权 值 矩阵	特征/n 抽取/v
主 元	特征/n 向量/n 矩阵/n
打印 预 览 窗口	模板/n 匹配/vi
父 窗口	多/m 传感器/n 融合/vn 系统/n
获取 读 写 共享 内存	大多数/m WFMS/x 系统/n
浓度 越	设备/n 编号/n 自动/d
红 发票	气象/n 因子/n
分 户 账	生物/n 免疫/vn 机制/n
拉 列表 框	移动/vn 平均/a
组 对应	左右/m 两端/n

注：空格代表抽取前的分词信息。

从表 9.6 中可以看出，利用基于左右信息熵扩展的候选专业词汇抽取算法可以有效抽取出一定量的专业词汇，尤其对词组型较长专业词汇的抽取较为准确，可见该算法具有一定的可行性。而且，运用此方法抽取出来的专业词汇不只是该领域的常用词汇，由于文献的研究对象均是比较前沿的科学技术，因此一些领域新词也可以被抽取出来，比如最近探讨比较多的“大数据”、“云计算”等。

然而，不难发现，抽取出来的这些专业词汇中仍存在一些错误的词语，其体现在两个方面：一是错误项不成词，二是错误项不属于特定领域，因此本书在抽取算法中加入了成词度及领域度的筛选。

成词度筛选主要包括利用表 9.1 中专业词汇内部的词性搭配规则进行筛选和利用 9.3.3 节构建的边界信息出现概率知识库进行边界检测筛选。词性搭配规则主要是从词语构成角度考虑，利用这些规则，过滤掉了部分错误候选项，例如表 9.6 中的“左右/m 两端/n”、“移动/vn 平均/a”。

边界信息出现概率知识库是从词语的边界特点角度考虑，主要对候选专业词汇的边界进行检测。表 9.6 中对于“获取 读 写 共享 内存”，经过边界信息出现概率知识库的检测发现，以“获取”为开头的专业词汇的概率小于阈值，因此将其过滤。同理，候选专业词汇“浓度 越”、“大多数/m WFMS/x 系统/n”、“拉 列 表 框”和“组 对 应”均可利用其边界信息进行过滤。

领域度筛选主要考察候选专业词汇是否是特定领域的专有词汇，本书利用公式（9.21）即 TF-IDF 的方法实现领域度的度量，实验证明其可以达到较好的效果。以实验为例，表 9.6 中对于“红 发 票”、“分 户 账”、“气象/n 因子/n”和“生物/n 免疫/vn 机制/n”这样的候选专业词汇均可以被过滤掉。

基于通用词库的过滤不仅考察候选专业词汇的领域性，还考虑其在日常交流中的流通度，具有高流通度的专业词汇已逐渐过渡为通用词汇，因此在构建专业词库时应考虑这一点。此步骤中由算法过滤掉的部分专业词汇如表 9.7 所示。

表 9.7 基于通用词库过滤的专业词汇

系统	压缩
模型	输出
规则	编码
特征	数据
文件	推理
集合	构造
实验	结构

为了综合评估本书提出的专业词汇抽取算法的实际效果，本书利用公式（9.31）、公式（9.32）和公式（9.33）分别计算评价标准的结果值，实验结果如表 9.8 所示。

表 9.8 专业词汇抽取算法的实验结果

方法编码	实验条件	准确率（Precision）	召回率（Recall）	F-测度值（F-Score）
A	基于左右信息熵扩展的候选专业词汇抽取	35.33%	83.56%	49.66%
B	A+词语度筛选	49.57%	82.42%	61.91%
C	B+领域度筛选	58.3%	81.1%	67.84%
D	C+通用词库筛选	73.59%	75.23%	74.4%

从表 9.8 中可以发现，实验的结果与预期是相同的，即当筛选策略增加时，算法的准确率会随之提升，这说明筛选策略具有一定的作用。其中，之所以经过通用词库筛选后抽取的准确率提高幅度较大，是因为运用通用词库过滤，不仅可以将日常生活中较熟悉的专业词汇移除，还可以将利用 TF-IDF 算法把没有过滤掉的词语删除，因此这一步的筛选起到了很重要的作用。

另外，进一步分析领域度筛选的实验效果与理论本身相差一定距离的原因，得到的分析结果是本书只选择了三个对立领域为背景领域，而有关计算机领域的应用涉及众多领域，因此使得部分属于其余领域的专业词汇没有被有效过滤。

3. 词语搭配关系挖掘模块的实验结果与分析

本书仍选择计算机领域作为研究对象，利用网络爬虫技术获取的计算机领域相关的网页信息，并选取其中正确的 10000 个完整句子作为测试语料库。由于这些语料并非如文献类语料规整、“干净”，因此在使用之前需要预处理，先利用统计的方法去掉那些具有规律性的错误，然后利用人工干预的方式处理其余偶发性的错误。

1）基于统计的常用词搭配关系挖掘的实验结果与分析

本书对于常用词搭配关系挖掘所采用的统计方法是三次互信息以及相对熵与对数似然比检验相结合这两种方法。首先，选取有关云计算领域的测试语料中 1000 个完整的句子，分别利用三次互信息、相对熵和对数似然比检验这三种方法挖掘出句子中包含的词语搭配关系，并按统计值进行排序，部分实验结果如表 9.9 所示。

表 9.9 三种统计策略的部分实验结果对比

基于三次互信息		基于对数似然比检验		基于相对熵	
抽取结果	统计值	抽取结果	统计值	抽取结果	统计值
微 软	16.2812	云 服务	331.4299	HBTC 大会	12.2811
基础 设施	16.2586	基础 设施	215.5877	演讲 嘉宾	12.2811
云 服务	15.7791	微 软	187.5685	重金 招揽	12.2811
虚拟 机	15.6323	虚拟 机	179.6890	密 钥	12.2811

续表

基于三次互信息		基于对数似然比检验		基于相对熵	
抽取结果	统计值	抽取结果	统计值	抽取结果	统计值
燃料 电池	15.2812	数据 中心	164.6656	运 维	11.2811
黑色 星期五	15.2812	网 购	120.8467	燃料 电池	11.2811
集 群	15.1177	运营 商	120.3301	黑色 星期五	11.2811
网 购	15.0588	集 群	111.9295	热点 新闻	10.6960
智能 手机	14.9251	智能 手机	108.7423	微 软	10.2811
互联 互通	14.4739	项目 征集	102.1445	PE 病毒	10.1111
运 维	14.4511	燃料 电池	101.7865	防止 流感	10.1111

从表 9.9 可以看出三种方法均可以抽取出一些特定领域中有效的搭配，但是抽取结果的排列顺序不太一致。其中基于三次互信息和基于对数似然比检验两种方法的抽取结果相对比较一致，只是排列次序有些偏差，而基于相对熵方法的抽取结果中有些比较靠前的有效搭配在其余两种方法中都比较靠后，这样有时会导致在相对熵方法抽取范围内的词语却不在其余一种或两种方法的结果中出现。因此本书根据对此实验结果的分析，采取相对熵和对数似然比检验方法相结合的方法尽可能挖掘出更多的词语搭配关系，并将此方法与基于三次互信息的方法相比较，部分实验结果如表 9.10 所示。

表 9.10　两种挖掘方法的部分对比实验结果

基于三次互信息的挖掘方法			基于相对熵和对数似然比检验相结合的挖掘方法		
抽取结果	准确率 1	准确率 2	抽取结果	准确率 1	准确率 2
微 软	66.89%	70.95%	HBTC 大会	70. 99%	74.69%
基础 设施			软件 行业		
云 服务			关键 任务		
虚拟 机			分布式 数据库		
燃料 电池			竞争 对手		
黑色 星期五			互联 互通		
集 群			微 软		
网 购			密 钥		
智能 手机			商业 模式		
互联 互通			演讲 嘉宾		
运 维			移动 设备		

表 9.10 中准确率 1 表示在没过滤含有标点符号搭配前，抽取出的与所在领域相关的词语搭配数占抽取的词语搭配总数的百分比，准确率 2 则表示在过滤含有标点

符号搭配后，抽取出的与所在领域相关的词语搭配数占抽取的词语搭配总数的百分比。可以看出，采用基于相对熵和对数似然比检验相结合的抽取方法比单独基于三次互信息的抽取方法略胜一筹，而且实验表明其在抽取数量上也比三次互信息的方法略多一些。

2）基于依存句法分析和《同义词词林》的动宾搭配关系挖掘的实验结果与分析

本书首先利用哈工大的依存句法分析器获取语料的依存语法分析结果，进而利用统计的方法抽取出其中包含的动宾搭配关系，此部分结果的准确率取决于依存句法分析器的准确率，本书不做详细的讨论。根据显示，哈工大依存句法分析器的性能较好，由此表明其可以作为研究的工具，为课题研究的需要提供有价值的数据信息。

本书主要对基于《同义词词林》计算词语相似度的动宾搭配知识库扩展方法进行测试实验，其中选取动宾搭配知识库中的100个动宾搭配作为实验对象，实验的结果如表9.11所示。

表9.11　基于《同义词词林》计算词语相似度的动宾搭配库扩展方法的实验结果

相似度阈值	扩展的准确率
1	98.75%
0.9	80.6%
0.85	69.86%

可见，相似度阈值设定的越严格，动宾搭配关系扩展的准确率越高。意想不到的是，相似度阈值为1时，动宾搭配扩展的准确率与理论值或预期不相同。通过分析后得知，在《同义词词林》中，末位为“=”的编码所对应的词语互为同义关系，但是由于词典中对同义词的划分较细致，从而导致有部分词语虽然仍属于同义词的范畴，但是在日常生活中它们并不能与相应词语构成搭配。例如，在《同义词词林》中，与“栗子”等价的词语有“栗”和“板栗”，其中“栗”就无法与动词相搭配。

当相似度阈值为0.9时，扩展的准确率仍然不是很高的原因一方面是词典中有很多单字的词语，大部分都无法组成搭配，另一方面是词典中的有些词较生僻，在日常活动中几乎很少用到，因而这样的搭配也没有意义。

3）基于依存分析结果与统计方法相结合的动宾搭配关系挖掘的实验结果与分析

本书尝试以依存分析的结果为指导，利用统计的方法抽取出语料中包含的动宾搭配关系，实验的结果如表9.12所示。

表9.12　基于依存分析结果与统计方法相结合的动宾搭配关系挖掘的实验结果

动词词性约束	宾语词性约束	动宾搭配抽取的准确率
v,vd,vx,vi	n,nz,nl,v,a,vn	25.875%
v,vd,vx	n,nz,nl,v,a	37.14%

从表 9.12 中可见，当词性约束越严格，抽取的准确率则越高。这里需要解释一下表中的动词词性约束为什么与 9.4.3 节中归纳的不同，原因在于依存句法分析中对动词的标注只有“v”一种，而本书采用的分词工具对动词的标注有更细致的划分，因此笔者尝试用不同的动词标注集合，考察词性搭配约束对动宾搭配抽取的影响。实验表明，仅利用词性搭配规则、相对位置约束和统计策略，仍然无法代替利用依存句法分析抽取动宾搭配的方法，因此为进一步提高抽取的准确率，下一步需要加入适当的句法成分信息。

9.6　专业词汇与搭配关系在中文文本自动校对中的应用

本书提出的专业词语抽取算法是专门为针对特定领域的中文文本自动校对任务而设计，利用该算法抽取出特定领域的专业词汇，从而构建出的专业词库可以直接应用于中文文本自动校对系统。同样，针对特定领域，利用词语搭配关系挖掘算法挖掘出的词语搭配关系，将其以便于中文文本自动校对系统调用的方式存储，从而构建出各种形式的搭配知识库，这些知识库也可以作为中文文本自动校对系统中针对特定领域文本的侦错与纠错任务的判断依据。

因此，本章将介绍文本的研究内容可以在中文文本自动校对系统应用的范围，为中文文本自动校对任务的研究提供新的方向。

9.6.1　专业词汇在中文文本自动校对中的应用

词库是中文文本自动校对系统中最基础的知识库，利用其可以进行字词级的校对工作以及在纠错环节中向用户提供正确的纠错建议。利用本书提出的专业词汇抽取算法构建出专业词库，并将其运用于中文文本自动校对系统中时，可以有以下三个应用范围。

1. 为查错任务提供基础

无论文本自动校对系统中采用何种查错方法，都需要对文本进行分词处理，现有校对系统的分词词库中包含的词汇绝大部分都属于通用词。然而当校对系统针对特定领域文本进行查错和纠错时，由于系统不能对文本进行正确分词，从而出现大量专业词汇被错分的情况，这样导致字词级查错时可能将错误定位在由于被错分而出现的散串处。因此，应该在校对系统的分词词库中加入尽可能足够多的专业领域的词汇，使得在分词阶段尽可能正确地切分句子，从而一方面减少错误对后续环节的影响，另一方面减少后续环节的判断次数。

将利用本书算法抽取出的专业词汇加入校对系统分词词库的方法采用 9.3.4 节表 9.2 中介绍的第 2 种方式，即将这些专业词汇及词性存入本地文本书件中，然后调用相关函数将其一次性加入用户词典中并永久保留。图 9.22 和图 9.23 分别展示加入专业词汇前后的分词效果。

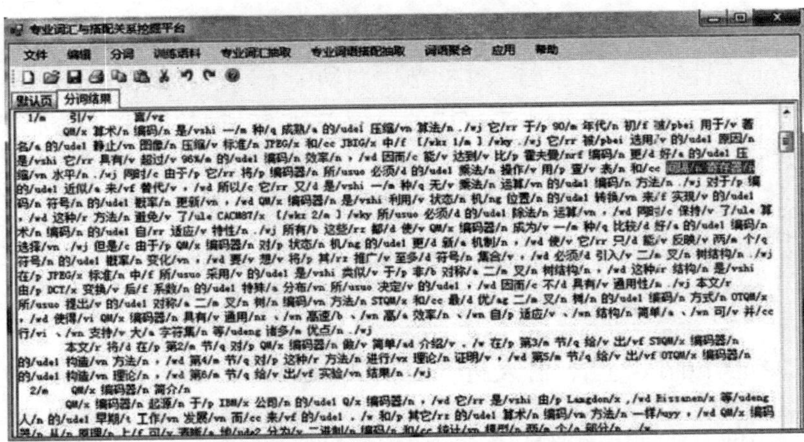

图 9.22　加入专业词汇前的分词效果

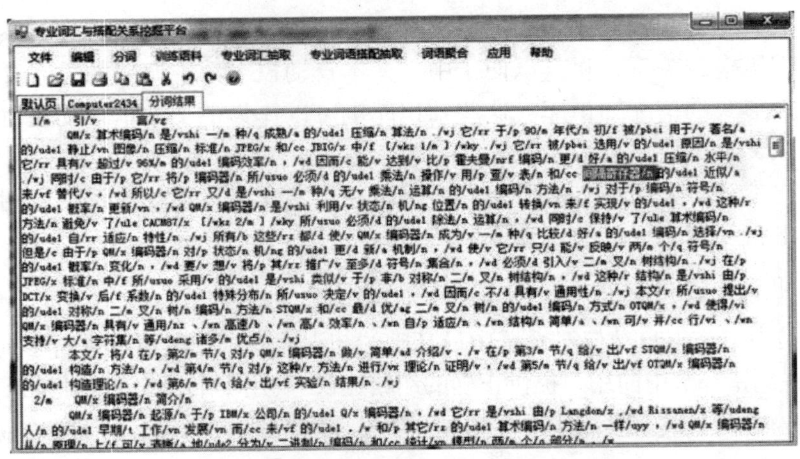

图 9.23　加入专业词汇后的分词效果

2. 构建专业领域常见易错词库

在日常生活中，有一些词语由于人们的错误认识经常被误写，专业领域的词汇也不例外，例如，经常将医学领域中表示同时表现出的一组典型症状的词汇即“综合征”误写为“综合症”。针对特定领域，如果事先收集一部分常见的易错词，并对应给出正确词语，从而构造出一个常见易错词库，那么在有些时候可以在一定程度上提高校对的效率。比如，在纠错环节中系统针对不同类型的错误给出纠错建议时，若判断当前错误属于字词级错误且错词在常见易错词库中出现，则系统可快速给出正确的纠错建议，因此可以将在易错词库中查找当前错词是否为易错词作为系统生成纠错建议算法的第一步。另外，对于用户提交的字词级错误的纠错建议，可以实时将其加入易错词库中，实现易错词库的自学习功能。常见易错词库的存储结构如表 9.13 所示。

表 9.13　常见易错词库的存储结构

错误专业词语	正确专业词语
综合症	综合征
…	…

3. 提供纠错建议

系统给出的纠错建议列表是系统判断后认为最可能符合的几个正确答案，专业词库能够提供纠错建议，主要体现在以下两点：

事先构造一个拼音与对应词语库，其中的词语包括专业词汇和普通词汇，库的形式如表 9.14 所示。

表 9.14　拼音与对应词语库的存储结构

拼音	词语（普通词语+专业词语）或词语列表（词语间以空格间隔）
…	…

当分词后出现散串时，将散串以不同方式进行左右捆绑结合后，分别取当前词语组合的拼音并在拼音与对应词语库中查找，若查到，则说明当前组合是一个汉语中存在的词语，那么在纠错环节时可以将与拼音对应的词语或词语列表作为纠错建议提供给用户；若均查不到，则说明当前出现的散串并非是由于词语中含有书写错误的字造成的，需要由其他策略进一步排查。

当系统不能准确判定错误原因时，在提供纠错建议时只能采取一定策略给出当前最可能的正确项。例如对于多字、少字的情况，无法运用 1 中的方法，因此可以将当前独立散串的首字（或尾字）作为启发信息，运用模糊匹配的方法，在专业词库中查找同首字（或尾字）的专业词汇，将其作为纠错建议供用户选择。

9.6.2　词语搭配关系在中文文本自动校对中的应用

1. 动宾搭配关系扩展知识库在中文文本自动校对中的应用

由于动宾搭配关系在一定程度上既属于语法层面又属于语义层面，而目前基于统计方法抽取动宾搭配的研究还不够成熟，因而自动校对系统不可能利用统计的方法抽取出文本中包含的动宾搭配进而利用本书算法构建出的知识库进行查错，因为这样并不能保证抽取出来的组合是动宾搭配关系，做出的判断也不具有可靠性。由此可见，对于动宾搭配关系的查错，仍然应该借助于依存语法句法分析，具体的算法如算法 9.12 所示。

算法 9.12　利用动宾搭配关系扩展知识库的查错算法描述

Step1	加载动宾搭配关系扩展知识库，存入 Dictionary<string, List<string>>泛型集合 verb_objects 中，键存储动词，值存储一个列表，记录与动词搭配的

```
        所有宾语；
Step2  读取待查错文本，将其按句子分割后存入 sentences 数组，定义一个错误
       列表 wronglist 记录错误信息(包括错误类型,错误所在索引,错误的搭配);
Step3  For 每个句子 sen in sentences
           对每个句子进行依存句法分析，并获取分析结果；
           将结果按回车换行符分割并存入字符串数组 result 中；
           if(result[3]包含“VOB”子串)//含有动宾搭配关系
               将 result[0]词语行内容按'\t'分割存储在数组 words 中；
               将 result[2]支配词语索引位置行内容按'\t'分割存储在数组
                   parentIndexs 中；
               将 result[3]依存关系行内容按'\t'分割存储在数组 parsers 中；
               For 每个依存关系 relation in 数组 parsers
                   if(relation == “VOB”)//即动宾关系
                       if(verb_objects 包含 words[parentIndexs[relation 当前索引]])
                           if(verb_objects 中当前动词键对应的值（即宾语列表）
                           中不包含 words[relation 当前索引])//列表中不含当前
                           宾语
                               将此可能的错误信息记录在 wronglist 中；
Step4  结束。
```

由于具有结构化存储结构的《现代汉语语法信息词典》和《现代汉语语义词典》中并没有对动宾搭配关系这一属性进行具体搭配的列举，而现有描述搭配的词典较少，而且不是计算机可直接利用的结构化数据，因此如果想要获取大规模的动宾搭配实例，还要通过编程实现动宾搭配的自动抽取。同时，由于无论利用统计方法还是利用依存语法分析的方法抽取出的动宾搭配中都会存在一些错误，因而还需要人工检查，从而保证库的准确性。当知识库进行扩展后，同样也需要人工的校对，目的是不希望将错误遗留在知识库中，进而影响查错算法的准确性。

综上所述，为了保证上述查错算法的准确性，需要动宾搭配关系扩展知识库的规模足够大，因此需要在大规模语料中利用本书提出的相关算法进行抽取，进而实现扩展。

2. 常用词语搭配关系在中文文本自动校对中的应用

常用词语搭配关系指的是没有词性和语法关系约束，单纯依靠在大规模语料中具有规律性的频繁出现这一特征，从而确定其是具有一定搭配规则和使用习惯的常用搭配关系。采用的方法是利用统计的策略从大量语料中进行挖掘。在中文文本自

动校对系统中，可以利用大量语料中相邻词语的统计特征进行查错，具体的设计思路描述如下：

当文本经过分词后出现散串时，通常认为出现较长散串的地方可能存在错误，判断散串处是否出现错误的方法除了 9.6.1 节提到的，还应该主要利用词语间接续关系进行判定。因为毕竟写错词语中的同音字只是文本错误中的其中一种，对于其他类型的错误仍然需要另寻方法，而词语间接续关系是一种比较普适的方法，利用其可以判定少字、多字等多种类型的错误。它的思想很简单，即利用统计的方法统计在大规模语料中词语间相邻或相隔的情况，从而以此作为依据来判断待查词语间是否可以相邻或相隔一定距离，显然这是一种依靠经验的方法。

本书 9.4.1 节中分别介绍利用三次互信息以及相对熵和对数似然比检验相结合的方法进行常用词语搭配关系的抽取。利用这些统计方法在大规模语料中获得的搭配知识，可以作为查错算法的依据。例如，利用由三次互信息方法抽取的词语搭配知识进行具体查错的算法如算法 9.13 所示。

算法 9.13 利用由三次互信息抽取的动宾搭配关系的查错算法描述

Step1 输入待查错文本，预处理后将其分词，定义两个 double 类型变量 MI_left 和 MI_right；

Step2 扫描分词结果，判断文本中是否有长度大于 2 的单字散串，若有，则重点检查此处是否存在错误，假设单字散串为 $w_iw_{i+1}w_{i+2}\cdots w_{i+n}$，$n$=散串长度−1；

Step3 判断当前 w_i 是否是可独立成词的单字（虚词等），若是，则继续判断下一个 w_{i+1}，否则将当前字与其左侧字或词语组合，在动宾搭配关系知识库中查找，若查到，则将其值赋予 MI_left，否则 MI_left=0，并将当前字与其右侧字或词语组合，同样在动宾搭配关系知识库中查找，若查到，则将其值赋予 MI_right，否则 MI_right=0；

Step 4 if(MI_left⩽0)//表明在大规模语料中两者表现为独立或不相干

if(MI_right ⩽0)

将当前字与左侧和右侧的字或词语结合一起存入错误子串数组；

else 将当前字与左侧字或词语结合一起存入错误子串数组；

else 将当前字与右侧的字或词语结合一起存入错误子串数组；

Step5 若单字散串已遍历完，则转入 Step6，否则，转 Step3 取下一个单字继续遍历；

Step6 若当前文本的分词结果扫描完成，则转入 Step7，否则，转 Step2 继续扫描；

Step7 将错误子串数组中的所有字标红，显示当前文本查错结果；

Step8 结束。

值得注意的一点是对于出现的长度大于 2 的单字散串，首先应该利用 9.6.1 节提到的算法进行判定，若属于这类错误，则可直接将整个错误词语标红并显示，若不属于则需要依靠上述算法进行错误定位。

9.7　本章小结

本章面向专业领域文本校对的需要，介绍了专业词汇及其搭配的相关概念、专业词汇的抽取方法、基于特定领域的词语搭配挖掘以及专业词汇与其搭配关系在中文文本自动校对方面的运用。

第一部分首先引出了专业领域词汇及搭配关系的相关概念，包括专业词汇的定义、分类和关键特性，以及专业词语搭配关系的定义。然后主要介绍了几种抽取专业领域词汇和挖掘词语搭配关系时均可利用的统计方法，包括词频统计、互信息与三次互信息、信息熵和对数似然比检验。这些统计方法各自有优点缺点和适用范围，在自然语言处理领域的许多基础性课题中发挥重要的作用。针对不同的任务，可以在这些统计方法上加以改进或将其作为其中一个子任务的解决方法，或者采用多种策略相结合的方式，从而实现预期的目标。

第二部分主要介绍抽取特定领域专业词汇的完整算法，其中涉及设计思想、实现过程和关键问题描述。首先通过统计的方法利用信息熵的概念设计一种算法来抽取出候选专业词语，然后再通过统计的方法学习特定领域专业词语的构词方式，以此为依据制定出词性搭配规则，进而实现第一次的筛选。接下来，通过对特定领域专业词汇在专业语料中表现的特征进行分析，同样利用统计的策略，以大量语料或知识为基础，构造出边界信息出现概率知识库，进而实现第二次的筛选。最后，利用 TF-IDF 算法对候选专业词语的分布性进行考察，从而实现第三次的筛选。经过一次的抽取和三次的过滤筛选，获得程序自动抽取的结果集，即专业词语集合，将其与已有通用词库做差集运算，最终获得适用于中文自动校对系统的专业词库。

第三部分主要从三个不同角度出发，利用不同的策略挖掘出特定领域语料中包含的词语搭配关系。首先，分别利用三次互信息以及相对熵和对数似然比检验相结合的统计方法抽取出一定窗口范围内的常用词语搭配；其次，对特定领域语料进行依存语法句法分析，从分析结果中抽取出动宾搭配并进行频次统计，利用《同义词词林》计算相似度的方法分别抽取出高频动宾搭配中与每个宾语高度相似的词语，从而扩充动宾搭配库的规模；最后分析依存句法分析的结果，从中抽取出有价值的知识，尝试利用获取的知识和统计策略相结合的方法抽取出语料中包含的动宾搭配关系，其中统计策略采用三次互信息。通过实验证明，上述方法均具有一定的可操作性，为今后研究抽取词语搭配关系提供了新的思路。

第四部分首先介绍了本书构建的专业词汇与词语搭配关系分析挖掘系统的总体

框架设计，然后分析了本系统的主要用途和技术特点，最后对系统中的各模块的功能进行了简要介绍并以截图的方式展示。然后给出了本书主要研究工作的实验结果，并进行了相关分析。实验表明，本书提出的专业词汇抽取算法和词语搭配关系挖掘算法均具有一定的可行性，可以为今后的进一步研究提供重要的基础。

最后本章主要分析了利用本书的相关算法构建的专业词库和各种形式的词语搭配关系知识库在中文文本自动校对系统中的应用范围。由于本书均是基于特定领域语料抽取的专业词汇或词语搭配关系，因此这些知识均可以服务于校对系统针对专业领域文本的校对任务。如何利用这些知识需要依据具体的查错和纠错算法决定，本章介绍了一部分可以运用的方法，当然还有其他的方式，相关研究者可以进一步进行研究。

第十章　面向政治新闻领域的中文文本校对方法

10.1　面向政治新闻领域的中文文本校对方法概述

当今网络传媒快速发展，报纸种类也越来越多，竞争异常激烈，各类差错也如影随形。有的报纸违纪违规，发生导向错误，有的采访不深入，出现新闻失真或虚假新闻，有的在涉及港澳台以及国家主权方面出现错误，这些错误都是影响比较大的，甚至影响国家的稳定[225]。因此，研究政治新闻领域的文本校对技术意义非常重大。然而，新闻中的错误除了一些印刷错误外，很多错误可能是影响舆论导向的政治性错误，是潜在的语义级错误，采用通常的文本校对方法，很难发现这些错误，而是要检查语句中所表达的语义和语用是否违背了某种标准，例如，报刊、网络文章中出现的一些关于台湾问题的不正确表述等，难度是相当大的。但政治错误对报刊、杂志的影响是很大的，是编辑部校对的重中之重。采用人工校对，劳动强度大，成本高，还由于校对人员的责任心或视觉疲劳等问题，会漏掉许多错误；采用计算机自动校对技术侦测政治性错误，由于难度大，目前相关的研究比较少。王燚[226]通过将句子和短语结构转为一阶谓词逻辑表达式，匹配标准库中的标准，实现台湾问题的语义匹配。但是局限于逻辑表达式的规模，仅实现了台湾问题部分检查，并且推理效率比较低。本文利用新闻领域政治性文本中的语言学特征和统计特征，细化文本中政治性差错的错误类型，提取相关知识库，制定政治性差错侦测规则库，并提出了查错规则的一般形式化模型，采用统计与规则相结合的策略对文本进行多级查错和分类查错，以实现政治新闻领域文本的语义校对。

10.2　新闻领域文本政治性错误类型

政治性差错从表现形式上来看主要分两类：一是直接陈述出来的，二是通过字里行间表现出来的[227]。对于字里行间表现出来的隐性错误，利用计算机实现自动错误侦测难度很大，而对于直接表现出来的政治性错误，通过查阅文献[228]以及对相关中央文件和网络文本的统计分析，发现以下 5 类错误是政治性新闻领域出现频率较高的错误类型。

（1）政治性或政策性错误。这类错误主要涉及意识形态领域的政治倾向错误、损害国家利益的错误、违反民族政策方面的错误言论、领土主权及港澳台问题上违反国家政策法规的错误，等等。由于政治性或政策性错误一般属于语义级错误，只有具有高度政治敏感性的人才能发现其错误，一般的自动校对只是从文本结构中发现错误，因此，难度比较大。涉及国家领土、主权和港澳台问题的错误，由于有中央文件《涉及港澳台用语规范34条》和《新华社新闻报道中的禁用词》(第一批)[229]作参考，本文将对涉及港澳台问题的错误进行校对。例如，在有的报纸中出现“中港合资”、“中台合资”的情况。再比如，2004年11月，某报在报道孙楠的一篇文章中，竟把香港一唱片公司说成是“境外”的唱片公司。

(2)领导人姓名错误。即新闻文本中涉及的领导人的姓名出现错字、别字、多字或少字。例如，2010年12月30日出版的《人民日报》第4版的文章标题将国务院总理温家宝姓名错印成“温家室”，2005年3月15日，有一标题为“消费者的烦恼与期盼”的消息，文中将“温家宝总理”错成“温家保总理”。幸亏这一领导人名的重大差错在校对环节被堵住，否则对媒体将产生极其不良的社会影响。此类错误侦测需借助句子中的特征词，如相应职务等，若无相关的特征词则很难校对。

(3)领导人顺序错误。即文本中出现的国家领导人姓名次序不符合领导人的职务排位顺序。例如，李克强、习近平、李源潮等出席了本次会议。句中“习近平”与“李克强”次序颠倒。

(4)姓名——职务对应错误。即文本中涉及的领导人姓名与其职务不符合规定。错误形式主要包括：①领导人姓名正确但是职务搭配不正确，如“国务院总理习近平”中习近平对应的职务应为中共中央总书记、国家主席、中央军委主席。②领导人姓名正确。职务搭配也正确，但是职务顺序不正确，如“国家主席、中共中央总书记、中央军委主席习近平”中，国家主席应该排在中共中央总书记之后。③领导人姓名和职务均正确但出现了重复，如“中共中央总书记习近平总书记”中两个总书记出现了重复。④领导人姓名错误但是职务正确，如“全国政协主席俞正生”。⑤领导人姓名正确但是职务错误，如“中国中央总书记习近平同志”。⑥领导人姓名和职务均出现错误，如“中国中央总书记刁近平”。

(5)输入过程疏忽造成多字、漏字或别字而引起的政治错误。这类错误有时会出现在新闻的正文里或标题中，如几年前某报在美国前总统克林顿访华之际，将“克林顿访华”错成“克林顿反华”[225]。这是一个严重的政治差错，会引起读者的不解或外交风波。对于多字、漏字等错误，其校对方法和一般文本的校对方法类似。

在真实文本中，以上各类型的错误有时会出现一定的交叉重叠，如在多位领导人姓名并列时，可能会出现领导人姓名错误和顺序错误并存的情况。

10.3　面向政治新闻校对的相关知识库构建

通用的中文文本自动校对系统的研究重心为查错和纠错算法，其构造的查错知识库也是面向所有领域的通用型知识库[214,230]，这就使得当针对特定领域文本进行自动校对时，由于通用知识库中包含有较少该领域的专业词语或知识，导致查错准确率和召回率下降。因此，构建面向政治新闻领域的专业词库和相应的查错知识库，对于提高政治新闻文本自动校对系统的性能是非常必要的。

10.3.1 涉及主权、领土完整及港澳台问题的“引号词”QTLIB 库的构建

《新华社新闻报道中的禁用词》（第一批）[229]第四部分对涉及我领土、主权和港澳台的禁用词列出了 13 条规定。例如：

（1）在涉及港澳台时，不能将其称为“国家”，尤其是多个国家和地区名称连用时，一定不能漏写“（国家）和地区”字样；

（2）在涉及台湾当局“政权”系统和其他机构的名称，无法回避时应加引号，如台湾“立法院”、“行政院”、“监察院”等；

（3）在涉及我国领土钓鱼岛时，不能将其称为“尖阁列岛”。我们将涉及以上新闻中的带引号的敏感词称为“引号词”，并引入如下定义：

定义 10.1 “引号词”是指在新闻领域政治性文本表达中需要加注双引号的字符串。

算法 10.1 “引号词”库 QTLIB 的构建方法

Step1 提取 2000 年《人民日报》语料中加双引号的词；

Step2 根据中华人民共和国国家标准《标点符号用法》（GB/T 15834—2011）中的引号用法规定，对引号词或短语进行筛选，除去引用他人话语和表示着重论述的引号内的词语或语句，保留具有特殊含义的词语和短语，形成候选集；

Step3 计算候选集中各词语的政治敏感度，词语 A 的政治敏感度定义如下：

$$\alpha_A = \frac{\text{语料中词语 A 带引号的次数}}{\text{语料中词语 A 出现总次数}} \quad (10.1)$$

Step4 如果 $\alpha_A \geqslant 90\%$则将词语 A 加入引号词库 QTLIB；

Step5 依据《新华社新闻报道中的禁用词》，将一些涉及主权、领土完整和港澳台的引号词加入引号词库 QTLIB；

Step6 结束。

通过 Step3 和 Step4 的筛选，将会把那些只在少数特定语境下才加双引号的敏感词滤除掉，以提高查错的准确率，Step5 则进一步滤掉了非政治性的加引号词。引号词库的格式见表 10.1。

表 10.1 词库和知识库表

库 名	存储格式	说 明
常见错误词库	每行一个词	

续表

库名	存储格式	说明
引号词库	每行一个词	
领导人顺序知识库	习近平+1	“+”后为领导人次序
姓名-职务知识库	习近平：中共中央总书记、国家主席、中央军委主席？总书记、主席、同志	“:”和“?”之间是前职务，“?”后是后称谓
国外重要政要库	姓名+职务	
……	……	……

10.3.2　领导人顺序和姓名-职务知识库的构建

领导人顺序库以及姓名-职务库主要是为查找领导人顺序错误、姓名错误以及姓名-职务对应错误服务的。

1. 领导人顺序知识库 LSQLIB 的构建

领导人顺序库的构建，根据国家级领导人的职务排位顺序，罗列出各领导姓名及其次序。对相同职务的领导人按其姓氏笔画排列，但七名中共中央政治局常务委员会委员的排列顺序由国家规定，不按照姓氏笔画排列。拥有多个职务的领导人，按照其最高职位在职位中的顺序进行排列。已卸任的国家领导人根据其卸任时间和卸任之前的职务进行综合排序，暂将已卸任的国家领导人排在现任国家领导人之后。领导人顺序库的格式见表 10.1。

2. 领导人姓名-职务知识库 LNDLIB 的构建

该库主要为查找领导人姓名错误和姓名-职务对应错误服务的。通过对 2000 年《人民日报》标注语料中每位领导人的姓名与职务对应问题进行了统计分析，发现出现在领导人姓名前面的通常是其所担任职务。例如，在“江泽民”前面，通常会出现“中共中央（中国共产党中央委员会）总书记、国家主席（中国国家主席、中华人民共和国主席）和中央军委（中央军事委员会）主席”，且新闻稿中会根据所参加的不同活动，在不同的上下文中以三种形式出现，即

（1）三个职务都出现；

（2）出现两个职务；

（3）出现一个职务。

第（1）种情况一般在整篇报道的首段，或每段的前两句，第（2）种情况多出现在句首，第（3）种情况大部分出现在句首，少部分出现在句中。根据以上规律，制订相应的查错规则，有针对性，可节省空间，提高效率。我们将出现在领导人姓名之前的职务称为前职务项。

统计发现，出现在领导人后面的词，可能是职务词，也可能是其他词。例如，在“江泽民”后出现较多的词有：同志（2051 次）、主席（1694 次）、总书记（1048

次)、说(370 次)、在(268 次)、今天(181 次)、指出(167 次)。其中“同志”、“主席”和“总书记”均为名词词性(/n),我们取名词词性的词“同志”、“主席”、“总书记”构成姓名——规则库的后称谓项。

我们构建了 13 个词库和知识库,由于篇幅限制,这里不一一介绍。每个知识库都具有良好的可扩展性,各知识库的组织形式如表 10.1 所示。

10.4　面向政治新闻领域的差错侦测算法与实现

10.4.1　政治性差错侦测规则库构建

政治性差错的侦测主要涉及 10.2 节提出的 5 种类型的错误,对于第 1 类至第 4 类的港澳台问题和领导人姓名、顺序、职务错误,依据所构建的词库或知识库,以规则算法实现错误侦测,而第 5 类错误则利用统计语言模型实现错误侦测。由于篇幅限制,这里只给出“引号词”错误侦测算法和领导人顺序错误的侦测算法。

1. 涉及港澳台问题的相关错误侦测

涉及港澳台的问题,主要依据文献[229]中新华社的相关规定设计错误侦测算法,如下所示。

算法 10.2　港澳台相关问题的错误侦测算法

Step1	利用文本分类算法判定文本是否为涉港澳台文本,是则转 Step2,否则转 Step5;
Step2	提取含香港、台湾、澳门等词的语句,检查句末是否有“国家和地区”,是则转 Step3,否则,将该语句标红,转 Step3;
Step3	对每个 $W_i \in$ QTLIB,检测 W_i 在新闻文本中是否出现,若出现并被双引号标注,则取下一个词,否则,将该词标红,转 Step3 循环,直至 QTLIB 中所有词检查完毕,转 Step4;
Step4	检查文本中是否出现“文书验证”、“司法协助”、“引渡”、“两岸三地”、“两岸四地”等被双引号括起来的词,若出现,则对这些词标红,转 Step5;
Step5	结束。

2. 领导人顺序错误侦测

领导人顺序错误侦测可能会有两种情况出现:一种是介绍多位领导人同时出席各类党政会议或经济、文化、体育等活动的新闻稿,如“出席会议的领导同志还有:王刚、王兆国、王岐山、回良玉、刘淇、刘云山、刘延东……”;另一种是新闻报道中存在一位领导人向另一位领导人转达问候的文章,如“杨洁篪首先转达习近平主席和李克强总理对普京总统的亲切问候”。第一种情况可直接利用稿件中的领导人姓名排序与 LSQLIB 库中的顺序进行比较，第二种情况则需要考虑“转达”之后的领导人的排序。为此，引入“传递性动词”的定义。

定义 10.2　“传递性动词”是指主语作为中间人而进行传递或传达动作的词语。如“转达”、“传达”、“表示”、“说”、“指出”等。传递性动词之后的领导人顺序一般按领导人顺序库 LSQLIB 中的规则进行排序检查，前面作为主语的领导人顺序不需要进行检查。领导人顺序检查算法如下。

算法 10.3　领导人顺序检查算法

Step1　读入下一个含有领导人姓名的句子；
Step2　检查该语句中是否有“传递性动词”，若有，按顺序从左到右提取传递性动词后的领导人姓名，否则，直接按顺序从左到右提取语句中领导人的姓名，存于一数组中；
Step3　依据对数组中每个领导人在 LSQLIB 查找其次序编号，记入数组；
Step4　比较各位领导人的编号，如果序号大小正序递增，则转 Step1，否则，对出现反序的领导人姓名标红，转 Step5；
Step5　若文本检查未结束，转 Step1，否则，转 Step6；
Step6　结束。

由于政治领域文本本身具有较高的敏感度，相关的错误语料相对较少，我们通过国家各级政府机关相关的指导性文件和网络资源进行规则的分析和制定。根据不同的错误类型在报刊中出现的频率和现实中产生的影响，对不同类别的政治性差错制定了不同粒度的错误推理规则，共有 78 条推理规则，由于篇幅所限，其他的错误推理算法就不在这里列出了。

10.4.2　面向政治新闻领域的文本分词优化

我们调用了 ICTCLAS 词法分析系统并对其进行了一定的优化，将表称职务的几个词合成一个词，例如“国务院/nt 副/b 总理/n”变为“国务院副总理/pos”，同时，变更了一些敏感词的词性标注，如原有系统中国家和地区的词性标注都为 ns，优化后国家的词性标注变为 ct。为此我们定义了一个新词库 UserWord，共包含 462 个词条，每条知识是一个二元组，用(W，P)表示，W 表示新词，P 代表词性，词性标注类别主要有表 10.2 所列的几种类型。

表 10.2　新词库词性标注类别表

词语	词类
领导人姓名	nL
国家名	ct
前职务	pof

续表

词语	词类
后称谓	pob
普通姓名	nr
区别词（如“副”）	b
地区名称	ns

假设待分词的文本为 T=$S_1S_2\cdots S_n$，则分词优化算法描述如下。

算法 10.4　分词优化算法

Step1　遍历文本 T，若 T 中出现 UserWord 中的词，将其替换为“'ddcc'+序号+' '”；

Step2　调用分词程序对替换后文本进行常规分词处理；

Step3　将分词后文本中的形如“'ddcc'+序号+/x”的词，替换为 UserWord 中对应的词形如“'词'+' / '+'词类'”；

Step4　输出结果。

注：“ddcc”是“单独成词”的拼音缩写，表示一个单独成词的字符串。

10.4.3　政治性差错侦测模型

真实的政治领域文本中的差错多发生在语义级，这类错误类型比较固定，但是具体的错误形式却五花八门。通过分析大量的政治新闻语料和相关的政府文件以及真实政治性差错语料，提取制定了相关的错误推理规则库，针对不同类型错误采取不同的规则进行分类侦测。

通过对《人民日报》语料和互联网时政文章的统计分析，提出政治性差错校对的一般形式化规则模型如下：

$$S(K, I, T, B)+DC_i(K, I, T)\rightarrow O(K, I, T, C) \tag{10.2}$$

句子分词后存入字符串数组 StringArray，同时将关键信息存入初始集 $S(K, I, T, B)$，其中 K 是 n 元组 $K=(K_0K_1K_2\cdots K_{n-1})$($n$ 为大于 2 的整数)，K_i 是句中各类政治类关键词集合，K_0 是领导人姓名集合，K_1 是领导人职务集合，K_2 港澳台术语集合，若 K_i 未包含元素，则 $K_i=\Phi$；I 为 K 中词语在数组 StringArray 的序号集合；T 为传递性动词，若句中不存在，则 T=null；B 为初始文本字体颜色，表示黑色。$DC_i(K_i, I, T)$为规则函数集，下标 i 对应初始集 S 中关键词集 K_i 的下标。$O(K, I, T, C)$为 $S(K, I, T, B)$在规则集 $DC_i(K, I, T)$的作用下输出的文本信息，其中 C 为输出文本中字串的颜色集，C=(黑色，黄色，红色)，文本中黑色字串表示字串不存在错误，黄色表示可能存在错误，红色表示存在错误。

$DC_0(K_0, I, T)$表示针对领导人姓名顺序错误的规则集，$DC_1(K_1, I, T)$表示针对领导人职务错误的规则集，$DC_2(K_2, I, T)$表示针对港台澳错误的规则集。由于篇幅所限，下面只给出 $DC_0(K_0, I, T)$规则集的具体形式，如下所示。

$DC_0(K_0, I, T)_1$：T=null，K_0 包含于领导人顺序库，且 K_0 中元素个数大于 1，若 I 中元素的数值大小次序符合领导人顺序库中次序，C=黑色；否则，C=红色。

$DC_0(K_0, I, T)_2$：T=null 且 K_0 中元素 $K_{0,i}$ 不属于领导人顺序库，若 $I_{0,i}$=max($I_{0,1}I_{0,2}\cdots I_{0,m}$)，且 I_1 中其他元素的数值大小次序符合领导人顺序库中次序，C=黑色；否则，C=红色。

$DC_0(K_0, I, T)_3$：若 T!=null，取文本中 T 之后的内容按照规则 $DC_0(K_0, I, T)_1$ 和规则 $DC_0(K_0, I, T)_2$ 进行处理。

10.4.4　面向政治领域的文本校对方法的具体实现

本校对方法的实现采用两级侦测和分类侦测的方法。两级侦测分别为：第一级常见错误和引号词侦测，第二级政治性差错侦测；分类侦测则是按照政治性差错的类别侦测。分级分类侦测的文本校对流程图如图 10.1 所示。

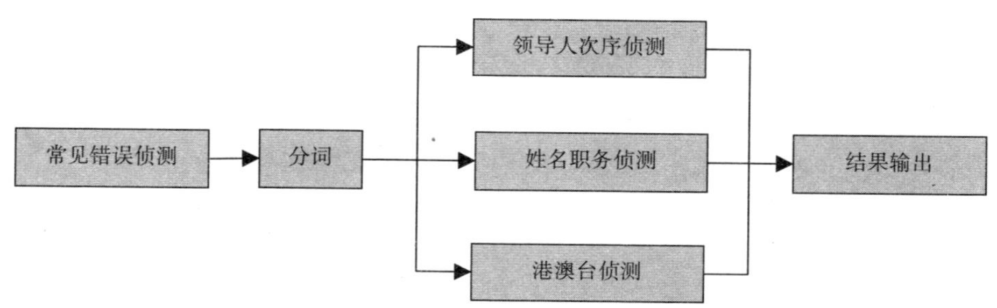

图 10.1　分级分类错误侦测的文本校对流程图

由于对字词级错误的侦测已有比较深入的研究[214]，故对 10.2 节分析指出的第（5）类错误不作考虑，本文只针对第（1）~（4）类的语义级的错误进行处理，为了简单起见，假设待校对文本中每句话至多含有一处错误。

规则 1　每一级和每一类错误都统一存放在错词组 Error(words，num，index，type)，记录其所在句子的序列号 num，句中的位置 index，和错误类型 type，最终处理后的文本中错误字体颜色标注为红色。

规则 2　在进行错误侦测时，若句子在上一级已侦测出错误，则终止本句侦测，跳转到下一句。

规则 3　对于实际文本中单句存在多处错误的情况，采用重复侦测的方法，人机交互修改标注的错误，直至无标红字体（即计算机认为文本中不存在错误）。

算法 10.5 是采用分级与分类侦测相结合分析具体例子“中共中央总书记。国家主席。中央军委主席习近平在李克强总理的陪同下来到中华世纪坛。”的描述。

算法 10.5 分级分类错误侦测算法

Step1 输入待查错文本，遍历文本，将引号词库内包含的，但句中未加引号的词条记入错词组 Error(words，num，index，type)；

Step2 分句处理文本，假设第 k 句是上述例句，检查 num 是否包含 k，若是，则处理第 k+1 句；否则，对句子进行分词预处理，分词后为：中共中央总书记/pof、/wn 国家主席/pof 、/wn 中央军委主席/pof 习近平/nL 在/p 李克强/nL 总理/pob 的/ude1 陪同/vn 下/f 来到/v 中华/nz 世纪/n 坛 /ng 。/wj

按空格切分放入字符串数组如下：

0	1	2	3
中共中央总书记/pof	、/wn	国家主席/pof	、/wn

依据词性标注信息提取关键词分类放入 $S(K, I, T, B)$，K_0(习近平，李克强)，K_1(中共中央总书记，国家主席，中央军委主席，总理)，I_0(5，7)，I_1(0，2，4，8)，T=null；

Step3 按政治类关键词的类别分别应用对应的规则集 $DC(K, I, T)$进行侦测：

(1)若 K_0 至少包含两个元素，则使用领导人次序规则集 $DC(K_0, I, T)$，假设 K_0 内元素顺序差错，则将错误词条放入 Error[(习近平，k，5，T_0)，(李克强，k，7，T_0)]，转到 Step4；否则转到（2）；

(2)若 K_0 和 K_1 不为空，判断 K_1 内职务与其修饰的 K_0 内姓名是否对应，若不对应则将职务和姓名错词放入 Error，转到 Step4，对应则看职务是否正确，错误则将职务加入 Error，转到 Step4；否则跳转（3）；

(3)若 K_3 不为空，则应用港澳台规则集，因为该规则集包含规则较多不再详述，具体步骤类似（1）和（2）。

Step4 若已扫描完所有文本，则转 Step5；否则处理第 k+1 句，跳转至 Step2；

Step5 将错词组 Error 内记录的内容，换算为该错词在整个文章中的索引存入 $O(K, I, T, C)$，标红显示输出。

10.5 实验结果分析

10.5.1 测试集的构建

由于报社期刊对于政治性校对的严格把关，真实文本中的政治性差错相对较少，我们粗略统计了四种错误的分布比例：领导人姓名错误占 20%，领导人顺序错误占 10%，领导人姓名-职务对应错误占 20%，涉及港澳台的政治性差错占 40%。为了更好地模拟真实错误。我们选取 1000 个涉及政治性关键词的句子，句子各类型的分布比例符合我们的统计比例，首先进行分词处理，然后按照以下原则构建测试集，把1000个正确的句子和1000个错误的句子合在一起构成2000个句子的测试集ZZ。

（1）每个句子中只包含一处错误。

（2）除领导人姓名外，不对其他词进行替换单字、加字或删字的处理。

10.5.2　结果分析

利用ZZ测试集我们对错误侦测模型进行了测试，并做了语义搭配模型[231]的对比试验，具体试验结果如表10.3和表10.4所示。由表10.3中的比较可以看出，本实验在准确率、召回率以及F值方面的表现都较为突出。语义搭配模型主要检测词语间的语义搭配是否合理，虽是针对政治性领域文本进行训练，但整体的召回率和F值偏低，当然这与测试集的错误类型有一定关系。

表10.3　实验结果

实验方法	准确率/%	召回率/%	F值/%
语义搭配模型	65.50	34.50	42.50
本实验模型	80.50	65.50	72.23

表10.4　实验结果

	句子数	发现错误	实际错误	正确发现	召回率/%	准确率/%	误报率/%
正确的句子	1000	130	0	0			13%
政治性差错	1000	684	1000	684	684		
总量	2000	814	1000	655	65.50	80.50	19.50

通过表10.4可以看出，本文方法准确率较高但召回率偏低，造成这种结果的原因有：

（1）受限于错误语料的匮乏，规则库的规模偏小，一些错误模式并未在规则库中登录，所制定的规则没有考虑到语言中那些经验性的、小粒度的知识，覆盖不了各种复杂纷繁的语言现象。

（2）政治性新闻文本虽具有一定的用语规律，但其错误却非常分散，较难总结，且很多错误句子本身没有问题，只是语用方面的错误，这类错误的计算机自动校对还是很难实现的。

（3）尽管在分析涉及港澳台问题时首先使用文本分类方法，判定其是否属于涉港澳台的文章，但在具体文章的错误侦测时，仅考虑了词语的上下文，而未考虑句子的上下文，因而对“习金平将出席博鳌亚洲论坛年会”这样的句子，将无法判定“习金平”是否有错，因为他可能是一个企业家。后续的工作进一步收集新闻领域政治性差错方面的语料，补充完善规则库，对目前的方法进行改进。

第十一章　中文文本错误纠错建议的自动生成及其排序方法

11.1　中文文本字词级错误纠错建议自动生成及其排序的模型与算法

11.1.1　中文文本字词级错误纠错建议自动生成及其排序概述

在前面我们已经指出，文本校对实际由两部分组成，一部分是从文本中找出错误，另一部分则是要对所发现的错误进行改正。由于汉语理论研究的局限性和汉语语言的特殊性以及汉语文本错误的多样性，要想使计算机完全达到自动校对水平尚不现实，我们的目标是根据语言建模理论，构造纠错建议产生的模型与算法，由计算机根据查出的错误产生一组纠错候选集提供给用户，辅助用户改正所检查出的错误。对校对系统自动纠错性能的衡量指标是看它提供的纠错建议是否有效，主要体现在两个方面：一是提供的修改建议中是否含有正确或合理的建议；二是正确或合理的修改建议是否排列在所有修改建议的前面。因此，纠错建议的产生模型与算法以及纠错建议的排序算法是自动纠错研究的两个核心点。

在第二章已经指出，目前中文自动校对方面的大多数文献，介绍文本查错模型与算法的较多，而有关纠错建议生成及排序的模型与算法相对较少，继续深入开展这方面的研究很有必要。本章将根据前面对真实中文文本中错误特征的分析以及错误产生根源的研究，结合中文字词输入中的特点，对最常用的拼音输入法和五笔字型输入法总结归纳并建立相应的易混淆词词典,以及编码相同或相近的近似词词典；对漏字、多字和相邻词易位等错误，则采用似然匹配方法建立纠错建议产生规则；对英文单词拼写错误，采用骨架键生成规则建立英文单词的骨架键词典。所有这些词典和规则以适当的架构搭建成有效的自动纠错知识库。然后基于纠错知识库建立针对文本中错误的纠错建议生成模型与算法，并结合错误字词与其所在语境里的字词间的同现信息，利用语境关联度模型，对纠错建议进行排序，使合理的纠错建议尽量排在前面，增强纠错建议的可读性。

11.1.2　自动纠错的语言模型

在文本校对中，假设要输入的文本为字符串 S，打字员在输入过程中可能会发生一些错误，得到的是一个可能含有拼写错误的噪声文本 O，文本校对的任务就是从噪声文本 O 中恢复原来输入的正确文本 S。即寻找在噪声文本 O 出现的情况下，

最可能的字符串 S，我们把它记为$\hat{S}$，即

$$\hat{S} = \arg\max_{S} p(S|O) \tag{11.1}$$

应用 Bayes 定理，可以将该式写为

$$\hat{S} = \arg\max_{S} \frac{p(S)p(O|S)}{p(O)} = \arg\max_{S} p(S)p(O|S) \tag{11.2}$$

这里，最大概率的语句序列$\hat{S}$依赖于语句序列 S 的先验概率 $p(S)$，也依赖于在语句 S 出现情况下的能够观察到 O 的观察概率 $p(O|S)$。$p(O|S)$可根据大量语句录入中所得到的输出结果来估计，而先验概率 $p(S)$则需要靠语言模型来估计。最经典的估计 $p(S)$的语言模型是 n-gram，其估算公式如下：

$$p(S) = \prod_{i=1}^{n} p(w_i|w_1^{i-1}) \tag{11.3}$$

其中，$w_1^{i-1} = w_1 w_2 \cdots w_{i-1}$，$w_i$ 是组成 S 的字或词。本书建立了汉语词二元模型和字二元、三元模型。即如果$S = w_1 w_2 \cdots w_i \cdots w_n$，若 w_i 表示词，则用下式来估计 $p(S)$：

$$p(S) = \prod_{i=1}^{n} p(w_i|w_{i-1}) \tag{11.4}$$

而 $p(O|S)$的估计可依据单个字符的先验概率来计算[2]：

$$p(O|S) = \prod_{i=1}^{n} p(o_i|w_i) \tag{11.5}$$

公式中 o_i 表示噪声文本 O 中的一个字词。$p(o_i|w_i)$表示在录入过程中 w_i 被错打成 o_i 的概率，也就是说，w_i 容易被混淆成 o_i。

公式（11.5）表示在文字输入过程中，由于将某个字符输入成了另一个易混淆的字符或其他字符，或者由于多输入字符或少输入字符，导致原字符串变成另一个字符串的概率。因此，为了找到使错误能够被纠正的字符，一种有效的方法就是构造混淆集。

对于汉语来讲，其混淆集的构造要比英文复杂得多，手工收集是远远不够的。为此，我们希望构造相似字词词典、字驱动双向匹配词典和似然匹配规则，以及英文骨架键词典，并以此为知识库，建立纠错建议的生成算法，将这些纠错建议提供给操作人员，由他们确认对出错字符串进行修正。

11.1.3　纠错知识库的构造

1. 易混淆（字）词词典的构造

定义 11.1　易混淆（字）词是指人们在使用汉字过程经常容易搞混的字或词。

包括容易写错的字词、容易读错的字词，如（棘手，剌手）、（亳州，毫州）。

容易读错的字词在语音识别的后处理中经常会见到，容易写错的字词则在通过键盘录入的文稿中见到。容易写错的字词一部分是由于笔画非常近似，录入员看着手稿录入时看错而导致的，例如，“亳”和“毫”，“未”和“末”，“日”和“曰”等，还有一部分是由于读音相同而字义辨识错误而导致的，尤其是一些成语，例如，“莫名其妙”和“莫明奇妙”、“和蔼可亲”和“和霭可亲”等。

我们参考杜维东先生编写的《错别字辨析手册》[125]和邵坤林先生编写的《常见错别字汇编》[126]，并通过其他途径，收集了形似、易读错和成语等常见的易混淆字词，建立易混淆词词典。在纠错时先查该词典，可直接得到部分易错字词的纠错建议，另外，可以动态地将人工给出的纠错建议加入该词典中。词典项的格式记为(errorstring,suggestion)，errorstring 表示出错的字词串，suggestion 表示其对应的纠错建议。词典以邻接表格式存储，按词典项中错误字串首字内码的大小排序，错误字串首字相同的词典项以链表结构存储。其格式如图 11.1 所示。下面就是易混淆词典中的一些例子：

（零晨，凌晨）、（按步就班，按部就班）、（鬼鬼崇崇，鬼鬼祟祟）、（枯躁，枯燥）

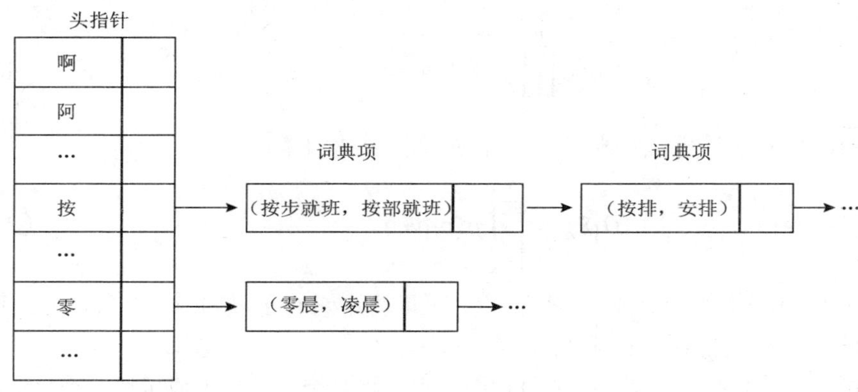

图 11.1　易混淆词典的存放格式

2. 相似码（字）词词典的构造

定义 11.2　相似码字、词是指那些在输入法中编码在键盘上的键位相同或相近的汉字或词。相似码字词往往是些音同或音近、形似或形近的字词。例如，（用户，拥护）、（程序设计，程序涉及），以及（戒严，勤劳致富）。其中，戒严和勤劳致富的五笔字型编码分别为 aago 和 aagp。

在构造相似码字词词典时，主要考虑拼音编码和五笔编码输入时造成的错误。首先将 Windows98 自带的相应汉字输入编码文件通过图 11.2 所示的转换算法，取得五笔字型和拼音编码表。其中拼音编码表含词条 56 621 条，五笔编码表含词条

22 221 条，由这两个编码表来构造相似码字词词典。

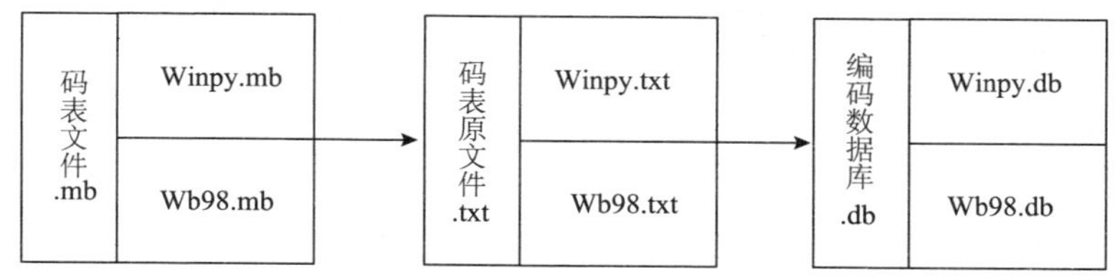

图 11.2　近似字词词典获取

1）拼音输入相似码字词候选集的构造

在获得拼音编码相同的字词表之后，还要对它进行一些整理，将那些编码相近字词也考虑加入，拼音编码相近主要是指那些发音容易混淆的模糊音，如“l”和“n”（有人将“兰”和“男”分不清），“en”和“eng”（有人将“陈”和“程”分不清），“ai”和“an”（有人将“买”和“满”分不清），“ei”和“en”（有人将“煤”和“门”分不清）等。将拼音相似码字词候选集记为 DSpy=DSpyzi∪DSpyci，并组织成如下的结构，其中，词和词之间用逗号隔开，在排列顺序上要考虑字或词在语料库中出现的频次，出现频次高的排在前面。

（1）音同或音近的候选字。

bei→北，被，倍，备，背，辈，贝，杯，卑，臂，悲，碑，本，奔

mai→买，卖，麦，脉，迈，埋，霾，满，慢，曼

lan→兰，览，蓝，篮，栏，滥，来，籁，赖，南，男

（2）音同或音近的候选词。

baohan→包含，饱含，包涵，包换

sheji→涉及，设计，射击，社稷

qianjin→前进，千斤，千金，前襟

当遇到错误的字或词时，首先从拼音码表中获得该字词的编码，再从相似码词典中取出候选字词放入纠错建议候选区，由纠错建议筛选、排序算法进行筛选排序，将筛选的结果放入纠错建议区，由用户选择以改正错误。

2）五笔字型输入相似码字词候选集的构造

形似或形近的字词错误主要是利用形码输入法输入汉字时造成的。应用最广的形码输入法为五笔字型输入法，编码相同或相近的字词，由于其在键盘上键位相邻或相近而可能导致击键错误。五笔字型相似码字词候选集包括同码候选字词和近码候选字词，记为 DSwb=DSwbzi∪DSwbci。同码候选字词可从 Windows 的五笔字型编码表得到，而近码候选字词主要通过我们构造的五笔字型编码相似性度量函数，利用程序自动从上面所得的五笔字型编码表（共有 22 221 条）中获得。将所获得同码和近码字词按照它们在语料中出现的频次高低依次放入候选集中。

3）五笔字型编码相似性度量函数

为了从五笔字型编码文件中提取编码相似的近似字词，我们构造相似性度量函数如下：

设有编码 $Code_i=A_{i1}A_{i2}\cdots A_{ik}\ (1\leqslant k\leqslant 4)$和编码 $Code_j=A_{j1}A_{j2}\cdots A_{jp}(1\leqslant p\leqslant 4)$。

定义 11.3 设编码 $Code_i$ 和 $Code_j$ 的相对应码位为 A_{im} 和 A_{jm}，$1\leqslant m\leqslant 4$，则称 $P(A_{im},A_{jm})$为 A_{im} 和 A_{jm} 在键盘上的键位关系，且：

$$P(A_{im},A_{jm}) = \begin{cases} Same & 若A_{im},A_{jm}是同键位，如A_{im},A_{jm}均为F \\ SRN & 若A_{im},A_{jm}属同一行且键位相邻，如A_{im}为F、A_{jm}为G \\ \sim SRN & 若A_{im},A_{jm}不属同一行且键位相邻，如A_{im}为Y、A_{jm}为H \\ \sim N & 若A_{im},A_{jm}键位不相邻，如A_{im}为R、A_{jm}为V \end{cases} \tag{11.6}$$

定义 11.4 设编码 $Code_i$ 和 $Code_j$ 的相对应码位为 A_{im} 和 A_{jm}，$1\leqslant m\leqslant 4$，则称 $Weight(A_{im},A_{jm})$为 A_{im} 和 A_{jm} 的键间权重，且：

$$Weight(A_{im},A_{jm}) = \begin{cases} 1.0 & 当P(A_{im},A_{jm}) = Same \\ 0.7 & 当P(A_{im},A_{jm}) = SRN \\ 0.5 & 当P(A_{im},A_{jm}) = \sim SRN \\ 0.0 & 当P(A_{im},A_{jm}) = \sim N \end{cases} \tag{11.7}$$

定义 11.5 设 l_i 和 l_j 分别为 $Code_i$ 和 $Code_j$ 的码长，称 $SIM(Code_i,Code_j)$为五笔字型编码 $Code_i$ 和 $Code_j$ 的相似函数，且令

$$SIM(Code_i,Code_j) = \sum_{m=1}^{Min(l_i,l_j)} Weight(A_{im},A_{jm}) \tag{11.8}$$

当相似函数 $SIM(Code_i,Code_j)$满足下列条件时，则称五笔字型编码 $Code_i$ 和 $Code_j$ 为相似码：

① 当 $Min(l_i,l_j)=1$ 且 $Max(l_i,l_j)-Min(l_i,l_j)\leqslant 1$，$SIM(Code_i,Code_j)\geqslant 0.7$；

② 当 $Min(l_i,l_j)=2$ 且 $Max(l_i,l_j)-Min(l_i,l_j)\leqslant 1$，$SIM(Code_i,Code_j)\geqslant 1.4$；

③ 当 $Min(l_i,l_j)=3$ 且 $Max(l_i,l_j)-Min(l_i,l_j)\leqslant 1$，$SIM(Code_i,Code_j)\geqslant 2.5$；

④ 当 $Min(l_i,l_j)=4$ 且 $Max(l_i,l_j)-Min(l_i,l_j)\leqslant 1$，$SIM(Code_i,Code_j)\geqslant 3.5$。

例如，根据上述定义，下面的几组字词就属于编码相似的字词：

是（j）—上（h）　由式（11.6）~式（11.8）得 $SIM=0.7\geqslant 0.7$

字（pb）—安（pv）　由式（11.6）~式（11.8）得 $SIM=1.7\geqslant 1.4$

标本（sfsg）—根本（svsg）　由式（11.6）~式（11.8）得 $SIM=3.5\geqslant 3.5$

当遇到错误的字或词时，首先从五笔字型编码表中获得该字词的编码，再从五笔字型的同码、近码词典中取出候选字词放入筛选建议区，由纠错建议筛选、排序算法进行筛选排序，将筛选的结果放入纠错建议区，由用户选择以改正错误。

如果将拼音候选字和五笔候选字放到一起形成候选字集，记为 $DSzi=DSpyzi \cup DSwbzi$，将它们的候选词放到一起形成候选词集，记为 $DSci=DSpyci \cup DSwbci$。这样，相似码字词词典就由两部分构成，即 $DS=DSzi \cup DSci$。考虑到实际应用中，受存储量和查找速度的限制，可将那些应用频率较低的近似字词从词表中去掉，试验证明，这样做不会对纠错建议的正确率造成大的影响。

3. 字驱动双向词典与似然匹配规则

漏字、多字、易位和多字替换的错误情况比较复杂，没有一定的规律可循，不能通过简单的换字操作得到纠错建议，本书取错误字串的首字和尾字作为启发信息，采用似然匹配的方法，将与出错词“相似”的词作为纠错建议。为此，我们构造了一个字驱动双向词典 BiDict，该词典以词的首字内码大小排列，当遇到错误时，以错误字串的首字或末字在字驱动双向词典中进行查找，并通过词典信息判定该字是否可作为词的首字或末字，再通过相应的信息链指针找出以该字为首字或末字的词，然后从这些词中运用下面的模糊匹配算法确定出与错误字串“相似”的词，作为候选纠错建议放入纠错建议区，并由纠错建议排序程序根据一定的规则对它们进行排序。

1）字驱动双向词典的数据结构

字驱动双向词典的数据结构定义如下：

```
struct Item
{
    char* Character[2]; //字
    int   Frequency;   //字频
    int   IsDanZiCi;   //是否为单字词，是为 1，否则为 0
    int   BeFirst;     //能否做词典中某词的首字，是 1，否则 0
    int   BeSecond;    //能否做词典中某词的第二字，是 1，否则 0
    int   BeThird;     //能否做词典中某词的第三字，是 1，否则 0
    int   BeFourth;    //能否做词典中某词的第四字，是 1，否则 0
    long* BiHead;      //指向以该字为首字的二字词
    long* BiTail;      //指向以该字为尾字的二字词
    long* TriHead;     //指向以该字为首字的三字词
    long* TriTail;     //指向以该字为尾字的三字词
    long* QuarHead;    //指向以该字为首字的四字词
```

```
    long* QuarTail;      //指向以该字为尾字的四字词
    long* MultiHead;     //指向以该字为首字的多字词
    long* MultiTail;     //指向以该字为尾字的多字词
}Zi;
```

例如：

Character= “心”

Frequency=4038

IsDanZiCi=1

BeFirst=1

BeSecond=1

BeThird=1

BeFourth=1

BiHead→爱 肠 潮 得 地 腹 肝 慌 计 急 境 坎 理 灵 情 声 事 思 酸 态 痛 田 跳 头 细 弦 想 胸 虚 绪 血 眼 愿 脏

BiTail→爱 安 操 公 好 奸 闹 偏 身

TriHead→连心 里话 理学 贴心

TriTail→暖人 心连 心贴 中国

QuarHead→安理得 得体会 地善良 服口服 腹之患 甘情愿 狠手辣 怀叵测 急如焚 口如一 领神会 旷神怡 力交瘁 灵深处 满意足 明眼亮 平气和 情舒畅 如刀割 神不安 心相印 有余悸 猿意马 悦诚服 照不宣 直口快 中有数

QuarTail→不得人 万众一

MultiHead→有余而力不足

MultiTail→NULL

2）似然匹配规则

定义 11.6 对字串 $Z_1Z_2\cdots Z_n$（Z_i 为错误字串的一个字）和词 $C_1C_2\cdots C_m$（C_j 为纠错建议词中的一个字），设函数

$$Same(Z_i, C_j) = \begin{cases} 1 & 当 Z_i = C_j \\ 0 & 当 Z_i \neq C_j \end{cases} \tag{11.9}$$

（1）当字串 $Z_1Z_2\cdots Z_n$ 为漏字或别字情况时，有 $n \leqslant m$，这时，若下列条件成立：

$$\sum_{\substack{i=1 \\ Z_1=C_1}}^{n} Same(Z_i, C_i) \geqslant n-1 \tag{11.10}$$

或

$$\sum_{\substack{i=1 \\ Z_n=C_m}}^{n} Same(Z_{n-i+1}, C_{m-i+1}) \geqslant n-1 \tag{11.11}$$

或

$$\sum_{\substack{i=1 \\ Z_1=C_1}}^{n} Same(Z_i, C_i) + \sum_{\substack{i=1 \\ Z_n=C_m}}^{n} Same(Z_{n-i+1}, C_{m-i+1}) \geqslant n-1 \tag{11.12}$$

（2）当错误字串为多字情况时，有 $n>m$，这时，若下列条件成立：

$$\sum_{\substack{i=2 \\ Z_1=C_1}}^{m-1} Same(Z_i, C_i) + \sum_{\substack{i=2 \\ Z_n=C_m}}^{m-1} Same(Z_{n-i+1}, C_{m-i+1}) = m \tag{11.13}$$

则称字串 $Z_1Z_2\cdots Z_n$ 与词 $C_1C_2\cdots C_m$ 似然匹配，记为 $match(Z_1Z_2\cdots Z_n, C_1C_2\cdots C_m)$，并将 $C_1C_2\cdots C_m$ 作为字串 $Z_1Z_2\cdots Z_n$ 的纠错建议。

定义 11.7　有如下两条规则：

规则 1　IF ((Eq.(11.10)=True OR Eq.(11.11)=True OR Eq.(11.12)=True) AND ($n\leqslant m$))THEN match($Z_1Z_2\cdots Z_n$, $C_1C_2\cdots C_m$)

规则 2　IF (Eq.(11.13)=True AND ($n>m$)) THEN match($Z_1Z_2\cdots Z_n$, $C_1C_2\cdots C_m$)

规则 1 解决漏字和别字的情况，规则 2 解决多字的情况。

利用规则 1 和规则 2 编写算法，即可用字驱动的双向词典实现似然匹配，把错误字串中的别字、首尾漏字、词中多字、少字等错误纠正。

例如：match（如火如荼，如火如荼），match（同心德，同心同德）等。

4. 英文单词拼写纠错词典构造

英文单词的查错与纠错是中文文本校对系统不可或缺的一部分，它直接影响着校对系统的性能指标。但中文文本中的英文错误一般只是单词拼写错误，针对这一特点，本书通过构建骨架键词典，在英文单词出现错误时，先抽取出该错误单词的骨架键，然后再去查骨架键词典，将词典中与该单词具有相同骨架键的正确单词作为该单词的纠错建议。

1）骨架键及其词典的结构

根据统计分析，在一个英文单词中，有的字母可以多次出现，如单词 Redundancy 中，字母 d 和 n 各出现过两次，这说明单词中存在信息冗余；同时，各字母在英文单词中的排列顺序又是英文单词构词的关键信息。例如，下面就是英文单词在构词上所具有的一些特性：

首字母包含着英文单词的重要信息。

在大多数单词误拼情况下，单词中唯一字母的改变概率是很小的。

通常，单词中的辅音字母比元音字母包含更多的信息。

单词中唯一辅音字母的原始序列和唯一元音字母的原始序列体现了单词的特征。

误拼单词中经常发生字母双写误拼的情况。

常见的英文拼写错误有：

（1）插入字符，如 research 误拼为 researcvh；

（2）删除字符，如 Engineering 误拼为 Enginering；

（3）交换字符，如 transposition 误拼为 transpoistion；

（4）替换字符，如 substitution 误拼为 substiturion；

（5）大小写错误，如 The 误拼为 tHe,ThE 等。

因此，只要能够压缩英文单词中重复字母的冗余度并保留其特征信息，就可在很大程度上提高英文单词拼写查错和纠错的准确性和有效性。为此，给出如下的骨架键定义：

定义 11.8 将英文单词的首字母、单词中所有辅音字母的不重复原始序列以及所有元音字母的不重复原始序列所构成的字母串，称作单词的骨架键。即

$$\begin{aligned}\text{骨架键} = \text{首字母} + \text{辅音字母不重复的原始序列} \\ + \text{元音字母不重复的原始序列}\end{aligned} \tag{11.14}$$

例如，单词 Californian 和 California 的骨架键为 Clfrnaio，而单词 Palestinian 和 Palestine 的骨架键则为 Plstnaei。

骨架键词典结构格式如表 11.1 所示。

表 11.1 骨架键词典结构格式

骨架键	候选单词
Clfrnaio	Californian，California，…
Plstnaei	Palestinian，Palestine，…

2）骨架键词典的生成算法

设有一部英文单词词典记为Ω，字母集{ ‘a’，‘b’，…，‘z’，‘A’，‘B’，…，‘Z’ }记为ψ，$W_k=L_1L_2\cdots L_m$ 为一英文单词，$W_k\in\Omega$，$L_i(1\leqslant i\leqslant m)$为组成单词 W_k 的字母，$L_i\in\psi$，m 为词长。元音字母集记为 *Vowel*={ ‘a’，‘e’，‘i’，‘o’，‘u’，‘A’，‘E’，‘I’，‘O’，‘U’ }；辅音字母集记为 *Consonant*=ψ-*Vowel*；单词第一个字母记为 *FirstLetter*=L_1；单词中元音字母的不重复原始序列记为 *Vow_seq*；辅音字母的不重复原始序列记为 *Con_seq*；*Skeleton_keyk* 为单词 W_k 的骨架键，则单词骨架键的生成算法如下。

算法 11.1　英文单词骨架键生成算法

Step1　初始化，$Vow\_seq=\Phi$；$Con\_seq=\Phi$；$Skeleton\_keyk=\Phi$；$FirstLetter=\Phi$；

Step2　从词典Ω中读一单词 W_k；

Step3　将 W_k 中的首字母 L_1 放入 *FirstLetter*，$FirstLetter=L_1$；

Step4　for i=2 to m

{

　　读单词 W_k 中的字母 L_i;

　　if ($L_i \in Vowel$ and $L_i \in \sim Vow\_seq$) then $Vow\_seq = Vow\_seq + L_i$;

　　if ($L_i \in Consonant$ and $L_i \in \sim Con\_seq$) then $Con\_seq = Con\_seq + L_i$;

}

Step5　$Skeleton\_keyk = FirstLetter + Con\_seq + Vow\_seq$;

Step6　if（骨架键 *Skeleton_keyk* 已在骨架键词典中）

　　则将单词 W_k 加入相应的记录中

　else

　　将骨架键 *Skeleton_keyk* 和单词 W_k 加入骨架键词典的一条新记录中；

Step7　如果词典Ω中的处理完成，结束；否则，转 Step1。

很显然，上面构造的纠错知识库中，易混淆词典的功能可以由相似码字词词典和字驱动双向词典代替，但是，设立易混淆词典的好处就是查找速度快，可靠性高。在后面的纠错算法中，就会看到，当遇到错误字串时，首先查易混淆词典，若查到，其给出的纠错建议的可信度为最高值 1。另外，为了提高纠错建议的给出速度和准确率，应当使系统具有对易混淆词典进行自我学习、自我完善的功能，当系统对某些错误字串不能给出纠错建议时，要提示用户直接对错误进行改正，并将用户输入的纠错建议与错误字串对应起来加入到易混淆词词典中，以后再遇到这样的错误时可直接通过查易混淆词典给出纠错建议。

11.1.4　纠错建议的生成算法

中文校对系统中含有查错和纠错两部分内容，一般有两种实现方法：一种是查错和纠错同步进行，另一种是分两遍进行，第一遍先查错，第二遍再纠错。本书所介绍的系统就是采用第二种方法。纠错建议产生模块的输入数据是经过查错模块标红的含有错误字符串的文本。下面是当在文本中遇见一个错误字串时，纠错建议的产生算法。

设错误字串为 $Z=Z_1Z_2\cdots Z_i\cdots Z_m$ ($1 \leqslant m \leqslant 7$)，$Z$ 中字 Z_i 的某一候选字为 $C_{ik} \in \{C_{i1},C_{i2},\cdots,C_{il}\}$，$\{C_{i1},C_{i2},\cdots,C_{il}\}$为 Z_i 的所有候选字集。则 Z 的纠错候选建议产生算法如下。

算法 11.2　纠错候选建议的生成算法

Step1　纠错建议计数器 *num* 初始化为 0，优先权标志 *flag* 置 0；

Step2　若错误字串 *Z* 是汉字串，则转 Step4；

Step3　将出错英文字母串按骨架生成算法生成骨架键，查骨架键词典，若查到，则将该骨架键对应的英文单词加入纠错建议缓冲区。若对应的英文单词是多个，则一起放入，计数器 *num* 加相应的个数；

Step4　查易混淆词词典，若查到，将该错误字的纠错建议加入纠错建议缓冲区，计数器 *num*:=*num*+1，且将其优先权标志 *flag* 置 1，转 Step8；否则，转 Step5；

Step5　从拼音编码表和五笔编码表中获得字串 *Z* 的输入编码，再查相似码字词词典 *DS*，对拼音相似码和五笔相似码各取 10 个加入纠错建议缓冲区，计数器 *num*:=*num*+20；

Step6　求错误字串 *Z* 的长度（字的个数）*N*＝len(*Z*)；

Step7　Case *N* do

N=1，{/*这种情况下，字串 $Z=Z_1$* /

查相似码字候选集 *DSzi*，将与其编码相同或相近的前 10 个字放入纠错建议缓冲区，*num*:=*num*+10；/*纠正别字错误*/

查词典 BiDict，若 Z_1.*IsDanZiCi*=0，则将以该字开头和以该字结尾的二字词统计频率高的前 10 个放入纠错建议缓冲区，并修改计数器 *num* 的值。/*纠正漏字错误*/

}

N=2，{ /*这种情况下，字串 $Z=Z_1Z_2$* /

若 Z_1Z_2 成词，则将 Z_1Z_2 放入纠错建议缓冲区，*num*:=*num*+1；/*纠正换位错误*/

将以 Z_1 开头和以 Z_2 结尾的二字词，各取频率高的前 10 个放入纠错建议缓冲区，*num*:=*num*+20；/*纠正别字错误*/

对以 Z_1 开头和以 Z_2 结尾的三字词，应用似然匹配规则 1，从 BiDict 词典的相应词典项中，各取前 10 个放入纠错建议缓冲区，*num*:=*num*+20。/*纠正漏字错误*/

}

N=3，{ /*这种情况下，字串 $Z=Z_1Z_2\ Z_3$*/

若这三个字中的任何两个字成词，即 Z_1Z_2、$Z_2\ Z_3$、$Z_1\ Z_3$ 是词时，应用似然匹配规则 2 查 BiDict，将与 *Z* 似然匹配的二字词加入纠错建议缓冲区，并修改计数器 *num* 的值；/*纠正多字错误*/

若 $C_{1k}\ Z_2\ Z_3$ 或 $Z_1\ C_{2k}Z_3$ 或 $Z_1Z_2C_{3k}$ 是词，则应用似然匹配规则 1 查

BiDict 词典，将那些与 Z 似然匹配的三字词加入纠错建议缓冲区，并修改计数器 *num* 的值；/*纠正别字错误*/

对以 Z_1 开头和以 Z_3 结尾的四字词，应用似然匹配规则 1 查 BiDict 词典，从与 Z 似然匹配的词典项中，各取前 10 个放入纠错建议缓冲区，*num*:=*num*+20。/*纠正漏字错误*/

}

$N \geqslant 4$，{ /*这种情况下，字串 $Z=Z_1Z_2\cdots Z_m\ (4 \leqslant m \leqslant 7)$* /

对以 Z_1 为首字和以 Z_3 尾字，应用似然匹配规则 2 查 BiDict 词典，查找那些长度为 $m-1$ 且与 Z 似然匹配的词典项，加入纠错建议缓冲区，并修改 *num*。/*纠正多字错误*/

对以 Z_1 为首字和以 Z_3 尾字，应用似然匹配规则 1 查 BiDict 词典，查找那些长度为 m 且与 Z 似然匹配的词典项，加入纠错建议缓冲区，并修改 *num*。/*纠正别字错误*/

对以 Z_1 为首字和以 Z_3 尾字，应用似然匹配规则 1 查 BiDict 词典，查找那些长度为 $m+1$ 且与 Z 似然匹配的词典项，加入纠错建议缓冲区，并修改 *num*。/*纠正漏字错误*/

}

Step8　如果 *num*>0，则调用纠错建议排序程序对纠错建议缓冲区中的纠错建议进行排序；否则，转 Step10；

Step9　选取前 10 个以友好的界面显示提供给用户，等待用户选择，转 Step11；

Step10　提示用户直接输入修改建议，并把用户输入的修改建议加入易混淆词词典；

Step11　结束。

11.1.5　语境关联度模型

n-gram 模型已成功应用于自然语言的各个领域，它只考虑了前面 $n-1$ 个词对当前词的影响，因此，特别适于语音识别和口语理解的情况，因为在语音识别中只能使用前面已经说出来的词预测当前词的出现，而不能使用当前词后面的词，因为当前词后面的词还没有说出来呢！

然而，中文文本校对不同于语音识别，它所面对的是已经输入的文本，当前词所在语言环境中的前后信息都可以用来检查当前词出现的合理性。在文本校对中应用 n-gram 模型取得的查错效果并不是十分理想，近年来，一些采用 n-gram 模型的中文文本校对方法，所取得的查错召回率只有 70%左右，精确率只有 30%左右[10]。理论上讲，n-gram 模型的阶数 n 取得越大，其所反映的语序越逼近真实的句法模式，但随着 n 的增大，参数规模迅速膨胀，引起严重的数据稀疏。

为了解决上述问题，我们提出一个面向文本校对的语境关联度语言模型，它考虑当前词的前后信息以及语境中的词间距离信息，预测目标词在句子中的合理性。利用该模型既可以用来查找错误，又可以用来对候选纠错建议进行排序。用于查错时，将合理性低的词判断为错误；而用于候选纠错建议排序时，将纠错建议候选集中合理性高的建议排到前面。

1. 语境关联度模型的建模原理

中文文本校对所要处理的对象是汉语文本，基于文本特性，目标词后面的信息对预测目标词的合理性是有用的，为建立适于中文文本错误自动检测的语言模型，给出如下定义。

定义 11.9　设$T_k =< w_{i-k} \cdots w_{i-2}w_{i-1}w_iw_{i+1}w_{i+2} \cdots w_{i+k} >$是句子中的一部分，每个 w 为一个汉字词，w_i 称作目标词，其他词称作 w_i 的上下文环境。w_i 在句子中的出现合理性完全由它的上下文决定，w_i 所处的上下文环境 T_k 称作 w_i 的语境，记为 LE，k 称作语境半径。

为了检查 w_i 在 LE 中的合理性，我们引入语境关联度的概念。

定义 11.10　在半径为 k 的语境 T_k 中，词 w_i 与上下文其他词间的关系称为它的语境关联度，定义为

$$Re(w_i,T_k) = P(w_i|w_{i-k} \cdots w_{i-2}w_{i-1}w_{i+1}w_{i+2} \cdots w_{i+k}) \tag{11.15}$$

其中，$P(w_i|w_{i-k} \cdots w_{i-2}w_{i-1}w_{i+1}w_{i+2} \cdots w_{i+k})$为在语境词串$< w_{i-k} \cdots w_{i-2}w_{i-1} w_{i+1}w_{i+2} \cdots w_{i+k} >$出现的条件下，目标词 w_i 在 T_k 中出现的可能性。如果我们仍然使用 n-gram 的约束方法，其计算可以使用下面公式：

$$\begin{aligned} & P(w_i|w_{i-k} \cdots w_{i-2}w_{i-1}w_{i+1}w_{i+2} \cdots w_{i+k}) \\ & \quad = P(w_i|w_{i-k} \cdots w_{i-1}) \cdot P'(w_i|w_{i+1} \cdots w_{i+k}) \end{aligned} \tag{11.16}$$

其中，$P(w_i|w_{i-k} \cdots w_{i-1}) = \frac{C(w_{i-k}^{i})}{C(w_{i-k}^{i-1})}$，$P'(w_i|w_{i+1} \cdots w_{i+k}) = \frac{C(w_{i}^{i+k})}{C(w_{i+1}^{i+k})}$。例如，当语境半径 k=1 时，有

$$P(w_i|w_{i-1}w_{i+1}) = P(w_i|w_{i-1}) \cdot P'(w_i|w_{i+1}) = \frac{C(w_{i-1}w_i)}{C(w_{i-1})} \cdot \frac{C(w_iw_{i+1})}{C(w_{i+1})}$$

当 k=2 时，有

$$P(w_i|w_{i-2}w_{i-1}w_{i+1}w_{i+2}) = \frac{C(w_{i-2}w_{i-1}w_{i-1})}{C(w_{i-2}w_{i-1})} \cdot \frac{C(w_iw_{i+1}w_{i+2})}{(w_{i+1}w_{i+2})}$$

显然，这样做的计算工作量很大，且随着语境半径 k 的增大，数据稀疏问题将很严重。为了简便，只考虑 w_i 与语境 T_k 中各个词之间的关系。而 w_i 与同一个语境中的各个词间的关系的密切程度是不一样的。根据距离越近的词关系越紧密的原则，引入距离加权因子，应用语境中邻接与非邻接词间的信息，来估计 w_i 在语境中的合

理性。为此，给出以下定义：

定义 11.11　如果词 w_j 在语境 T_k 中与词 w_i 的距离为 l，它们在语境 T_k 中的共现频次记为 $Count(w_i, w_j, l)$，则由下式计算的结果称为词 w_j 和 w_i 的词间同现关系：

$$Rc(w_i, w_j) = \sum_{l=-k}^{-1} d_l \times Count(w_j, w_i, l) + \sum_{l=1}^{k} d_l \times Count(w_i, w_j, l) \tag{11.17}$$

其中，k 是语境 T 的半径，d_l 是反映 w_j 和 w_i 间距离信息的加权因子，用以描述语境同现信息 $Count(w_i, w_j, l)$ 对 $Rc(w_i, w_j)$ 的影响。d_l 是一个单调函数，它的定义如下：

$$d_l = \log(k+1) - \log(|l|) \tag{11.18}$$

定义 11.12　假设 w_j 是 w_i 所在语境 T_k 中的任意一个词，则由下式计算的结果称为 w_i 和 w_j 的词间关联度：

$$P(w_i|w_j) = \frac{Rc(w_i, w_j)}{Rt(w_j)} \tag{11.19}$$

这里，$Rt(w_j)$是 w_j 与所有词的词间同现关系总和，由下式给出（假设词典中的词数为 L）：

$$Rt(w_j) = \sum_{i=1}^{L} Rc(w_i, w_j) \tag{11.20}$$

我们可以由式（11.19）的词间关联度结合式（11.15）求得词 w_i 的语境关联度如下：

$$\begin{aligned} Re(w_i, T_k) &= P(w_i | w_{i-k} \cdots w_{i-2} w_{i-1} w_{i+1} w_{i+2} \cdots w_{i+k}) \\ &= \sum_{j=i-k}^{i+k} a_j \times P(w_i|w_j) \end{aligned} \tag{11.21}$$

其中，a_j 为归一化参数，$a_j = \frac{d_{|i-j|}}{\sum_{m=-k}^{k} d_m}$。

语境关联度可以被用来侦测中文文本中的错误，当 $Re(w_i, T_k)>\eta$ ($0<\eta \leqslant 1$ 为一阈值)，则认为 w_i 在半径为 k 的语境 T_k 中的出现是合理的，否则，将 w_i 看作一个潜在错误输出。当把它用于对纠错建议排序时，$Re(w_i, T_k)$值大的纠错建议排在前面。

2. 语境关联度模型的平滑

与 n-gram 模型类似，上面所提出的语境关联度模型也面临着零概率的问题。如果在训练语料中，没有出现过词对(w_i,w_j)或(w_j,w_i)，则依据式（11.17）和式（11.19）可知 $P(w_i|w_j)=0$。为了避免数据稀疏问题出现，采用回退法，即考虑模型中词间同现关系 $Rc(w_i,w_j)$的大小，当词间同现关系为 0 时，将退回到一元模型按 w_i 的概率来

估计 $P(w_i|w_j)$：

$$P^*(w_i|w_j) = \begin{cases} P(w_i|w_j) & Rc(w_i, w_j) > 0 \\ \lambda(w_j)P(w_i) & otherwise \end{cases} \tag{11.22}$$

这里，$P(w_i|w_j)$可按照式（11.19）计算，$P(w_i)$表示 w_i 在训练语料中的出现概率，$\lambda(w_j)$为一比例系数，$0 < \lambda(w_j) < 1$。其值依赖于训练语料中在 w_j 前后所出现的不同词数的多少。

11.1.6　基于语境关联度模型的纠错建议排序

由纠错建议生成算法产生的纠错建议数量多且并非都是有效的。为此，需要对候选纠错建议区中的纠错建议进行筛选和排序，以便将最可能的修改建议提供给用户。对纠错建议的排序首先采用语境关联度模型，同时结合各建议在训练语料中的出现频率以及纠错建议与错误字串是否编码相同等信息，对各建议进行评分，然后再按分值对他们进行排序。

设当前查出的错误字串为 Ze，利用似然匹配纠错建议生成算法得到的候选建议集为 $Wc=\{w_1,w_2,\cdots,w_i,\cdots,w_m\}$，则为了对候选集中的建议排序，需要对建议 w_i 计算其在当前错误字串所处语境中的语境关联度 $Re(w_i,T_k)$，我们取语境半径 $k=2$，即所计算的是该建议与错误处前后各两个词的概率转移关系。另外，纠错建议的使用频率以及与错误字串是否同码也是对它进行评分的重要因素。为此，对 Wc 中各纠错建议优先权值的计算原则如下：

（1）如果 w_i 的优先权标志 $flag(i)=1$，即纠错建议来自易混淆词典，则置 $Weight(w_i):=1$；

（2）若该建议是由近似词词典或字驱动双向词典得到，则其优先权值按下式计算：

$$Weight(w_i) \coloneqq \eta_1 Re(w_i, T_2) + \eta_2 \frac{Count(w_i)}{N} + \eta_3 code(Ze, w_i) \tag{11.23}$$

其中，$Count(w_i)$为纠错建议在训练语料中的出现频次，N 为训练语料的总词数；$code(Ze, w_i)$为编码是否相同函数，表示为：

$$code(Ze, w_i) = \begin{cases} 1 & Ze\text{与}w_i\text{编码相同} \\ 0 & Ze\text{与}w_i\text{编码不同} \end{cases} \tag{11.24}$$

η_1、η_2和η_3是加权因子，决定了各项对建议优先权的影响程度，其值由实验给出。当编码相同时，考虑的三项加权，η_1、η_2和η_3都有值，当编码不同时，只考虑两相加权，将η_3的值分给η_1和η_2。本书在排序时，若纠错建议的编码与出错字串编码相同时，选$\eta_1 = 0.5$，$\eta_2 = 0.3$，$\eta_3 = 0.2$；否则，选择$\eta_1 = 0.6$，$\eta_2 = 0.4$。对候选集 Wc 的排序算法如下。

算法 11.3　纠错建议候选集 *Wc* 的排序算法

Step1　FOR i=1 to m DO

　　IF ($flag(i)$=1) THEN $Weight(w_i)$:=1

　　ELSE

　　　　IF $code(Ze, w_i)$=1 THEN

　　　　　　$Weight(w_i)$:=0.5*$Re(w_i, T_1)$+0.3*$Count(w_i)$/N+0.2*code(Ze, w_i)

　　　　ELSE

　　　　　　$Weight(w_i)$:=0.6* $Re(w_i, T_1)$+0.4* $Count(w_i)/N$

　　ENDIF;

Step2　应用冒泡排序法以优先权值 $Weight(w_i)$的大小对候选建议排序；

Step3　将前五选建议输出到“修改建议”框中，而其他建议按顺序输出到“全部建议”下拉滚动框中；

Step4　结束。

11.1.7　实验结果与实例

1. 实验结果

对第五章查错模块查出的 502 个错误，纠错模块对其中的 461 个错误能给出纠错建议，且纠错建议候选集中含有正确的纠错建议（称为召回率），而对其中的 384 个错误，前五选纠错建议中含有正确的纠错建议（称为精确率），即纠错模块的建议召回率和精确率分别达到 91.8%和 76.4%。另外，有 41 个错误不能给出纠错建议，或产生的所有纠错建议中没有正确建议（称为纠错盲点），所占百分比为 8.2%。对查错模块误报的错误，该模块也能产生出纠错建议。这些数据表明本书所给的纠错建议产生与排序算法是基本有效的，为了进一步提高前五选命中率，各建议的优先权值计算方法尚需进一步改进。

2. 纠错系统运行实例及其分析

1）纠错实例

【例 11-1】任务非常艰匡。

排序后的纠错建议：①简况；②艰巨；③艰难；④艰苦；⑤艰辛。

分析：①项是由于拼音相同而得出的纠错建议；②项是由于五笔有相同（似）之处而给出的；③④⑤项则是由似然匹配算法得出的。纠错建议得出后进行加权排序就得到上述结果。排序的结果主要是在计算优先权值时，对与错误字串编码相同（包括拼音编码和五笔编码）的纠错建议加了一定的权值。

【例 11-2】五名妇女充当了牺牲吕。

排序后的纠错建议：①牺牲品；②牺牲。

分析：①②两项主要是通过似然匹配得到的，这也从一方面看出似然匹配是为多字、漏字、错字提供纠错建议的一个很不错的算法。

【例 11-3】他们如期实观了整顿改革的目标。

排序后的纠错建议：①使馆；②试管；③实现；④实施；⑤实际。

分析：①②两项由拼音编码相同而得到纠错建议；③④⑤三项都是有似然匹配所得。之所以将①②两项排在前面，原因和例 11-1 相同。

【例 11-4】在长期计划经济习惯执力的影响下。

排序后的纠错建议：①职位；②智力；③实力；④执行；⑤人力。

分析：在前五选纠错建议中并没有给出我们所需要的建议（“势力”），通过查看纠错建议候选集，发现正确的建议（“势力”）被排在了第 18 位，这说明我们的纠错建议优先权值计算方法尚需继续改进，也可能是由于统计训练语料的选取使得“势力”一词的出现频率稍低造成的结果远远没有达到我们的要求，而我们的评价指标中出现频次所起的作用最大，所以还需在下列两个方面继续完善：①运用大规模语料对语境中的字间关系进一步进行统计，进而提高语境关联度的有效性判断。②纠错建议排序算法中的加权因子是个实验系数，需进一步研究其理论并通过更多的实验使之精确。

【例 11-5】他的写作能务得到大大提高。

排序后的纠错建议：①服务；②业务；③能力；④能源；⑤能耗。

分析：这些都是应用了似然匹配规则 1 找到的纠正别字的纠错建议。

【例 11-6】青年是建设社会主义的主力军。

排序后的纠错建议：主力军。

分析：本例所标出的错误字串实际是正确的，这是由于查错算法的不准确所致，但纠错建议算法认为其中的“的”是多余的，所给出的建议纠正了“多字错误”。可见似然匹配规则 2 纠正“多字错误”还是有效的。

【例 11-7】忽视发挥利率的杆杠作用。

排序后的纠错建议：①杠杆；②敲竹杠。

分析：应用似然匹配能纠正这样的“易位”错误。

2）纠错盲区

对下列一些情况纠错系统不能给出纠错建议或所有纠错建议中没有想要的词。

（1）多个单字的连续出现，这时纠错知识库的各词典中找不到相应的词可作为纠错建议。例如：

青年人是建设有中国特色社余立叉伟大事业的主力军。（社会主义）

（2）姓名、地名错误。

【例 11-8】察元培 1917 年任北大校长。（蔡元培）

【例 11-9】爱尔总统决定把给赞比亚的援助减少 30%。（爱尔兰）

该错误是国家名称错，纠错系统能给出 24 个建议，其中有：偶尔、爱国心、爱情、爱戴、达斡尔、卡塔尔、维吾尔，但没有“爱尔兰”。说明字驱动双向词典中没有将“爱尔兰”加入。

（3）查错算法定位不准导致的一些错误，实际上就变成了前面那种连续多个单字的错误。当然，查错算法查不到的错误，纠错算法就不能给出纠错建议。

11.2　基于最大熵方法的语言建模与纠错排歧

插值法和回退法的基本思想都是把文本中的每种上下文信息源构造成一种模型，然后将这些模型应用插值等数学手段组合在一起。最大熵方法则是将多种信息特征按照最大熵的原理进行集成，直接建立一个统一的模型。在基于最大熵原理的建模技术中，如何从上下文信息中获取建模所需的信息特征或知识，如何将这些特征按照对输出（或当前词）影响的不同程度集成到模型之中是两个最为关键的问题。本章将以纠错排歧（或称纠错建议排序）为背景，探讨最大熵原理建模技术中的特征获取与建模方法。

11.2.1　问题的引入

在自然语言处理中，为了建立语言模型，需要使用上下文文本中的信息特征，利用不同的信息特征所建立的语言模型，对当前词预测所得的概率结果可能会有所不同，这样的信息特征在上下文中有多种。例如，第二章提到的利用当前词 w_i 前面的连续 n–1 个词($w_{i-n+1}^{i-1} \in h$)作为历史信息特征构造的 n-gram 模型，其概率估计为 $P(w_i|w_{i-n+1}^{i-1})$；而触发对语言模型，则是利用当前词前面的某个历史窗口中的词作为触发词，要预测的当前词作为被触发词，该模型中所用的历史信息特征和 n-gram 中的就不同，它可以是历史窗口中与当前词相距为 d 的某个词或词串。例如，如果我们想估计在给定的文本历史情况下词“模型”的出现概率 P(模型 | h)，如果使用 Bigram 模型，则就会将事件空间（h,模型）根据 h 的最后一个词划分成几个等价类，比如说，在训练文本中可能有“数学模型”、“语言模型”、“工程模型”、“汽车模型”等这样的短语，因此，“模型”一词的历史文本 h 的最后一个词可能就是“数学”、“语言”等，并将它们分别看作一个等价类，Bigram 模型为每个等价类赋以相同的概率。例如：

$$P_{Bigram}\left(\text{模型}\middle|\text{语言}\right) = K_{\{\text{语言},\text{模型}\}} \tag{11.25}$$

这里，$K_{\{\text{语言},\text{模型}\}}$定义如下：

$$K_{\{语言,模型\}} = \frac{Count(语言,模型)}{Count(语言)} \tag{11.26}$$

Count(语言,模型)是“语言”与“模型”两个词在训练语料中的同现次数，*Count*(语言)是“语言”在训练语料中出现的次数。另一种对“模型”出现概率的估计方法就是根据特殊的触发对，比如说“建立汉语语言模型”或“使用语言模型”，我们就要考察在相同的历史信息 h 中，是否有“建立”或“使用”这样的词，这样，又可以形成对事件空间（h,模型）的另一种划分，利用 Trigger 模型，可以为同一个等价类赋以相同的概率：

$$P_{建立\to模型}\left(模型\middle|建立_{\in h}\right) = K_{(建立_{\in h},模型)} \tag{11.27}$$

这里定义$K_{(建立_{\in h},模型)}$为

$$K_{(建立_{\in h},模型)} = \frac{C(建立_{\in h},模型)}{C(建立_{\in h})} \tag{11.28}$$

显然，利用 Bigram 和 Trigger 模型所使用的信息特征估计得到的“模型”出现概率是不一样的，同理，用前面提到的其他信息特征所得到的概率也会不一样，能不能将它们协调一致，建立一个符合多个信息特征约束的统一模型框架呢？1992 年，Della Pietra 等人利用最大熵原理建立语言模型就是对这一想法的尝试。

11.2.2　最大熵原理

1. 基本思想

最大熵原理是 E.T.Jayness 于 1950 年提出的，其基本思想是：假设 $\{X\}$ 是一个事件空间，有许多种能够刻画该事件空间的信息源特征（或称约束），可以用来对事件的出现概率 $P(X)$进行表述，假设每个约束 i 与一个约束函数 $f_i(X)$和一个数学期望 K_i 相联系，则该约束可以写为

$$E_P(f_i) \stackrel{\text{def}}{=} \sum_X P(X) f_i(X) = K_i \tag{11.29}$$

对于多个相容的约束条件，式（11.29）的唯一的最大熵解保证存在，其形式为

$$P(X) = \prod_i \lambda_i^{f_i(X)} \tag{11.30}$$

其中λ_i为待求的未知常量，称为模型参数，它将使 $P(X)$满足所有的约束。

由式（11.30）可以看出，事件 X 的出现概率完全由模型参数λ_i和特征约束函数 $f_i(X)$所决定，特征约束函数 $f_i(X)$可以看作是对信源特征 i 的表示，因此，求取事件 X

概率 $P(X)$必须要考虑参数λ_i的计算和特征 i（或特征约束函数 $f_i(X)$）的选择。特征选择是选择出对模型有表征意义的特征，以此建立一组约束；参数估计则在这些约束下，用最大熵原理对每一个特征进行估值，最终建立起事件空间 X 的概率模型。

2. 模型参数估计

Danroch 和 Ratcliff 于 1972 年提出了一个 GIS（Generalized Iterative Scaling Algorithm）算法，对每一个特征 f_i，找出满足所有约束的λ_i，下面是求取式（11.30）中λ_i的迭代算法。

算法 11.4　GIS 算法

输入：特征集 $f=\{f_1,f_2,\cdots,f_n\}$。

输出：最优参数值$\lambda_1,\lambda_2,\cdots,\lambda_n$，最佳模型 $P(x)$。

具体的算法描述过程如下所示：

Step1　变量初始化：给λ_i赋任一初值$\lambda_i^{(0)}, i=1,2,\cdots,n$；

Step2　按照公式（11.30）计算初始 $P(X)$：$P^0(X)=\prod_i \lambda_i^{(0)f_i(X)}$；

Step3　在当前估计函数下按公式（11.31）计算每个 f_i 的期望，$E_{P(j)}(f_i)=\sum_X P^{(j)}(X)f_i(X)$，其中 $i\in\{1,2,\cdots,n\}$；

Step4　将实际计算得到的概率$E_{P(j)}(f_i)$与期望概率 K_i 进行比较，并按下列公式对λ_i进行更新：$\lambda_i^{(j+1)}=\lambda_i^{(j)}\cdot\frac{K_i}{E_{P(j)}(f_i)}$；

Step5　根据新的λ_i值计算概率估计函数 $P(X)$：$P^{(j+1)}(X)=\prod_i \lambda_i^{(j+1)f_i(X)}$；

Step6　若条件$P^{(j+1)}(X)-P^{(j)}(X)\leqslant\varepsilon$满足，则迭代收敛，输出$\lambda_1,\lambda_2,\cdots,\lambda_n$和 $P(X)$，否则，转 Step3；

Step7　结束。

11.2.3　基于最大熵原理的自然语言建模

1. 问题描述

设自然语言是一个随机过程，如果将 Y 看作当前词的所有可能取值的有限集合，$y\in Y$ 可能是随机过程产生的输出，X 为其上下文信息 x 组成的集合，则当前输出 y 的取值受上下文信息 X 的影响。可以将(X, Y)看作自然语言文本的一个事件空间。例如，在中文文本校对中，当对文本中的错误词进行修正时，如果当前词的易混淆集或纠错建议候选集为 Y，选择其中的哪一个词 y 替换错误词完全受上下文 $x\in X$ 的影响。上下文信息就是出错词周围的一些词。

构造随机模型的任务是要对语言的这一过程特性进行描述。模型的目标是估计

在给定上下文信息 x 出现的情况下，过程输出为 y 的条件概率，即 $P(y|x)$。

2. 特征与约束

1）经验概率分布

语言建模的目标是构造能够对实际文本进行准确描述的统计模型，即它的概率分布与训练语料中的经验概率分布应该相符。对于中文文本纠错，假设事先由人工完成了许多纠错的样例，即(x,y)样本。经过对训练语料的统计，可以得到在特定的上下文中一个错误词应更换为哪个候选建议的频率，从而通过最大似然法，可得到训练语料中上下文信息与输出的经验概率分布$\tilde{p}(x,y)$：

$$\tilde{p}(x,y)=\frac{Count(x,y)}{\sum_{x,y}Count(x,y)} \tag{11.31}$$

式中，$Count(x,y)$为(x,y)在训练语料中出现的次数。

2）特征与约束

随机过程的输出受上下文信息的影响。如在文本纠错过程中，选用哪个候选建议对错误词进行修改，与其上下文有关。我们可以将这些上下文看作是对当前词具有表征作用的特征。例如，如果在文本中出现这样的句子，“他们所承担的任务非常艰匡”，“艰匡”是一个错误词，易混淆集中提供了“简况”、“艰巨”、“艰难”、“艰苦”、“艰辛”等多个候选建议，选择哪一个呢？显然，它的选择与上下文密切相关，其上下文信息有：“非常”、“任务”，等等，根据人的判断，“任务”对建议的选择非常重要，当然，我们还可以对文本中的每个词标上词性，词性也可以成为选取建议的特征。上下文 X 中的特征信息可能有很多，如何选取有用的特征信息，在下面再作论述。现先引入特征的定义。

定义 11.13（特征） 设 $x\in X$，其长度 $\geqslant 1$，它是当前过程输出 $y\in Y$ 的上下文信息，如果 x 对 y 具有表征作用，则称(x, y)为模型的一个特征。x 长度为 1 时称为原子特征，否则称为复合特征。

可以引入一个定义于｛0，1｝域上的二值函数来表示特征：

$$f(x,y)=\begin{cases}1 & 若(x,y)\in(X,Y),且满足某种条件\\0 & 否则\end{cases} \tag{11.32}$$

建立语言模型时，信息特征的获取来自训练语料，语料中当前词的上下文中的所有词与当前词一起都可以作为模型的信息特征，因此与模型有关的候选信源特征组成的集合很大，其中只有一些特征是对模型有用的特征，这些特征组成的集合只是候选特征集合的一个子集，它可以较完整地表达训练语料中数据。那么，如何判断哪些特征对语言模型有用呢？可以通过所建模型与经验概率分布模型的一致性来判定特征的重要性。

如果有特征 f，它在训练样本中关于经验概率分布 $\tilde{p}(x,y)$ 的数学期望可表示如下：

$$E_{\tilde{p}}(f)=\sum_{X,Y}\tilde{p}(x,y)f(x,y) \tag{11.33}$$

假设所建立的语言模型的概率分布为 $p(x,y)$，则特征 f 关于所建模型 p 的概率分布的数学期望为

$$E_p(f)=\sum_{X,Y}p(x,y)f(x,y) \tag{11.34}$$

而 $p(x,y)=p(x)p(y|x)$，由于所建模型应符合训练语料中的概率分布，所以，如果 $\tilde{p}(x)$ 表示 x 在训练样本中的经验分布，可令 $p(x)=\tilde{p}(x)$，则公式（11.34）变成：

$$E_p(f)=\sum_{X,Y}\tilde{p}(x)p(y|x)f(x,y) \tag{11.35}$$

如果特征 f 对模型是有用的，则应要求公式（11.35）所表示的特征 f 的数学期望与它在训练样本中的数学期望相同，即

$$E_p(f)=E_{\tilde{p}}(f) \tag{11.36}$$

定义 11.14（约束）　称公式（11.36）为语言建模的约束方程，简称约束。

这里需要指出特征与约束的区别：特征是 (x,y) 的一个二值函数，而约束则是特征在所建模型中的数学期望与它在训练语料中的数学期望的方程。

3. 基于最大熵的模型遴选

假设存在 n 个特征 f_i（$i=1,2,\cdots,n$），它们是语言建模过程中对输出有影响的统计单元，我们所建立的模型应满足所有这些特征，即所建立的模型 p 应属于这 n 个特征约束所产生的模型集合 C：

$$C=\{p\in\Gamma|E_p(f_i)=E_{\tilde{p}}(f_i),i\in\{1,2,\cdots,n\}\} \tag{11.37}$$

这里，Γ 表示所有的（无条件或无约束）概率分布模型空间，C 是在加入特征约束条件后得到的 Γ 的一个子集。满足约束条件的模型集 C 中有许多模型，我们所需要的是具有最均匀分布的模型，而条件概率 $p(y|x)$ 均匀性的一种数学测量方法为条件熵，定义为

$$H(p)=-\sum_{X,Y}\tilde{p}(x)p(y|x)\log p(y|x) \tag{11.38}$$

其中，$0\leqslant H(p)\leqslant\log|y|$。

模型遴选的最大熵原理：在满足 n 个约束条件的前提下，具有使 $H(p)$ 值最大的模型即为具有最均匀分布的模型。即

$$p_* = \arg\max_{p \in C} H(p) \tag{11.39}$$

可以证明[77]，满足公式（11.39）的解具有如下 Gibbs 分布形式：

$$p(y|x) = \frac{1}{Z(x)} \exp(\sum_i \lambda_i f_i(x, y)) \tag{11.40}$$

其中：

$$Z(x) = \sum_y \exp(\sum_i \lambda_i f_i(x, y)) \tag{11.41}$$

$Z(x)$为保证对所有 x，使得$\sum_y p(y|x) = 1$的归一常量。

4. 模型参数估计

在公式（11.40）的概率模型解中，λ_i为特征 f_i的相应权重参数，估算参数λ_i的值是建模过程的重要一步。算法 11.4 给出的 GIS 算法是一个应用最大熵方法求解问题时的通用参数求解迭代算法，Della Pietra 等人在将最大熵方法应用于自然语言处理时，对 GIS 进行了改进，提出了一个改进的 IIS 算法（Improved Iterative Scaling Algorithm），它更具有针对性。

给定训练语料，可统计出经验分布$\tilde{p}(x)$、$\tilde{p}(y|x)$，给定一组特征$\{f_i, 1 \leqslant i \leqslant n\}$，则计算参数$\lambda_i$和概率模型 $p(y|x)$的 IIS 算法如下。

算法 11.5　IIS 参数估计算法

输入：特征集 $f=\{f_1, f_2, \cdots, f_n\}$，经验概率$\tilde{p}(x, y)$。

输出：最优参数值$\lambda_1, \lambda_2, \cdots, \lambda_n$，最佳模型 $p(y|x)$。

算法具体过程描述如下：

Step1　变量初始化$\lambda_i=0$，$i=1,2,\cdots,n$；

Step2　对每个 f_i，　$i\in\{1,2,\cdots,n\}$

计算$\Delta\lambda_i$，使其满足约束：$\sum_{x,y} \tilde{p}(x) p(y|x) f_i(x, y) \exp\left(\Delta\lambda_i f^{\#}(x, y)\right) = E_{\tilde{p}}(f_i)$，

其中$f^{\#}(x, y) \equiv \sum_{i=1}^{n} f_i(x, y)$；

更新λ_i的值，使$\lambda_i = \lambda_i + \Delta\lambda_i$；

Step3　若$\lambda_i(i = 1,2, \cdots, n)$不收敛，转 Step2；否则，过程结束。

在本算法中，若对所有的(x, y)，$f^{\#}(x,y)=M$（常量），则$\Delta\lambda_i$可以由下式直接求出：

$$\Delta\lambda_i = \frac{1}{M} \log \frac{E_{\tilde{p}}(f_i)}{E_p(f_i)} \tag{11.42}$$

若 $f^{\#}(x,y)$不是常量，则$\Delta\lambda_i$需通过数值迭代法求得，可以采用牛顿法来求解。经验概率$\tilde{p}(x, y)$，现 0 概率时，可采用一些平滑方法处理。

5. 特征模板与特征选择

最大熵原理中只是提供了一种将多种知识源结合起来建立模型的巧妙方法，至于如何从事件空间中选取特征，并未涉及。下面我们就自然语言建模中，上下文信息特征的选择问题进行讨论。

1）候选特征集合的构造

特征候选集合中，包含了对语言建模有用的信息，可以通过特征模板从训练语料的上下文中获取。特征模板的主要功能是定义上下文中某些特定位置的语言成分或信息对当前词的出现概率是否有影响。例如，如果建立一个模板，在位置上只考虑当前词和左右各两个词，在信息上，考虑词本身和词性，则模板如图 11.3 所示。

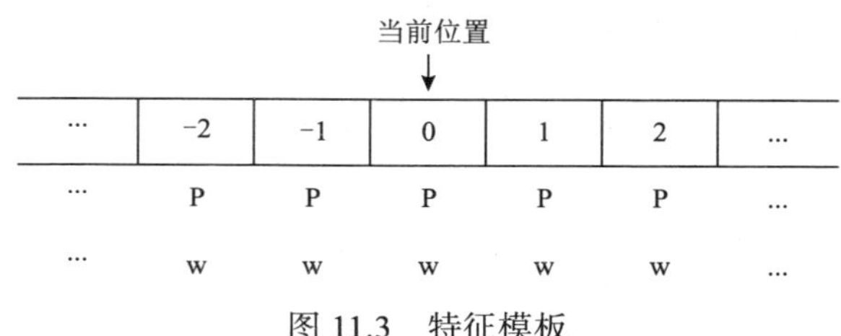

图 11.3　特征模板

特征模板的选择是比较重要，也是比较困难的，它关系到特征选取是否合理。可以设计多个特征模板，将训练语料中符合每个模板的特征都找出来，即候选特征的生成实际是一个二重循环过程。

2）特征的选取

利用特征模板所得到的候选特征集合中通常包含许多特征，从中选择对输出影响较大的特征时，常用的方法一般有三种：①将候选特征集中的所有特征都作为建模特征；②从候选特征集中选择那些在训练语料中出现一定频次的特征；③利用 Della Pietra 等人提出的增量式特征选择法从候选特征集中选择特征。下面主要介绍第三种方法。

增量式特征选择算法的基本思想是：设 F 是一个候选特征集合，其中只有一小部分特征是语言建模的有效特征，有效特征子集设为 S，特征选择就是从候选特征集 F 中求取有效特征子集 S。方法如下：开始设特征集 S 为空，然后不断地向 S 中增加特征，每次向 S 中增加的特征由训练数据决定。以训练数据的对数似然作为特征选择的依据，即若 S 为已选中的特征集，$\tilde{f}\in F$为候选特征，用 $L(P_s)$表示由 S 决定的模型的对数似然，则特征选取的目标就是要选出一个特征$\tilde{f}\in F$，它使模型的对数似然增加最多，即求取使公式（11.43）成立的最大特征$\tilde{f}$：

$$\Delta L\left(s,\tilde{f}\right)\equiv L\left(p_{S\cup\tilde{f}}\right)-L(P_s) \tag{11.43}$$

其中

$$L(P_s)=\sum_{X,Y}\tilde{p}(x,y)\times\log p(y|x) \tag{11.44}$$

算法 11.6　增量式特征选择算法

输入：候选特征集合 F；经验概率分布$\tilde{p}(x,y)$ 。

输出：有效特征集合 S；集成了有效特征的模型 P_s。

Step1　开始令 $S=\Phi$；则 $p(y|x)$为均匀分布；

Step2　for　$f_j\in F(j=1,2,\cdots,n)$ do

begin

用$S\cup f_j$调用 IIS 算法求满足公式（11.40）的所有λ_i，并按公式（11.40）和公式（11.41）计算$p_{S\cup f_j}$；

按公式（11.43）和公式（11.44）计算$\Delta L(s,f_j)$；

end

Step3　$\tilde{f}=\{f_j|\max\limits_{f_j}\Delta L(S,f_j),j=1,2,\cdots,n\}$

Step4　当有效特征集合 S 不再变化时，过程结束；否则，$S\leftarrow S\cup\tilde{f}$；

Step5　转 Step2。

应用增量式特征选择算法选取特征时，每选一个特征都需要对所有的候选特征调用 IIS 算法，对λ重新计算，并且还要利用训练数据对新模型的对数似然进行计算，选出一个使模型对数似然增量$\Delta L(s,\tilde{f})$最大的特征，这种算法的计算工作量是非常大的，实现起来非常困难。文献[30]给出了一种近似的特征增益计算方法，来加快特征选择，但计算仍很麻烦，且不能保证每次加入的特征为最好特征。文献[84]提出一种使用 Z-测试的特征选取算法，虽然效果较好，但对样本空间的所有上下文应用 Z-测试进行计算仍稍显麻烦。本书首先应用特征模板从上下文样本空间选出候选特征集，充分考虑特征 x 在候选特征集中的出现频次，同时利用 x 与 y 之间的平均互信息来度量它们之间的相关度，提出一种频次与平均互信息结合的特征选择算法。平均互信息比互信息更能全面地衡量 x 和 y 之间的相关度。对频次较高或平均互信息很大的特征进行直接提取，使算法的特征选择效果更好。

11.2.4　基于频次与平均互信息相结合的特征选择

1. 平均互信息的定义

设(X,Y)为自然语言文本的一个事件空间，$y\in Y$ 为当前词的一个事件，$x\in X$ 为上下文信息特征，我们关心的是 x 与 y 之间的相关程度，相关程度高的(x,y)就可以作为最大熵建模的特征。目前常用的衡量事件 x 与 y 相关的方法为平均互信息(AMI)[4,66]，我们采用如下的平均互信息定义[66]：

$$
\begin{aligned}
AMI(x,y) = P(x,y)\log\frac{P(x,y)}{P(x)P(y)} + P(\bar{x},\bar{y})\log\frac{P(\bar{x},\bar{y})}{P(\bar{x})P(\bar{y})} \\
-P(x,\bar{y})\log\frac{P(x,\bar{y})}{P(x)P(\bar{y})} - P(\bar{x},y)\log\frac{P(\bar{x},y)}{P(\bar{x})P(y)}
\end{aligned}
\quad (11.45)
$$

平均互信息是建立在两个词共现概率的基础之上的，但不仅仅是两个词的互信息 *MI* 值。可以看出，前两项是两个词同时出现，同时不出现的情况，表现了对两个词共现有贡献的平均互信息；后两项是一个词出现时另一个词不出现的情况，表现了对共现有抵消作用的平均互信息。使用平均互信息的好处在于，它综合考虑了整个训练样本的情况，可以全面地衡量两个词之间的关联度[66]。式中(x,y)表示(x,y)在样本空间出现，$(\bar{x},\bar{y})$表示(x,y)不在样本中出现。我们把它用于从上下文 X 中选择对当前输出 y 有影响的特征。

2. 平均互信息的标准化变量变换

由于平均互信息的定义是针对两个随机事件 x 和 y 给出的，因而，由公式(11.45)所计算的平均互信息值的分布范围较大且不均匀。在用平均互信息从候选特征集中选择有效特征时，判断是否是有效特征的阈值不好设定。为此，可以利用中心极限定理[107]或 Z-变换[100]，将其转换为标准正态分布。这样，不论计算的平均互信息如何分布，都可以利用一个统一的阈值对特征进行选择。变换的方法如下：

假设输出事件空间(X,Y)中的输出 Y 有 N 个可选值 $y_1, y_2,\cdots, y_N$，对每个 y_j，训练语料中都有一组上下文组成的一个样本子空间：$SP_j=\{(x_{j1},y_j), (x_{j2},y_j),\cdots, (x_{jk},y_j)\}$。假设应用特征模板从每个样本子空间 $SP_j=\{(x_{j1},y_j), (x_{j2},y_j),\cdots, (x_{jk},y_j)\}$抽取到的候选特征子集 F_j 组成样本空间 $SP=\{(x_1,y_1), (x_2,y_2),\cdots, (x_N,y_N)\}$的候选特征集 $F_c=\{F_1,F_2,\cdots,F_N\}$，$F_c$ 中共有 n 个原子特征 $x_i(i=1,2,\cdots,n)$，则对每个 y_j，其平均互信息的数学期望可计算如下：

$$E_j = \frac{1}{n}\sum_{i=1}^{n} AMI(x_i, y_j) \quad (11.46)$$

其均方差可按下式计算：

$$D_j = \frac{1}{n}\sum_{i=1}^{n}\left(AMI(x_i, y_j) - E_j\right)^2 \quad (11.47)$$

因此，可以将平均互信息 $AMI(x_i, y_j)$转化为标准化变量，即对每个 x_i：

$$T_{ij} = \frac{AMI(x_i, y_j) - E_j}{\sqrt{D_j}} \quad (11.48)$$

由中心极限定理[107]可知，当训练样本规模 N 足够大时，T_{ij} 的分布函数服从标

准正态分布，即

$$\frac{AMI(x_i, y_j) - E_j}{\sqrt{D_j}} \sim N(0,1) \tag{11.49}$$

这样不论互信息的值如何分布，都可以通过公式（11.48）将其化为一个符合正态分布的变量。由概率论的标准正态分布表可知，该标准化变量的概率分布在区间（−3, +3）内，覆盖度可达 99.86%。因此，可在该区间内选择一个阈值对特征信息进行选取。

3. 基于频次与平均互信息相结合的特征选择算法

设 $SP=\{(x_1,y_1), (x_2,y_2),\cdots, (x_N,y_N)\}$为训练语料中的 N 个训练样本组成的样本空间，其可以划分为如上所说的 N 的子空间，利用特征选择算法从 SP 中得到的有效特征集确定的语言模型为 p，p 与由训练集确定的概率模型$\tilde{p}$之间的距离可作为度量所求模型质量的尺度，我们这里采用相对熵来度量。相对熵被用于衡量两个随机分布的差距，也称为 Kullback-Leibler 距离，定义为

$$D(\tilde{p}||p) = \sum_{X,Y} \tilde{p}(x,y) \times \log \frac{\tilde{p}(y|x)}{p(y|x)} \tag{11.50}$$

所要求取的模型应尽量与概率模型相符合，即所求得模型 p 应使$D(\tilde{p}||p)$最小。

假设我们已经应用特征模板从样本空间 SP 中求得了每个 y_j 的候选特征子集 F_j，则整个样本空间的特征候选集 $F_c=\{F_1,F_2,\cdots, F_N\}$。设特征 x_i 在 y_j 的候选特征子集 F_j 中出现的频次为 $freq_j(x_i)$，如果 $freq_j(x_i)$大于某一限值 m，就将它加入有效特征集 F 中，m 的值可根据实验确定。如果 x_i 的出现频次低于 m，则应用公式（11.45）计算 x_i 与 y_j 之间的平均互信息 $AMI(x_i, y_j)$，若 $AMI(x_i, y_j)>>0$，说明 x_i 与 y_j 具有很强的相关性，也可直接将 x_i 加入有效特征集 F，否则，应用公式（11.48）进行特征选取。算法 11.7 就是这一思想的描述，它从候选特征集 F_c 中筛选对输出 y 有效的特征集 F 的过程。有效特征集 F 的求取算法如下：

算法 11.7 频次与平均互信息相结合的特征选择算法

输入：特征候选集 $F_c=\{x_1,x_2,\cdots,x_k\}$,特征参数阈值 τ，特征频次阈值 m，AMI 的阈值 ζ，模型评价阈值 ε。

输出：有效特征集 F 和特征参数集 P_λ。

具体算法过程描述如下：

Step1 for each $y_j \in Y$ (j=1,2,$\cdots$,N) do
　　Gc={ }//* Gc 为存放候选特征集合的中间变量

Step2 for each $x_i \in F_c$ (i=1,2,$\cdots$,n)do

```
        if ((x_i∈F_j) and ((freq_j (x_i)≥m) or (AMI(x_i,y_j)>ζ)))
            then {
                F=F∪(x_i,y_j);
                Gc=F_c-x_i;
            }
        else {
            Compute T_ij according to Eq.(11.48);
            if T_ij>τ
                then {
                    F=F∪(x_i,y_j);
                    Gc=F_c-x_i;
            }
        }
Step3   P_λ=P_λ∪IIS(F)
Step4   Compute p(y|x) according to Eq.(11.40)
Step5   Compute D(p̃||p) according to Eq.(11.50)
Step6   if D(p̃||p) ⩾ ε
            then {
                F_c=Gc;
                τ=τ- Δτ;
                goto 1
            }
Step7   stop
```

11.2.5 基于最大熵方法的纠错排歧

在第九章讨论纠错建议的产生时，我们主要根据文本输入方式，将与错误字串编码相近或字形相似或似然匹配的字词作为它的纠错候选建议，然后再对纠错建议排序。在这里我们应用最大熵原理，提出另一种基于上下文多特征的纠错建议生成思想，它可在生成纠错候选建议的同时将纠错建议排序。其思想如下：假设 Dic 为汉语词表，其中词的个数为 N，中文文本中出错字串的纠错建议 $y \in Dic$，则可以利用最大熵原理从大量训练语料学习获得词表中每个词 $y_i(i=1,2,\cdots,N)$的上下文特征 x，当文本中出现错误时，根据错误字串的上下文特征 x，计算每个词的概率 $p(y_i|x)$，取概率高的前几个词作为纠错建议。当然，这只是一种理想，因为对所有词获取它的上下文特征几乎是不可实现。为了验证上面提出的改进特征选择算法，可以只选择

一些容易出错的字串，给出它们的易混淆词集，从混淆词集中选择出错字串的纠错建议，实现纠错排歧。

1. 特征模板设计

特征模板是对上下文的特定位置和特定信息的一种考虑。可以根据需要设计出多种模板。为了试验简单，只考虑当前词前后各三个词及其词性，将其中的名词、动词、形容词、成语作为候选特征，设计如图 11.4 所示。

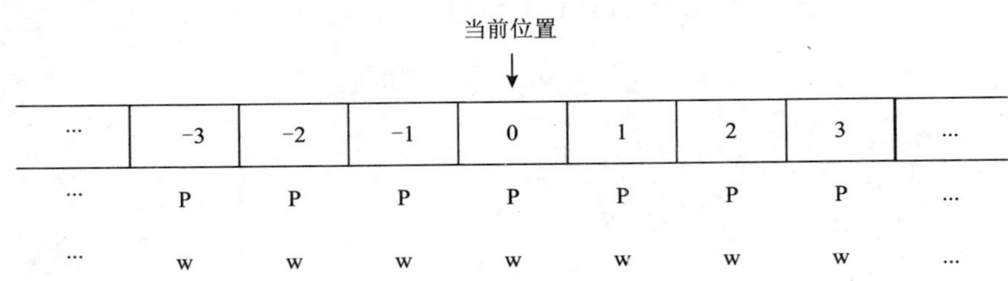

图 11.4　纠错排歧特征模板

2. 训练样本的选择

假设 $y_e=z_1z_2\cdots z_k(1\leqslant k\leqslant 7)$为文本中的一个错误字串，$Yc=\{y_1,y_2,\cdots,y_m\}$为 y_e 的纠错候选建议集合，先利用特征模板从训练样本中获得每个 $y_j(j=1,2,\cdots,m)$的样本空间，如果 y_j 在语料库中出现 M 次，$\{(x_1,y_j), (x_2,y_j),\cdots, (x_M,y_j)\}$就构成它的样本空间，$x_i$ 是它的上下文信息。利用特征模板从样本空间中抽取候选特征集合，再利用特征选择算法，从候选特征集中选择出对 y_j 表征作用大的特征集，作为 y_j 的上下文特征。

采用北京大学计算语言学研究所公开的 200 万 1998 年 1 月《人民日报》熟语料作为训练样本，对一些常见的错误字串的候选建议的特征进行学习。

3. 基于最大熵方法的纠错排歧知识获取

下面以文本中查出"艰匡"错误后，按编码相近和似然匹配法产生的几个纠错建议 $Yc=\{$简况，艰巨，艰辛，艰苦，艰险，艰巨性$\}$为例，探讨应用最大熵方法对它们的排序。下面给出这六个字的上下文特征获取过程。

应用所设计的特征模板，从训练语料中获得各词的候选特征集，其中特征的个数如表 11.2 所示。

表 11.2　样本个数与候选特征个数

候选建议词	样本个数	候选特征个数	候选建议词	样本个数	候选特征个数
艰巨	46	90	艰巨性	8	23
简况	0	0	艰难	53	123
艰辛	26	64	艰苦	103	217

利用改进后的特征选择算法 11.7，从候选特征集中学习得到各词的有效特征个数如表 11.3 所示。

表 11.3　有效特征个数

候选建议词	样本个数	有效特征个数
艰巨	46	20
简况	0	0
艰辛	26	21
艰巨性	8	5
艰难	53	25
艰苦	103	32

利用算法 11.7 进行特征选取时，由于对那些候选特征集中频次较高的特征直接加入所求有效特征集，而对那些虽频次不高，但平均互信息又非常大的特征，也直接加入有效特征集，因此，计算速度明显加快。

例如，在获取“艰巨”的上下文特征时，“任务”这一词在候选集中共出现了 31 次，其中在“艰巨”前出现 25 次，在“艰巨”后出现 6 次，显然，这样的特征对“艰巨”有很强的表征作用，就直接被选出来。表 11.4 是应用算法 11.7 选出的上面几个词的部分特征。

表 11.4　纠错建议的部分上下文特征

当前词	部分上下文特征
艰巨	任务，是，工作，繁重，工程，战斗，斗争，建设，光荣，腐败，复杂
艰辛	付出，努力，跋涉，历尽，生活，创业，充满，是，想象，不畏，备尝
艰难	困苦，不畏，历程，工作，战胜，探索，步履，度日，克服，极端，支撑
艰苦	岁月，环境，工作，条件，情况，地方，努力，斗争，不畏，地区，生活
艰巨性	工作，复杂性，重要性，斗争，腐败，长期性

我们所获得的特征实际上就是用于纠错建议排序的知识，比如，根据获得的知识，在当前词为“艰巨”时，它的前面三个词中很可能会有“任务”，特征函数可表示为

$$f(x,y)=\begin{cases}1 & y=\text{艰巨}\in w_0, x=\text{任务}\in w_{-3}w_{-2}w_{-1}\\ 0 & \text{否则}\end{cases}$$

这就相当于获得了“如果当前词前面的三个词中有‘任务’，则当前词可取‘艰巨’”这样的规则性知识。从训练样本中获得的多个特征，就是学习到多条知识，应用公式（11.40）就可将上下文中的多个信息特征集成到语言模型中。

4. 纠错建议排序算法及实验结果

设文本中出现错误字串 ye 时，其纠错建议候选集为 $Yc=\{y_1,y_2,\cdots,y_m\}$，通过标注好的训练语料样本，应用最大熵技术已经获得了概率模型 $p(y|x)$的特征集合 $F=\{f_1,f_2,\cdots,f_n\}$，以及相应的权值参数值$\lambda=\{\lambda_1,\lambda_2,\cdots,\lambda_n\}$。取错误字串前后三个词作为纠错建议的上下文环境 x，则对纠错建议 y_k $(k=1,\cdots,m)$计算 $p(y_k|x)$的方法及排序如下所示。

算法 11.8　基于最大熵方法的纠错建议排序

Setp1　for k= 1 to m do
　　对(x, y_k)计算特征集合 F 中的每一个特征 f_i 的特征函数值，即 $f_1(x, y_k)$ $f_2(x,y_k)$, $\cdots$, $f_n(x, y_k)$;
　　应用公式（11.41）计算模型归一化常量 $Z(x)$;
　　应用公式（11.40）计算 $p(y_k|x)$;
Step2　根据 $p(y_k|x)$ $(k=1,2,\cdots, m)$的大小应用冒泡法对纠错建议排序；
Step3　结束。

由于训练语料规模有限，如果对所有词获取它的上下文特征几乎是不可实现的，而对于常见的易错字词获取其上下文特征虽能实现，但常见错误字词的收集也不易完成。本章我们主要对面向多特征集成的最大熵语言建模技术进行研究，探索一种依据上下文产生纠错建议的方法。为了实验的简单，我们只选了 25 个错误样例，应用第六章的技术生成这些错误字串的纠错建议候选集，在候选集内应用最大熵技术选取最可能的纠错词，或对它们进行排序。在对这 25 个错误样例的实验中，按照所提的特征选择算法，用 200 万训练语料对模型参数进行训练，即获取各错误样例的上下文特征及其权值参数，然后到测试文本中根据错误字串的上下文，计算每个纠错建议 y 的概率值 $p(y|x)$，并对纠错建议排序。在这 25 个样例中，正确建议进入前五选的有 20 个，正确率达到 80%。说明最大熵方法用于纠错建议排歧还是很有效的。例如，对于“任务非常艰匡”，应用基于上下文特征的最大熵技术所得到的纠错建议的第一个就是“艰巨”。“简况”则进不了前五选，这是因为排序算法与第六章不同。

11.3　本章小结

本章主要研究中文文本错误纠错建议的自动生成及其排序方法，主要介绍了中文文本字词级错误纠错建议自动生成及其排序的模型与算法和基于最大熵方法的语言建模与纠错排歧。

对于中文文本字词级错误纠错建议自动生成及其排序的模型，本章对纠错建议候选集的生成、排序模型与算法进行研究。在给出纠错语言模型的基础上，首先研究了纠错智能知识库的构造方法与组成，并以此为基础给出纠错建议生成算法；然后研究纠错建议候选集中所有建议的排序模型与算法。

纠错知识库由易混淆词典、相似码（字）词词典、字驱动双向词典与似然匹配规则、英文骨架键词典等构成。在构造相似码（字）词词典时，提出了一个构造相似字词词典的五笔字型编码相似性度量函数，并从 Windows 系统字库中成功抽取出拼音与五笔的近似码词典。针对中文文本中的多字、漏字和别字错误，构造了一个字驱动双向词典并提出了以此为基础的似然匹配规则。针对中文文本中的英文单词拼写错误，构造了骨架键词典以便生成纠错建议。然后实现一个基于似然匹配的纠错候选建议生成算法。

同时，还提出了一个语境关联度模型，它根据文本的特点，利用当前词语境中的前后信息来预测当前词的合理性。可以通过计算纠错建议在语境中的合理性对纠错建议进行排序。该模型也可以用于文本错误的发现。

实验表明，本书所给出的纠错建议算法是有效的，召回率是比较高的，只要查错程序能将错误查准，纠错部分大多数都能给出纠错建议集，且其中包括正确的纠错建议，纠错建议的精确率，即正确建议进入前五选的比率也是比较高的。通过与 MS-Word2000 的纠错功能相比较，说明所提模型与算法是有效的。

对于基于最大熵方法的语言建模与纠错排歧，本章在介绍了自然语言建模的最大熵原理后，对特征的选取方法提出了改进，即先利用特征模板从训练样本中获得候选特征集，再应用频次与平均互信息相结合的方法从候选特征集中选取特征。改进后的方法在选择特征时，对候选特征集中出现频次大于某一限值的特征或平均互信息很大的特征直接加入特征集，并且不是每选出一个特征都调用参数的求解过程，从而加快了特征选择的速度。实验证明，改进后的方法是有效的。

理论上讲，基于最大熵原理的自然语言多特征建模方法，由于将上下文中的多个信息特征集成到统一的模型架构中，所建立的模型较之 n-gram 模型约束力更强，性能更好。但在国内目前的应用中，基于最大熵技术的语言模型远没有 n-gram 模型应用的广泛，不过，这方面的研究近来慢慢多了起来。由于实验条件和时间的限制，我们在这方面的研究还不是很深入，以后会在这方面继续开展研究。

第十二章　面向中文文本的自动校对实验系统设计与实现

12.1　系统目标

本书主要论述了汉语语言模型的构建技术和面向文本校对的模型与算法设计，模型性能与算法的好坏需要实验得到检验。建立实验系统的目标就是要搭建一个对模型与算法进行检验的平台。我们建立实验系统主要用来检验中文文本自动查错的模型与算法以及自动纠错的模型与算法。由于中文文本的特殊性，该系统也具有试验中文文本分词算法的功能。系统设计要求具有插件式的结构，便于对各种算法进行试验，比如，我们要对新的查错算法进行试验，只需改动查错模型的实现部分，而模型的文件输入／输出，错误标红以及与分词部分和纠错部分的连接都不能做任何的修改。纠错也是这样，对纠错模型与算法的修改不会影响纠错模块与分词模块和查错模块的连接，即使在纠错模块内部，模型与知识库的连接、与纠错建议产生部分和排序部分的关系都不会受到影响，只有这样才能提高系统的试验效率。

系统应具有可视化的友好界面，符合当代可视化应用系统的要求，纠错建议的给出方式与 Microsoft Word 相似，且应具有自学习功能，即当系统不能自动生成纠错建议时，用户可自己修改错误，实验系统应能记住用户所输入的纠错建议，下次再遇到同样的错误时能够给出纠错建议。

12.2　系统结构设计

实验系统主要由四大模块组成，如图 12.1 所示。

（1）知识获取模块：从大规模语料库（包括生语料和熟语料）中获取语言统计知识,用以建立文本自动查错和自动纠错的语言模型与算法。知识库由两部分构成：查错知识库和纠错知识库。查错知识库主要用于文本查错模型与算法，包括从生语料中获取的字频向量表、二元、三元字字同现频率表，从分词和标注后语料中获得的词频向量表、词二元同现表、词性二元和词性三元同现表、二元义类大类和义类中类同现表。纠错知识库主要用于对标红的错误给出纠错建议,包括易混淆词词典、相似码字词词典、字驱动双向词典、英文单词骨架键词典以及似然匹配规则。在进行纠错建议排序时，还要用到查错知识库中的字词接续（由同现数据得到）和词性接续统计知识。

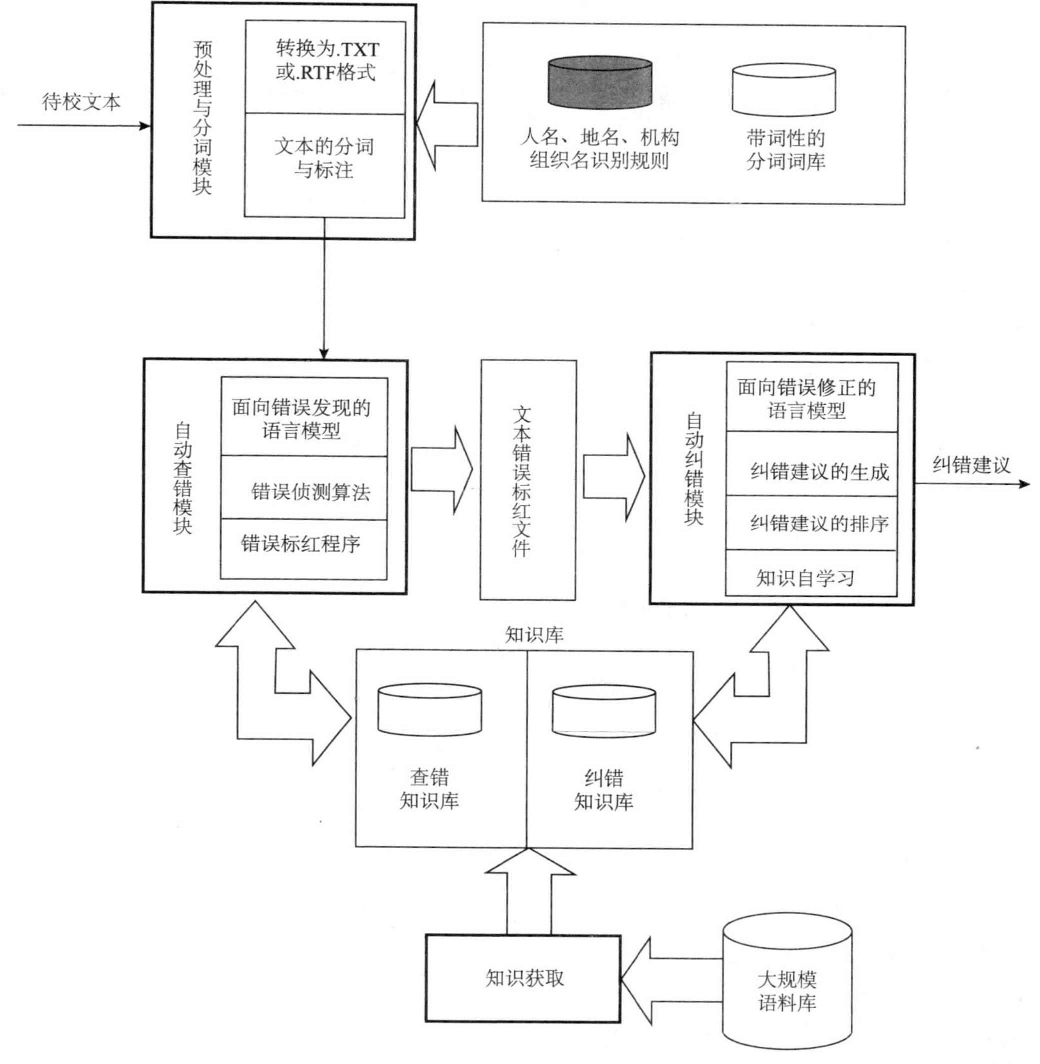

图 12.1　中文文本自动校对实验系统的组成

这个模块是独立于系统之外单独用来从语料中获取统计知识的，与其他三个模块在程序上没有紧密的连接。

（2）预处理与分词模块：预处理和分词模块主要是对待校对的文本进行分词，目前我们的实验系统能够识别纯文本格式（.TXT）和富文本格式（.RTF），对于其他格式的文本书件，如 WPS 和华光格式，需要进行格式转换，去掉控制符，生成纯文本的格式。分词是大多数自然语言处理系统的基础，本实验系统也不例外，我们实现了逆向最大匹配的分词模块，该模块同时具有人名、地名的识别功能。由于使用插件式结构，本实验系统完全可用于分词模型与算法的试验。也可以将别人的分词程序方便地接入我们的系统，用于对查错模型和纠错模型进行试验。

（3）自动查错模块：该模块主要用来试验对各种查错模型与算法。我们应用该模块就试验了基于字字接续检查辅以二元词性与二元义类接续检查的查错算法；基于词词二元接续辅以词性三元接续的查错算法，这种算法由于词词接续的数据稀疏严重，查错误报率过高，效果不是很好；第三种是规则与统计相结合的查错模型与算法，它利用非词错误只破坏词的表层结构的假设，总结出错误发现规则，对分词后的连续单字散串用字二元和三元统计模型查找错误，对于连续的多字词则用词性二元和三元统计模型查找句法错误。使用这种规则与统计相结合的查错算法，由于分词后能在文本中挑单的字数少，同现频率高，数据稀疏问题不很严重，错误定位的误报率大大降低。该部分的输出是对错误字串进行了标记的文本，其结果由标红子过程标示后显示在屏幕上。

（4）自动纠错模块：本模块主要对纠错建议的生成算法与排序算法进行试验，本书试验的纠错建议生成算法是基于纠错知识库，应用似然匹配法而实现的。它能克服张照煌[92]等提出的易混淆词替换法不能纠正“漏字”、“多字”、“易位”等错误，纠错建议的召回率大大提高。本部分实验的另一部分是纠错建议排序算法，主要的难点是确定纠错建议的优先权值，当优先权值确定之后，可以使用快速分类或冒泡法的排序算法对纠错建议排序。对纠错建议优先权值估算模型进行检验是本部分的功能。

12.3　系统的实现

12.3.1　开发环境

试验系统的实现平台采用 Inprise 公司的 Delphi7.0 可视化编程工具，操作系统为 Windows2000。Windows2000 操作系统运行稳定，不易出现异常或错误，并且附带有许多类似于码表转换之类的小巧而实用的工具，是一个非常理想的操作环境。Inprise 公司的 Delphi7.0 可视化编程工具结构严谨，函数丰富，易于上手，并拥有强大的数据库功能，是一个很理想的编程工具。数据库管理则采用与 Delphi 配套的 Paradox7.0，由于其与 Delphi 结合得非常好，便成为用 Delphi 进行数据库编程的首选工具。在开发知识获取模块时，由于统计的语料规模巨大，应用 Paradox 数据库的访问速度受到很大影响，我们采用 SQL Server Client/Server 模式编程。

系统界面设计非常友好，具有一般 Windows 应用程序所具有的菜单、工具栏、状态栏和进度条等特性，在应用它进行算法实验时，原待校对文件、分词结果文件、查错标红文件等都可在屏幕上以层叠的方式显示，纠错时人机交互的界面会提供一组建议，供操作人员进行选择。试验系统的主控界面如图 12.2 所示。

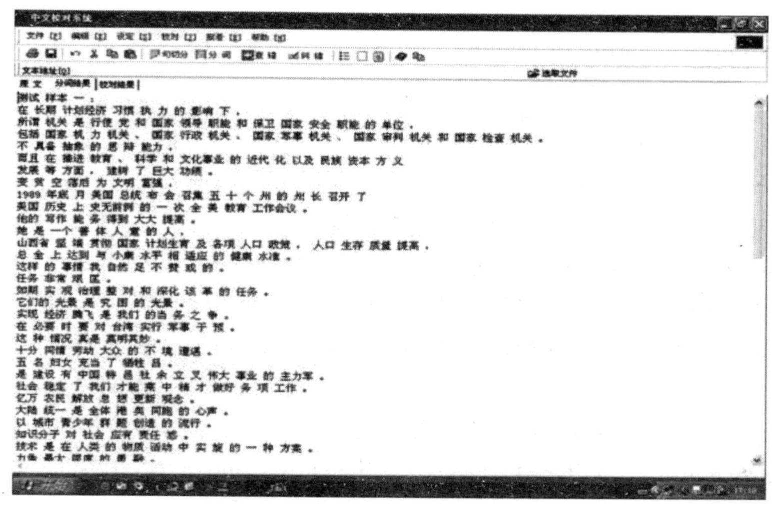

图 12.2 中文校对实验系统主界面

12.3.2 知识获取模块的实现

在上面已经指出，知识获取模块主要是从语料库中获取语言统计知识，该模块所得到的结果为图 12.2 所示系统所用，没有必要将其集成到图 12.2 的系统中。因此，在编程实现时，该模块是单独实现的，其实现方法已在第三章、第五章和第六章涉及，这里不再赘述。

12.3.3 分词模块的实现

文本分词模块的主要功能是实现对待校对文本进行分词与词性标注，所采用的核心算法为反向最大匹配法，具有对英文、数字及生词的处理能力，分词结果写入文件'temp.txt'，并以 richedit 控件显示结果。分词模块定义了一个分词类 TMFenci，它包括多个私有子过程和一个公用子过程 JD_Fenci(ck:TTable)，该公用子过程是分词模块的对外接口，当在图 12.2 所示的主界面上按下“分词”按钮时，主程序就是通过它来启动分词模块的。分词类 TMFenci 定义如下。

```
type
    TMFenci=class(Tobject)
    private
        Mrichedit  :Trichedit;            //读入文本的控件
        MFtxt      :Textfile;             //分好词文件
        MFcxtxt    :Textfile;             //带词性文件
        MFsize     :longint;              //可调数组
        Mform      :TJdmain;              //校对主窗体
```

```
    MFarr      :array of longint;
    wordarr    :array[1..100] of string;
    wordcxarr:array[1..100] of string;
    wordasize:longint;
    function     Getstring(star,length:longint):string;   //取字符
    procedure    FWkeystring(keystr:string);             //找关键字
    procedure    WriteToFile(str:string);                //将分好的词写入文件
    procedure    WritecxToFile(str:string;strcx:string); //将分好的词连词性写
                                                            入文件
    procedure    WriteTostack(str:string);               //将分好的词写入栈
    procedure    WritecxTostack(str:string;strcx:string); //将分好的词连词性写入栈
    procedure    SortMFarr;
    procedure    translater;                              //逆向切分后，由于句尾
                                                            的词先切出，存在栈
                                                            中，本过程出栈反序
    procedure    fc_shuzichuli;                           //英文数字处理
    procedure    fc_shengcichuli;                         //生词处理
  public
    procedure    JD_Fenci(ck:TTable);                     //分词主控程序
    procedure    JD_Fencishow;                            //分词结果显示
  end;
```

12.3.4 查错模块的实现

查错模块定义了一个查错类 Tmyjdu1，它提供两个私有过程 Tmyjdu1.jiexu_3 和 Tmyjdu1.jiexu_2，用于对字词或词性进行三元或二元接续判断，它所提供的公用过程为 Tmyjdu1.jd_subroutine，主程序通过该公用过程实现对查错模块的调用。查错结果则存放于文件 Tmyjdu1.Bhfile，在其中错误以符号“[”和“]”括注，交由标红程序标示后显示在屏幕上。该类的具体定义如下。

```
type
  Tmyjdu1 = class
  Fcfile :textfile;        //分词结果文件
  Bhfile :textfile;        //查错结果文件
  private
    ijk :integer;
```

```
        procedure   jiexu3(preword,midword,nextword:string;var flag3:integer);
        procedure   jiexu2(preword,midword:string;var flag3:boolean);
    public
        constructor Create;
        procedure   jd_subroutine;
    end;
```

当在图 12.2 所示的系统主界面按下“查错”按钮后，系统就会创建一个 Tmyjdu1 类的实例，并通过调用该实例的公用过程 jd_subroutine 调用查错模块。如下所示：

```
var   tjd_obj:Tmyjdu1;              //申明 Tmyjdu1 类型的变量
begin
    tjd_obj:=Tmyjdu1.Create;        //创建 Tmyjdu1 类实例
    tjd_obj.jd_subroutin;           //调用查错总控程序
end;
```

查错结果的显示如图 12.3 所示。

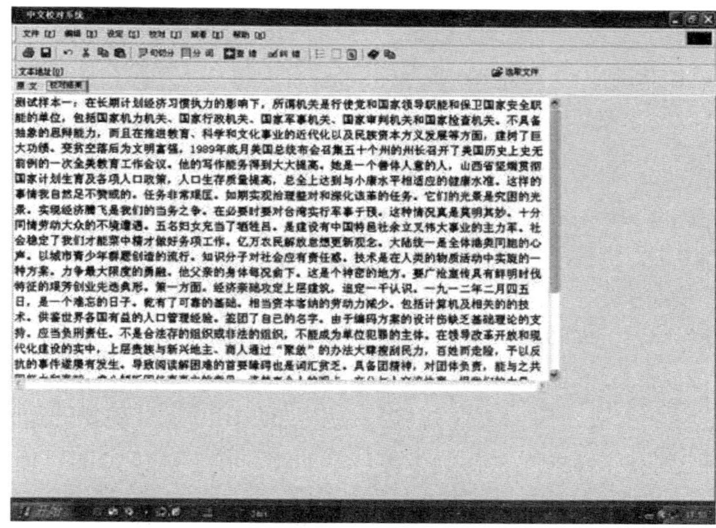

图 12.3　查错结果的显示

12.3.5　纠错模块的实现

当在图 12.2 所示的系统主界面按下“纠错”按钮后，就调用 jiucuo.show 方法启动 jiucuo 窗体，如图 12.4 所示。该窗体所对应的单元对图 12.4 中各按钮的事件进行处理，formshow 方法是该窗体的主要程序，其功能就是从标红的错误文本中，将错误串及它的前后各一个词取出，然后通过 my_jcjy 单元的公用过程接口 Tjcjy.jc_jy 调用纠错建议产生与排序程序,由它根据三个词间的关系产生纠错建议。

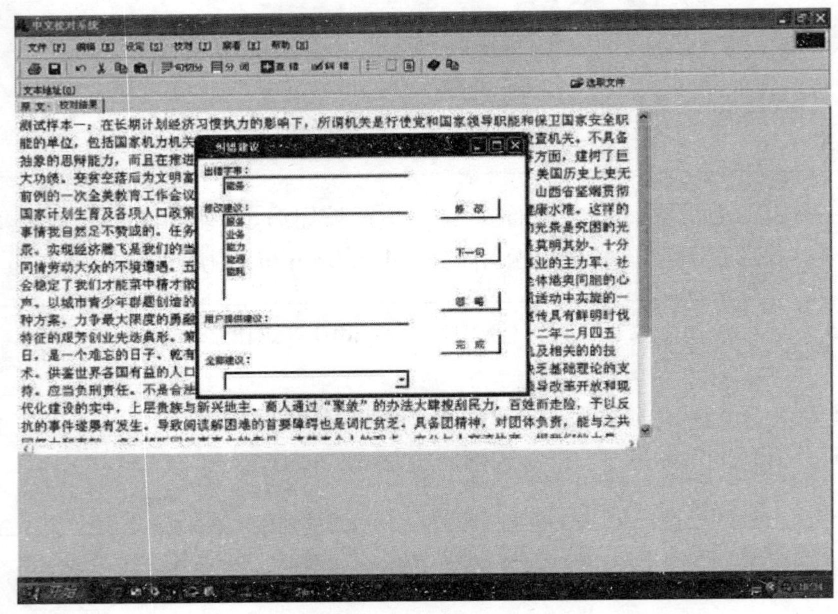

图 12.4　纠错建议选择界面

jiucuo 窗体所对应的程序单元为 jiucuoform，其程序实现难点主要是如何从 richedit 对象中发现标红的错误串,如何将它前后的词取出,如何对该错误串进行“修改”、“忽略”、“跳到下一句”、“用户提供建议”等操作，并用所选择的建议对错误文本进行修改，同时，如果是用户提供的建议，还要将该建议加入易混淆词库，使系统具有自学习的功能。

纠错建议的产生与排序是在一个无窗体单元 my_jcjy 实现的，在该单元中，将纠错建议产生与排序两部分融为一体，集成在一个类（Tjcjy）中，其调用接口是该类提供的公用过程 Tjcjy.jc_jy(t_pre_ci,t_jc_str,t_next_ci:string)，jiucuoform 单元就是通过该公用过程对纠错建议产生与排序算法进行调用的。其输出是经过排序的全部纠错建议，存放于该类提供的公用数组 Tjcjy.last_end 中。该类的具体定义如下：

```
type
    Tjcjy=class(Tobject)
    private
        jc_str,pre_ci,next_ci:string;
        temp_t,temp_t1:TTable;
        buff:array [1..200] of string;              //存放所有纠错建议的缓冲区
```

```
        gen_i:integer;                              //buff 数组的当前指针
        jc_str_key,jc_str_key_py:string;            //jc_str 的五笔编码和拼音编码
        yxzs:integer;                               //buff 数组中有效值的数值大小
        procedure init;                             //初始化程序
        procedure tg_yxsz;                          //提供有效数值程序
        procedure ddcx;                             //二字词颠倒查询程序
        procedure gjjcx(t_name1,t_name2:string);    //骨架键查询程序
        procedure jmcx(t_name1,t_name2:string);     //近码查询
        procedure srpp;                             //似然匹配程序
        procedure tmcx(t_name1,t_name2:string);     //同码查询
        procedure fbcx;                             //[分别查询，再行组词]
                                                      程序
        procedure jcjy_sort(t_name1,t_name2:string);  //纠错建议排序程序
    public
        last_end:array [1..200] of string;          //存放最终结果
        constructor create();
        procedure jc_jy(t_pre_ci,t_jc_str,t_next_ci:string);  //总控程序
    end;
```

在上面的这个类当中，ddcx、gjjcx、jmcx、tmcx、srpp、fbcx 等过程属于纠错建议的给出模块，而 jcjy_sort 则属于纠错建议的排序模块。这两个模块的实现最终是通过类 Tjcjy 中申明的各个过程实现的。在具体的使用中可通过下述方式调用该类：

```
var  jc:Tjcjy;                    //申明 Tjcjy 类型的变量
begin
    jc:=Tjcjy.create();           //创建 Tjcjy 类实例
    jc.jc_jy(str1,str2,str3);     //调用纠错建议产生与排序总控程序
end;
```

12.4　系统评测

12.4.1　评测目的和评测性能指标

1. 评测目的

建立实验系统的目的就是要对校对系统所建立的语言模型与算法进行检验，为

了科学的评价这些模型与算法，建立评测系统，以期达到如下目的：

（1）评定系统的设计思想和技术实现。

（2）评定语言模型与算法的工作质量和效率，包括对各类错误的查错能力、纠错建议的有效性等。

（3）指导语言模型建立方法的进一步研究。对校对语言模型，可根据各类性能测试指标，对查错和纠错模型进行改进，使校对系统的性能不断提高。

2. 评测性能指标

对面向中文文本校对的语言模型与算法的性能评价主要依据如下的性能指标：自动查错的召回率、查准率、误报率以及自动纠错的纠错建议准确率。我们定义：

$$\text{召回率}=\frac{\text{查出的真正错误的个数}}{\text{待校对文本出错字词的个数}} \tag{12.1}$$

$$\text{查准率}=\frac{\text{查出的真正错误的个数}}{\text{查出出错字词的个数}} \tag{12.2}$$

$$\text{误报率}=\frac{\text{错报字词的个数}}{\text{查出出错字词的个数}} \tag{12.3}$$

$$\text{纠错建议准确率}=\frac{\text{纠错建议中前五个候选建议正确的个数}}{\text{给出纠错建议的个数}} \tag{12.4}$$

其中召回率用来测试校对系统自动查错的查全能力，查准率和误报率用来测试校对系统查错的准确性，纠错建议的准确率用来测试校对系统纠错建议的有效性。它们是对校对语言模型性能的良好评价。

除了上述指标外，校对速度则是对模型实现算法的考量。我们的目标是不断改进语言模型的质量与算法，提高系统查错的召回率、查准率和纠错建议的准确率，降低系统误报率，提高系统校对速度。

12.4.2　标准评测库的建立和评测方法

1. 标准评测库的建立

从尚未校对的 3 万字真实文本中，通过人工阅读，从中抽取含有错误的句子，按照别字错误、多字错误、漏字错误、多字替换错误及其他错误（单词错、数字错、括号不匹配等）等错误类别对这些句子分类，建立起含有 242 个句子、284 个错误点的标准评测库。格式如下：

评测样例标号：评测样例

【例 12-1】1：在长期计划经济习惯执力的影响下，

56：中国人民解放军进入西藏正是为了保障中国领士主权的完整。

在标准评测库中出错字词前后被加上“[”和“]”标记，即生成评测标准答案库，其格式如下：

评测样例标号：样例查错标准答案

例如：

【例 12-2】1：在长期计划经济习惯[执力]的影响下，

56：中国人民解放军进入西藏正是为了保障中国[领士]主权的完整。

2. 评测方法

（1）输入：查错标红文本和标准答案文本。

查错标红文本就是由实验系统中的查错模块对输入评测文本查错后的输出结果文件，它将用于对错误的标红显示。

【例 12-3】评测文本例句：他父亲的身体每况俞下。

查错标准答案：他父亲的身体[每况俞下]。

查错标红结果：他父亲的身体每[况俞]下。

在该例句中，标准的错误应将“每况俞下”标出，结果查错模块标示“况俞”错误，评测系统按照下面的评分模型认为该查错结果正确。

（2）输出：各查错性能指标，包括标准答案中错误点的个数，查错勘误文件中标记出的错误个数，查错勘误文件中标记出的错误为真正错误的个数，查错召回率、查准率。

（3）评分模型：设 $C_1\cdots[C_i\cdots C_j]\cdots C_m$ 为查错结果，标准答案为 $C_1\cdots[C_p\cdots C_q]\cdots C_m$，若 $i=p$ 且 $|j-q|\leqslant 2$ 或 $j=q$ 且 $|i-p|\leqslant 2$，则判断该错误点查错正确。

利用这样的标准评测技术，就可以实现对新的校对语言模型与查错算法进行自动评测，提高评测效率，减小评测误差，对语言模型与校对算法的研究很有帮助。

12.5　本章小结

本章设计并实现了一个插件式结构的中文文本自动查错与确认纠错模型和算法的实验系统，并给出了模型与算法的评价指标体系。这一系统具有良好的用户界面，可以对中文文本的分词模型、查错模型、纠错建议生成模型以及纠错候选建议的排序模型进行试验。最后就查错模型与算法的自动评测方法进行了简单探讨。

附录：汉语语料加工词性标记体系

符号	词性	符号	词性
A	形容词	N7	外国译名
B	区别词	N8	商标名
C	连词	O	象声词（拟声词）
D	副词	P	介词
E	叹词	Q	量词
F	方位词	R	代词
F1	单纯方位词	R1	人称代词
F2	合成方位词	R2	指示代词
G	语素	R3	疑问代词
H	前接成分	S	处所词
I	成语	T	时间词
J	简称略语	U	助词
K	后接成分	U1	结构助词
L	习用语	U2	时态助词
M	数词	V	动词
M1	序列数词	V1	助动词
N	名词	V2	趋向动词
N1	专有名词	W	标点
N2	专用姓氏	X	非语素词
N4	人名	Y	语气词
N5	地名	Z	状态词
N6	组织机构名		

参 考 文 献

[1] Ieee L R R F. A Tutorial on Hidden Markov Models and Selected Applications in Speech Recognition[J]. Proceedings of the IEEE, 1989, 77(2): 257-286.

[2] Kukich K. Techniques for automatically correcting words in text[J]. Acm Computing Surveys, 1992, 24(4): 377-439.

[3] Rosenfeld R. Two decades of statistical language modeling: where do we go from here? [J]. Proceedings of the IEEE, 2010, 88(8): 1270-1278.

[4] Lau R, Rosenfeld R, Roukos S. Trigger-based language models: a maximum entropy approach[C]// IEEE International Conference on Acoustics, Speech, and Signal Processing: Speech Processing. IEEE Computer Society, 1993: 45-48.

[5] Rosenfeld R. A maximum entropy approach to adaptive statistical language modelling[J]. Computer Speech & Language, 1996, 10(3): 187-228.

[6] Pollock J J, Zamora A. Automatic spelling correction in scientific and scholarly text[J]. Communications of the Acm, 1984, 27(4): 358-368.

[7] Peterson J L. Computer programs for detecting and correcting spelling errors[J]. Communications of the Acm, 1980, 23(12): 676-687.

[8] Riseman E M, Hanson A R. A Contextual Postprocessing System for Error Correction Using Binary n-Grams[J]. IEEE Transactions on Computers, 1974, 23(5): 480-493.

[9] Riseman E M, Ehrich R W. Contextual Word Recognition Using Binary Digrams[J]. IEEE Transactions on Computers, 1971, c-20(4): 397-403.

[10] Lei Zhang, Ming Zhou, Changning Huang. Multifeature-Based Approach to Automatic Error Detection and Correction of Chinese Text[C]// Microsofe Research China Paper Collection, 2000. 9, 193-197.

[11] 何晓霞. 图书编校质量问题及其对策[J]. 新媒体研究, 2015, 1(20).

[12] 2011 年“3・15”质检活动语文报刊编校质量检查报告[R]. 国家新闻出版总署, 2011.

[13] 2011 年中央在京出版单位 70 种图书编校质量监督抽查情况报告[R]. 国家新闻出版总署, 2011.

[14] 2011“出版物质量管理年”专项检查活动报告[R]. 国家新闻出版总署, 2011.

[15] 罗健. 浅议电脑校对与时代同步[J]. 广西教育学院学报, 1999, No. 1: 96-98.

[16] Huang X, Alleva F, Hwang M Y, et al. An overview of the SPHINX-II speech recognition system[J]. Computer Speech & Language, 1992, 7(2): 81-86.

[17] 张树武, 黄泰翼. 汉语统计语言模型的 N 值分析[J]. 中文信息学报, 1998, 12(1): 35-41.

[18] Zhou G, Lua K T. MI-Trigger-based Language Modeling[J]. Chinese & Oriental Languages Information Processing Society, 2008: 1465-1471.

[19] 张仰森, 丁冰青. 中文文本自动校对技术现状及展望[J]. 中文信息学报, 1998, 12(3): 50-56.

[20] 李建华, 王晓龙. Combining Trigram and Automatic Weight Distribution in Chinese Spelling Error Correction[J]. Journal of Computer Science & Technology, 2002, 17(6): 915-923.

[21] Golding A R, Dan R. A Winnow-Based Approach to Context-Sensitive Spelling Correction[J]. Machine Learning, 1998, 34(1-3): 107-130.

[22] Yannakoudakis E J, Fawthrop D. An intelligent spelling error corrector[J]. Information Processing & Management, 1983, 19(2): 101-108.

[23] Golding A R, Schabes Y. Combining Trigram-based and feature-based methods for context-sensitive spelling correction[C]// Meeting on Association for Computational Linguistics. Association for Computational Linguistics, 1996: 71-78.

[24] Golding A R, Dan R. Applying Winnow to Context-Sensitive Spelling Correction[C]// Machine Learning. 1999: 182-190.

[25] Oflazer K. Error-tolerant finite-state recognition with applications to morphological analysis and spelling correction[J]. Computational Linguistics, 1995, 22(1): 73-89.

[26] 李建华，王晓龙，王平，等. 多特征的中文文本校对算法的研究[J]. 计算机工程与科学, 2001, 23(3): 93-96.

[27] 刘源. 信息处理用现代汉语分词规范及自动分词方法[M]. 北京：清华大学出版社, 1994.

[28] 孙茂松，黄昌宁，邹嘉彦，等. 利用汉字二元语法关系解决汉语自动分词中的交集型歧义[J]. 计算机研究与发展, 1997(5): 332-339.

[29] 易蓉湘，何克抗. 计算机汉语文稿校对系统[J]. 计算机研究与发展, 1997(5): 346-350.

[30] Berger A L, Pietra V J D, Pietra S A D. A maximum entropy approach to natural language processing[J]. Computational Linguistics, 2002, 22(1): 39-71.

[31] Ney H, Essen U, Kneser R. On structuring probabilistic dependences in stochastic language modelling[J]. Computer Speech & Language, 1994, 8(1): 1-38.

[32] Lei Zhang, Ming Zhou, Changning Huang, and Haihua Pan. Winnow-Based Approach in Automatic Error Detection and Correction of Chinese Text[C]// Microsoft Research China Paper Collection, 2000. 9, Vol. 1: 113-119.

[33] 黄昌宁. 统计语言模型能做什么?[J]. 语言文字应用, 2002(1): 77-84.

[34] Jianfeng Gao, and Lai-Fu Lee. Distribution-Based Pruning of Back-off Language Models[C]// Microsoft Research China Paper Collection, 2000. 9, Vol. 1: 181-184.

[35] Rosenfeld R. A whole sentence maximum entropy language model[C]// Automatic Speech Recognition and Understanding, 1997. Proceedings. 1997 IEEE Workshop on. 1998: 230 - 237.

[36] 吴军，王作英. 汉语信息熵和语言模型的复杂度[J]. 电子学报, 1996(10): 69-71.

[37] 孙才，罗振声. 汉语文本校对字词级查错处理的研究[C]// 全国计算机语言学联合学术会议. 1997.

[38] 宋柔，邱超捷，等. 二元接续关系及其在汉语分词和校对中的应用[C]// ICCC96-International conference of Chinese computing, 1996, singapore.

[39] 邱超捷，宋柔. 大规模语料库中词语接续对的统计与分析[C]// 中国计算机学会, 2007.

[40] 于勐，姚天顺. 一种混合的中文文本校对方法[J]. 中文信息学报, 1998, 12(2): 31-36.

[41] Khudanpur S, Wu J. A maximum entropy language model integrating N-grams and topic dependencies for conversational speech recognition[J]. 1999, 1(s 1–2): 553-556.

[42] Wang S, Rosenfeld R, Zhao Y. Latent maximum entropy principle for statistical language modeling[C]// Automatic Speech Recognition and Understanding, 2001. ASRU '01. IEEE Workshop on. 2001: 182 - 185.

[43] Potamianos G, Jelinek F. A study of n -gram and decision tree letter language modeling methods[J]. Speech Communication, 1998, 24(3): 171-192.

[44] 张仰森，徐波，曹元大. 自然语言处理中的语言模型及其比较研究[J]. 广西师范大学学报(自然科学版), 2003(1): 16-24.

[45] 吴岩，李秀坤，刘挺. 中文自动校对系统的研究与实现[J]. 哈尔滨工业大学学报，2001, 33(1): 60-64.

[46] 郭志立，裘照明. 中文校对系统中的修改建议提供算法[C]// 全国计算机语言学联合学术会议. 1997.

[47] Chao-Huang Chang. A Pilot Study on Automatic Chinese Spelling Error Correction[J]. Communication of COLIPS, 1994, vol. 4(2): 143-149.

[48] Niesler T R, Woodland P C. A variable-length category-based n-gram language model[C]// Icassp. IEEE, 1996: 164-167.

[49] Zitouni I. A hierarchical language model based on variable-length class sequences: the MCnv approach[J]. IEEE Transactions on Speech & Audio Processing, 2002, 10(3): 193-198.

[50] Dey A K. Understanding and Using Context[J]. Personal & Ubiquitous Computing, 2001, 5(1): 4-7.

[51] Thiele F, Rueber B, Klakow D. Long range language models for free spelling recognition[C]// International Conference on Acoustics. 2000, vol.3: 1715-1718.

[52] Deshmukh N, Picone J. Methodologies for language modeling and search in continuous speech recognition[C]// Southeastcon '95. 'Visualize the Future'. Proceedings. IEEE. 1995: 192-198.

[53] Seymore K, Rosenfeld R. Scalable Trigram Backoff Language Models[J]. Scalable Trigram Backoff Language Models, 1999.

[54] 刘小勤. 现代汉语分词词表的选词方法研究[D]. 太原：山西大学, 1999.

[55] 冯志伟. 数理语言学[M]. 北京：商务印书馆, 2012.

[56] 游荣彦. 一种新的汉字字频统计方法[J]. 中文信息学报, 1998, 12(1): 42-49.

[57] 北京语言学院语言教学研究所. 现代汉语频率词典[M]. 北京：北京语言学院出版社, 1986.

[58] 刘开瑛. 中文文本自动分词和标注[M]. 北京：商务印书馆, 2000.

[59] Kukich K. Spelling Correction for Telecommunications Network for the Deaf. [J]. Communications of the Acm, 1992, 35(5): 80-90.

[60] Gao J, Wang H F, Li M, et al. A unified approach to statistical language modeling for Chinese[C]// IEEE International Conference on Acoustics, Speech, and Signal Processing, 2000. ICASSP '00. Proceedings. 2000: 1703-1706.

[61] Hodge V J, Austin J. A comparison of a novel neural spell checker and standard spell checking algorithms[J]. Pattern Recognition, 2002, 35(11): 2571-2580.

[62] Dembitz S, Sokele M. Computational proofreading of the Croatian lexicon[C]// Electrotechnical Conference, 1998. Melecon 98. Mediterranean. 1998: 1370-1374 vol. 2.

[63] 徐志明. 统计语言模型研究及其在汉字识别中的应用[D]. 哈尔滨：哈尔滨工业大学, 2001.

[64] 关毅. 基于统计的汉语语言模型研究[D]. 哈尔滨：哈尔滨工业大学, 1999.

[65] 王轩. 语音文字输入中计算语言模型的研究[D]. 哈尔滨：哈尔滨工业大学, 1997.

[66] Zhang Y, Brown R, Frederking R, et al. Pre-processing of Bilingual Corpora for Mandarin-English EBMT[J]. Proceedings of Mt Summit VIII, 2001.

[67] Rodphon M, Siriboon K, Kruatrachue B. Thai OCR error correction using token passing algorithm[C]// Communications, Computers and signal Processing, 2001. PACRIM. 2001 IEEE Pacific Rim Conference on. 2001, vol. 2: 599-602.

[68] Huang J H, Powers D. Large scale experiments on correction of confused words[J]. Australian Computer Science Communications, 2001, 23(1): 77-82.

[69] Ruch P, Baud R, Geissbuhler A. Toward filling the gap between interactive and fully-automatic spelling correction using the linguistic context[J]. International Affairs, 2001, 1(2): 199-204 vol. 1.

[70] 李建华. The Research of Chinese Text Proofreading Algorithm[J]. 高技术通讯(英文版), 2000, 6(1): 3-9.

[71] Chen K J, Bai M H. Unknown Word Detection for Chinese by a Corpus-based Learning Method[J]. International Journal of Computational Linguistics & Chinese Language Processing, 1998, 3(3: 1): 27-44.

[72] Hart G W, Bouloutas A T. Correcting dependent errors in sequences generated by finite-state processes[J]. Information Theory IEEE Transactions on, 1993, 39(4): 1249-1260.

[73] 关毅, 王晓龙, 张凯. 基于统计与规则相结合的汉语计算语言模型及其在语音识别中的应用[J]. 高技术通讯, 1998(4): 16-20.

[74] 徐志明, 王晓龙, 关毅. N-gram 语言模型的数据平滑技术[J]. 计算机应用研究, 1999(7): 37-39.

[75] 徐志明, 王晓龙. 汉语大词表 N-gram 统计语言模型构造算法[J]. 计算机应用研究, 1999(6): 23-25.

[76] Robinson P, Singer D. Another spelling correction program[J]. Communications of the Acm, 1981, 24(5): 296-297.

[77] 周雅倩, 郭以昆, 黄萱菁, 等. 基于最大熵方法的中英文基本名词短语识别[J]. 计算机研究与发展, 2003, 40(3): 440-446.

[78] Goodman J T. A bit of progress in language modeling[J]. Computer Speech & Language, 2001, 15(4): 403-434.

[79] Ueberla J P. Analyzing and Improving Statistical Language Models for Speech Recognition[J]. 1994.

[80] Zhang Y. Automatic Lexical Errors Detecting of Chinese Texts Based on the Orderly-Neighborship 1[M]// Advances in Multimodal Interfaces — ICMI 2000. Springer Berlin Heidelberg, 2000: 272-278.

[81] Zhang L, Huang C, Zhou M, et al. Automatic detecting/correcting errors in Chinese text by an approximate word-matching algorithm[C]// Meeting of the Association for Computational Linguistics, Hong Kong, China, October. 2000.

[82] Golding A R. A Bayesian hybrid method for context-sensitive spelling correction[J]. Computer Science, 2010: 39-53.

[83] Zhang L, Zhou M, Huang C, et al. Automatic Chinese text error correction approach based-on fast approximate Chinese word-matching algorithm[C]// Intelligent Control and Automation, 2000. Proceedings of the, World Congress on. 2000, vol. 4: 2739-2743.

[84] 李涓子, 黄昌宁. 语言模型中一种改进的最大熵方法及其应用[J]. 软件学报, 1999, 10(3): 257-263.

[85] Mays E, Damerau F J, Mercer R L. Context based spelling correction[J]. Information Processing & Management, 1991, 27(5): 517-522.

[86] 张永奎, 张国清. 基于义类同现频率的汉语语义排歧方法[J]. 计算机研究与发展, 1999, 36(7): 892-896.

[87] 刘秉伟, 黄萱菁, 郭以昆, 等. 基于统计方法的中文姓名识别[J]. 中文信息学报, 2000, 14(3): 16-24.

[88] Chen Z, Lee K F, Li M T. Discriminative Training on language model[J]. Proc Icslp, 2001.

[89] Kai-Fu Lee. N-gram Distribution Based Language Model Adaptation[C]// The Proceedings of the. 2000: 16-20.

[90] Teahan W J, Inglis S, Cleary J G, et al. Correcting English text using PPM models[C]// Dcc. IEEE, 1998: 289-298.

[91] 李建华, 王晓龙. 基于语义节点的中文文本错误自动校对模型的研究[C]// 第四届计算语言学会议论文集. 北京: 清华大学出版社, 1997.

[92] 张仰森, 丁冰青. 基于二元接续关系检查的字词级自动查错方法[J]. 中文信息学报, 2001, 15(3): 36-43.

[93] 金凌, 吴文虎, 郑方, 等. 距离加权统计语言模型及其应用[J]. 中文信息学报, 2001, 15(6): 47-52.

[94] 陈浪舟, 黄泰翼. 基于模糊训练集的领域相关统计语言模型[J]. 软件学报, 2000, 11(7): 971-978.

[95] 孙茂松, 黄昌宁, 高海燕, 等. 中文姓名的自动辨识[J]. 中文信息学报, 1995, 9(2): 16-27.

[96] 郑家恒, 李鑫. 基于语料库的中文姓名识别方法研究[J]. 中文信息学报, 2000, 14(1): 7-12.

[97] Meknavin S, Kijsirikul B, Chotimongkol A, et al. Combining Trigram and Winnow in Thai OCR Error Correction[J]. Proceedings of Coling, 2002, 2: 836-842.

[98] 沈达阳, 孙茂松, 黄昌宁. 基于统计的汉语分词模型及实现方法[J]. 中文信息, 1998(2): 96-98.

[99] 李晶皎, 张王利, 姚天顺. 汉语语音理解中自动纠错系统的研究[J]. 软件学报, 1999(4): 377-381.

[100] Smadja F. Retrieving collocations from text: Xtract[J]. Computational Linguistics, 1993, 19(19): 143-177.

[101] Jiang M, Yuan B, Lin B, et al. A smoothing algorithm for the task adaptation Chinese Trigram model[C]// Fourth International Conference on Signal Processing Proceedings. IEEE, 1998: 738-741 vol. 1.

[102] Criado F, Gachechiladze T, Meladze H, et al. The bag model in language statistics[J]. Information Sciences, 2002, 147(1-4): 13-44.

[103] Brill E D. A Corpus-Based Approach to Language Learning[J]. 1994.

[104] 张仰森, 丁冰青, 龙一飞. 一种英文单词拼写自动侦错与纠错的方法——骨架键法[J]. 电脑开发与应用, 1999(2): 9-10.

[105] 游荣彦. Zipf 定律与汉字字频分布[J]. 中文信息学报, 2000, 14(3): 60-65.

[106] 方兆本等. 随机过程[M]. 北京: 中国科学技术出版社, 2002.

[107] 盛骤, 谢式千, 潘承毅. 概率论与数理统计[M]. 北京: 高等教育出版社, 2001.

[108] 吴立德. 大规模中文文本处理[M]. 上海: 复旦大学出版社, 1997.

[109] 高军. 汉语语言模型的研究与应用[D]. 北京: 北京邮电大学, 1998.

[110] 陈浪舟. 面向语音识别的高性能统计语言模型的研究[D]. 北京: 中国科学院自动化研究所, 1999.

[111] 关毅, 王晓龙. 现代汉语计算语言模型中语言单位的频度—频级关系[J]. 中文信息学报, 1999, 13(2): 8-15.

[112] Nagata M. Japanese OCR error correction using character shape similarity and statistical language model[J]. Transactions of the Institute of Electronics Information & Communication Engineers, 1998, j81-d-ii(11): 2624-2634.

[113] 黄萱菁, 吴立德, 郭以昆, 等. 现代汉语熵的计算及语言模型中稀疏事件的概率估计[J]. 电子学报, 2000, 28(8): 110-112.
[114] 张树武. 汉语语言处理及语言模型研究[D]. 北京: 中国科学院自动化研究所, 1997.
[115] 冯志伟. 关于汉字的熵和极限熵致编辑部的一封信[J]. 中文信息学报, 1998, 12(1): 64-65.
[116] 武健. 汉语语音识别中统计语言模型的构建及其应用[D]. 北京: 清华大学, 2000.
[117] 张仰森, 曹元大. 基于语料库的自然语言建模方法研究[J]. 计算机科学, 2004, 31(5): 176-179.
[118] 张仰森, 徐波, 曹元大, 等. 基于姓氏驱动的中国姓名自动识别方法[J]. 计算机工程与应用, 2003, 39(4): 62-65.
[119] 张仰森, 曹元大. Statistical Language Model for Chinese Text Proofreading[J]. Journal of Beijing Institute of Technology: english Edition, 2003, 12(4): 441-445.
[120] Zhang Yang-sen, Cao Yuan-da. The research of estimation model for the correlativity between words in Chinese text[C]// Proceedings on the 5th international symposium on test and measurement(ISTM/2003) Shenzhen, China, 2003. 6: 1174-1178
[121] 张仰森, 曹元大, 徐波. 基于统计的纠错建议给出算法及其实现[J]. 计算机工程, 2004, 30(11): 106-109.
[122] 张仰森. 人工智能原理与应用[M]. 北京: 人民邮电出版社, 2004.
[123] 傅祖芸. 信息论基础[M]. 北京: 电子工业出版社, 1989.
[124] 常迥. 信息理论基础[M]. 北京: 清华大学出版社, 1993.
[125] 杜维东. 错别字辨析手册[M]. 北京: 华文出版社, 2003.
[126] 邵坤林. 常见错别字汇编[M]. 济南: 山东教育出版社, 1985.
[127] 冯志伟. 汉字的极限熵[J]. 中文信息, 1996(2): 53-56.
[128] 冯志伟. 中文信息处理与汉语研究[M]. 北京: 商务印书馆, 1992.
[129] 孙茂松, 黄昌宁, 方捷. 汉语搭配定量分析初探[J]. 中国语文, 1997(1): 29-38.
[130] 周强. 基于语料库和面向统计学的自然语言处理技术[J]. 计算机科学, 1995(4): 36-40.
[131] 程洁, 杜利民. EBMT 系统中的多词单元翻译词典获取研究[J]. 中文信息学报, 2004, 18(1): 55-61.
[132] 许伟, 苑春法, 黄昌宁. 基于语料库的语言建模[J]. 清华大学学报(自然科学版), 1997(3): 71-76.
[133] Zhang L, Zhou M, Huang C, et al. Automatic Detection and Correction of Typed Errors in Chinese Text[J]. Applied Linguistics, 2001.
[134] 张仰森, 俞士汶. 文本自动校对技术研究综述[J]. 计算机应用研究, 2006, 6(5).
[135] Liu C L, Tien K W, Lai M H, et al. Capturing errors in written Chinese words[C]// ACL 2009, Proceedings of the, Meeting of the Association for Computational Linguistics and the, International Joint Conference on Natural Language Processing of the Afnlp, 2-7 August 2009, Singapore, Short Papers. 2009: 25-28.
[136] 周俏丽. 面向汉语单句的依存句法分析研究[D]. 沈阳: 沈阳航空工业学院, 2006.
[137] 张瑞霞. 基于语义的汉语句法分析系统的研究与实现[D]. 西安: 西北大学, 2005.
[138] 尹一瓴, 陈群秀. 现代汉语语义知识库用于句法分析的研究[J]. 计算机应用, 2004, 12(24).
[139] Michael Wayne Goodman, Francis Bond. Using Generation for Grammar Analysis and Error Detection. Proceedings of the ACL-IJCNLP 2009 Conference Short Papers, 109-112.
[140] 骆卫华, 罗振声, 宫小瑾. 中文文本自动校对的语义级查错研究[J]. 计算机工程与应用, 2003, 39(12).

[141] 郑逢斌, 陈志国, 姜保庆等. 语义校对系统中的句子语义骨架模糊匹配算法[J]. 电子学报, 2003, 31(8).

[142] 陈翔, 徐平先, 张玉志. 面向文本数字化的自动纠错方法[J]. 计算机应用研究, 2008.

[143] 宫小瑾, 罗振声, 骆卫华. 中文文本自动校对中的语法错误检查[J]. 计算机工程与应用, 2003, 3.

[144] 齐璇, 马红妹, 陈火旺. 汉语的语义分析研究[J]. 计算机工程与科学, 2001, 23(3): 89-91.

[145] 由丽萍, 刘开瑛. 汉语语义分析模型研究述评[J]. 中文信息学报, 2005, 19(6): 58-60.

[146] Abraham, Samuel and Ferenc Kiefer. A theory of structural semantics. The Hague, Mouton&Co. Janua Linguarum. Series minor No. 49, 1967.

[147] Abraham S, Kiefer F. A theory of structural semantics[M]. The Hague: Mouton, 1993.

[148] 唐颖, 金灵杰. 结构语义学理论及其指导意义[J]. 长春大学学报, 2002, 12(3): 66-68.

[149] 王雪玲. 生成语义学与结构主义语言学发展的关联性研究[J]. 吉林农业科技学院学报, 2009, 18(1): 88-89.

[150] Chomsky Noam. Aspects of the Theory of Syntax. Cambridge, MA: MIT Press, 1965.

[151] Chomsky N. Aspects of the theory of syntax[M]. M. I. T. Press, 1965.

[152] Chomsky N. Deep Structure, Surface Structure and Semantic Interpretation[M]// Studies in General and Oriental Linguistics. 1970: 183-216.

[153] Dillon G L. Introduction to contemporary linguistic semantics[M]. New York: Prentice-Hall, 1977.

[154] 张丽. 浅析格语法及其运用[J]. 外语教学与研究, 2008, 39(3): 82-83.

[155] 姚天顺, 朱靖波, 杨莹等. 自然语言理解——一种让机器懂得人类语言的研究[M]. 北京: 清华大学出版社, 2002.

[156] 冯志伟. 从格语法到框架网络[J]. 解放军外国语学院学报, 2006, 29(3): 2-5.

[157] 张松炎, 焦潇. 格语法简述[J]. 读与写杂志, 2009, 6(9): 44-45.

[158] 申光. 情景语义学概述[J]. 河南社会科学, 2004, 12(5): 84-85.

[159] 任泽湘. 语义成分分析法评述[J]. 湖北经济学院学报（人文社会科学版）, 2007, 4(5): 147-148.

[160] 郝晓燕, 刘伟, 李茹. 汉语框架语义知识库及软件描述体系[J]. 中文信息学报, 2007, 21(5): 96-98.

[161] 刘东立, 唐泓英, 姚天顺. 汉语分析的语义网络表示法[J]. 中文信息学报, 1992, 6(4): 1-5.

[162] 张聪品, 胡伟强. 基于语义网络的知识表示在专家系统中的实现[J]. 微电子学与计算机, 2009, 26(4): 215-216.

[163] 董振东, 董强. 知网（2008）. http: //www. keenage. com.

[164] Baker C F, Fillmore C J, Lowe J B. The Berkeley FrameNet Project[C]// International Conference on Computational Linguistics. Association for Computational Linguistics, 2002: 86-90.

[165] Johnson C, Fillmore C J. The FrameNet tagset for frame-semantic and syntactic coding of predicate-argument structure[J]. Proceedings Anlpnaacl, 2002: 134-139.

[166] 王惠, 刘群. 《现代汉语语义词典》的概要及设计[C]// 1998 中文信息处理国际会议. 1998.

[167] 王惠 , 詹卫东, 俞士汶. 现代汉语语义词典规格说明[J]. Journal of Chinese Language and Computing, 2003, 13 (2) 159-176.

[168] 北京大学计算语言学研究所. 现代汉语语义词典规格说明书[J]. 2005, 10.

[169] Dagan B I, Church K W. Identifying and Translating Tectmical Terminology[C]// Proceedings from the Conference on Applied Natural Language Processing. 2010.

[170] Justeson J S, Katz S M. Technical terminology: some linguistic properties and an algorithm for identification in text[J]. Natural Language Engineering, 1995, 1(1): 9-27.

[171] B. Daille, E. Gaussier, J. M. Lange. Towards automatic extraction of monolingual and bilingual terminology. 15th conference on Computational linbuistics[C]// Japan: Association for Computational Linguistics, 1994. 515-521.

[172] T. Dunning. Accurate Methods for the Statistics of Surprise and Coincidence[J]. Association for Computational Linguistics, 1993, 19(1): 61-76.

[173] J. Silva, and G. Lopes. A local Maxima Method and a Fair Dispersion Normalization for Extracting Multiword Units. In Proceedings of the 6th Meeting on the Mathematics of Language[C]. 1999. 369-381.

[174] Frantzi K T, Ananiadou S, Tsujii J. The C-value/NC-value Method of Automatic Recognition for Multi-word Terms. Research and Advanced Technology for Digital Libraries[C]. Springer Berlin Heidelberg, 1998. 585-604.

[175] K. Y. Su, M. W. Wu. A Corpus-based Approach to Automatic Compound Extraction. In Proceedings of the 32th Annual Meeting of the Association for Computational Linguistics[C]. USA: Association for Computational Linguistics, 1994. 242-247.

[176] Beatrice Daille. Study and ImPlemeniation of Combined Techniques for Automatic Extraetion of Terminology[J]. The balancing act: Combining symbolic and statistical approaches to language, 1996, (1): 49-66.

[177] 李丹. 特定领域中文术语抽取[D]. 大连: 大连理工大学, 2011.

[178] 张峰, 许云, 侯艳. 基于互信息的中文术语抽取系统[J]. 计算机应用研究, 2005, (5): 72-77.

[179] 马志斌. 特定领域术语自动抽取方法的研究[D]. 哈尔滨: 哈尔滨工业大学, 2009.

[180] 高锐. 基于 Web 的领域词典构建技术研究[D]. 哈尔滨: 哈尔滨工业大学, 2008.

[181] 张二艳. 术语自动抽取技术研究[D]. 哈尔滨: 哈尔滨工业大学, 2009.

[182] 周正宇, 李宗葛. 一种新的基于统计的词典扩展方法[J]. 中文信息学报, 2001, 15(5): 46-51.

[183] 梁颖红, 张文静, 张有承. C 值与互信息相结合的术语抽取[J]. 计算机应用与软件, 2010, 27(4): 108-110.

[184] 杜波, 田怀凤, 王立等. 基于多策略的专业领域术语抽取器的设计[J]. 计算机工程, 2005, 31(14): 159-160.

[185] 王强军. 基于动态流通语料库（DCC）的信息技术领域新术语自动提取研究[D]. 北京: 北京语言大学, 2003.

[186] 陈文亮, 朱靖波, 姚天顺, 等. 基于 Bootstrapping 的领域词汇自动获取. 全国第七届计算语言学联合学术会议论文集[C]. 北京: 清华大学出版社, 2003. 67-72.

[187] 李专. 基于规则的自动分词和取词方法的研究[D]. 湖北省: 华中科技大学, 2003.

[188] 吕美香, 何琳, 李玥等. 基于 N-Gram 文本表达的新闻领域关键词词典构建研究[J]. 情报科学, 2010, 28(4): 571-615.

[189] 古俊, 王昊. 基于领域中文文本的术语抽取方法研究[J]. 现代图书情报技术, 2011, (4): 29-34.

[190] 周浪. 中文术语抽取若干问题研究[D]. 南京: 南京理工大学, 2010.

[191] 穗志方. 信息科学技术领域术语自动识别策略. 第二届中日自然语言处理专家研讨会[C]. 2002.

[192] Sui Zhifang, Chen Yirong, and wei Zhouehao. Automatic Recognition of Chinese Seientific and technological KeyPhrases Using Integrated Linguistic Knowledge. IEEE Conference on Natural Language Processing and Knowledge Engineering[C]. 2003.

[193] 张榕. 术语定义抽取、聚类与术语识别研究[D]. 北京: 北京语言大学, 2003.

[194] 程斌, 张水茂. 基于统计与规则的术语抽取[J]. 科技广场, 2009 (9): 26-28.

[195] Choueka Y, Klein T, Neuwitz E. Automatic Retrieval of Frequent Idiomatic and Collocational Expressions in a Large Corpus[J]. Journal for Literary and Linguistic computing, 1983, 4(1): 34-38.

[196] Pearce D. A Comparative Evaluation of Collocation Extraction Techniques[C]. Las Palmas: Third International Conference on Language Resources and Evaluation, 2002. 1530-1536.

[197] Lin, Dekang. Extracting Collocations from Text Corpora. In Proceedings of COLLING/ACL-98[C]. Canada: Workshop on Computational Terminology, 1998. 57-63.

[198] 王素格, 杨军玲, 张武. 自动获取汉语词语搭配[J]. 中文信息学报, 2006, 20(6): 31-37.

[199] 全昌勤. 基于统计模型的词语搭配自动获取方法的分析与比较[J]. 计算机应用研究, 2004, (6): 55-57.

[200] 姚建民, 屈蕴茜, 朱巧明, 等. 大规模语料库中自动搭配获取的统计方法研究[J]. 计算机工程与设计, 2007, 28(9): 2154-2155, 2180.

[201] 孙健, 王伟, 钟义信. 基于统计的常用词搭配(Collocation_的发现方法)[J]. 情报学报, 2002, 21(1): 12-16.

[202] 孙茂松, 黄昌宁, 方捷. 汉语搭配定量分析初探[J]. 中国语文, 1997, (1): 29-38.

[203] 曲维光, 陈小荷, 吉根林. 基于框架的词语搭配自动抽取方法[J]. 计算机工程, 2004, 30 (23) : 22-24.

[204] 陈佳, 罗振声. 一种基于语义搭配的汉语词义消歧方法[J]. 微计算机信息, 2008, 24(3): 187-188.

[205] 孙宏林, 黄昌宁. 词语搭配在文本中的分布特征. 中文信息处理国际会议论文集[C]. 北京: 清华大学出版社, 1998: 230-236.

[206] 贾晓东. 汉语动宾搭配识别研究[D]. 大连: 大连理工大学, 2008.

[207] 杨军玲. 汉语动词词语搭配自动获取方法研究[D]. 太原: 山西大学, 2006.

[208] 徐润华. 极大规模词语搭配库的建造和构成分析[J]. 南京师范大学文学院学报, 2011, (9): 56-61.

[209] 赵晨光, 蔡东风. 利用语义特征生成搭配. 语言计算与基于内容的文本处理——全国第七届计算语言学联合学术会议论文集[C]. 北京: 清华大学出版社, 2003.

[210] 程月, 陈小荷. 基于义类信息的动宾搭配的考察与实验. 中国计算技术与语言问题研究——第七届中文信息处理国际会议论文集[C]. 2007.

[211] 张仰森, 曹元大, 徐波. 中文文本自动校错系统中知识库及其构造方法研究[J]. 小型微型计算机系统, 2004, 25(12): 2237-2242.

[212] 王虹, 张仰森. 基于词二元接续的中文文本自动查错研究[J]. 贵州师范大学学报(自然科学版), 2001, 18(1): 16-21.

[213] 潘昊, 颜军. 基于中文分词的文本自动校对算法[J]. 武汉理工大学学报, 2009, 31(3): 18-20, 28.

[214] 张仰森, 曹元大, 俞士文. 基于规则与统计相结合的中文文本自动查错模型与算法[J]. 中文信息学报, 2006, 20(4): 1-7, 55.

[215] 王虹, 张仰森. 基于词性预测的中文文本自动查错研究[J]. 贵州师范大学学报(自然科学版), 2001, 19(2): 72-75.

[216] 郭充, 张仰森. 基于 How Net 义原搭配的中文文本语义级自动查错研究[J]. 计算机工程与设计, 2010, 31(17): 3924-3928.

[217] 葛斌, 李芳芳, 郭丝路等. 基于知网的词汇语义相似度计算方法研究[J]. 计算机应用研究, 2010, 27(9): 3329-3333.

[218] 王乃兴. 专业性搭配初探[J]. 解放军外国语学院学报, 2001, 24(4): 19-23.

[219] 张华平. NLPIR 简介[EB/OL]. http: //ictclas. nlpir. org/docs, 2012.

[220] 宗成庆. 统计自然语言处理[M]. 北京: 清华大学出版社, 2010.

[221] 冯志伟. 特思尼耶尔的从属关系语法[J]. 国外语言学, 1983, (1): 7, 63-65.

[222] 哈工大信息检索研究室. 语言云平台简介[EB/OL]. http: //www. ltp-cloud. com/intro/, 2013.

[223] 梅家驹, 竺一鸣, 高蕴琦等. 同义词词林[M]. 上海: 上海辞书出版社, 1983.

[224] 田久乐, 赵蔚. 基于同义词林的词语相似度计算方法[J]. 吉林大学学报(信息科学版), 2010, 28(6): 602-608.

[225] 桂红星, 陈晖. 报纸重大差错的成因及防堵[J]. 新闻前哨, 2006(8): 35-36.

[226] 王燚. 基于场景化知识表示的自然语言处理及其在自动文本校对中的应用[D]. 西南交通大学, 2005.

[227] 李亚东. 消除报刊政治性差错需要注意的几个问题[J]. 吉林省教育学院学报: 学科版, 2012, 28(2): 125-126.

[228] 郭爱民. 书报刊中常见政治性差错例析[J]. 科技与出版, 2006(5): 50-52.

[229] 新华社. 新华社新闻报道中的禁用词(第一批)[DB/OL]. http: //dms. mca. 90U. Cnlarticle/xxyd/201408/20140800680684. shtml. 2014.

[230] 李蓉. 一个用于 OCR 输出的中文文本的拼写校对系统[J]. 中文信息学报, 2009, 23(5): 92-97.

[231] 管君, 谢玮, 张仰森. 基于多知识源的语义搭配知识库的构建及应用[J]. 计算机工程与设计, 2013, 34(6): 2136-2140.

[232] Pollock J J, Zamora A. Automatic spelling correction in scientific and scholarly text[J]. Communications of the Acm, 1984, 27(4): 358-368.

[233] Peterson J L. Computer programs for detecting and correcting spelling errors[J]. Communications of the Acm, 1980, 23(12): 676-687.

[234] Riseman E M, Ehrich R W. Contextual Word Recognition Using Binary Digrams[J]. IEEE Transactions on Computers, 1971, c-20(4): 397-403.